U0648979

高等职业教育教学改革特色教材·财经通识课

经济法实用教程

（第二版）

刘璐 曲岚 主编

李轶 马波 副主编

Jingjifa Shiyong
Jiaocheng

东北财经大学出版社 大连
Dongbei University of Finance & Economics Press

图书在版编目（CIP）数据

经济法实用教程/刘璐，曲岚主编. —2版. —大连：东北财经大学出版社，2021.7
（高等职业教育教学改革特色教材·财经通识课）
ISBN 978-7-5654-4206-3

Ⅰ．经… Ⅱ．①刘…②曲… Ⅲ．经济法–中国–高等职业教育–教材
Ⅳ．D922.29

中国版本图书馆CIP数据核字（2021）第095075号

东北财经大学出版社出版
（大连市黑石礁尖山街217号　邮政编码　116025）
网　　址：http://www.dufep.cn
读者信箱：dufep@dufe.edu.cn
大连永盛印业有限公司印刷　东北财经大学出版社发行
幅面尺寸：185mm×260mm　　字数：357千字　　印张：16.25
2021年7月第2版　　　　　　2021年7月第1次印刷
责任编辑：张晓鹏　　　　　　　　　责任校对：郭海雷
封面设计：冀贵收　　　　　　　　　版式设计：钟福建
定价：40.00元

教学支持　售后服务　联系电话：(0411) 84710309
版权所有　侵权必究　举报电话：(0411) 84710523
如有印装质量问题，请联系营销部：(0411) 84710711

第二版前言

社会主义核心价值观的核心要义之一就是法治，而社会主义法治的精神要义之一，就是要在树立法律权威的基础上，形成人们对法治的内在需求和内心拥护，使法治成为人们的精神认同与行动遵循，这也是对大学生践行社会主义核心价值观的基本要求。法治素养，不仅是当代大学生思想道德素养的重要内容，也是大学生学习、生活和社会交往的现实需要，更是其面对新时代走上工作岗位必需的核心素质和基本能力。

本次修订紧紧围绕我国经济领域的立法进展，注意体现最新司法实践，结合众多任课教师使用后的反馈意见，体现社会主义核心价值观，加强爱国主义、集体主义、社会主义教育，力求课堂教学与实际应用紧密结合，使大学生不论是在校学习期间还是走上工作岗位都能够学法、懂法、守法、用法。

一、本次修订内容

1.调整框架、整合章节

本次修订删除了上一版的"第四篇 支付与结算法律制度"，以及"第8章 担保法""第13章 慈善法""第14章 物权法"，新增"劳动法""电子商务法"两章，并相应调整了篇名，修订后的教材由6篇共15章构成。

2.更新法规、充实案例

本次修订根据新颁布的《中华人民共和国民法典》、《中华人民共和国电子商务法》和近三年修正的《中华人民共和国专利法》、《中华人民共和国商标法》、《中华人民共和国反不正当竞争法》、《中华人民共和国公司法》进行，做到与时俱进。同时，充实了一些近期发布的典型司法案例，便于教师组织案例教学。

3.思政同步、关注素养

习近平总书记强调："我们的教育绝不能培养社会主义的破坏者和掘墓人，绝不能培养出一些'长着中国脸，不是中国心，没有中国情，缺少中国味'的人！"立德树人，关系党的事业后继有人，关系国家前途命运，不管什么时候，我们为党育人的初心不能忘，为国育才的立场不能改。本次修订在每一篇的开篇介绍中都增加了体现"习近平新时代中国特色社会主义法治思想"的系列重要讲话摘编，体现"立德树人"教育的根本任务，重点关注学生法治素养、法治观念的培养。

二、本教材特色

本教材是从事经济法教学和研究的教师在总结多年教学经验的基础上编写而成的，

具有"内容新，时效性强"、"形式新，突出'教、学、做'合一的职业教育及应用型教育特色"和"实用性强，配套资源齐全"的特点。

1.内容新，时效性强

根据《职业院校教材管理办法》第十八条"职业院校教材投入使用后，应根据经济社会和产业升级新动态及时进行修订，一般按学制周期修订"的要求，编者依据国家最新立法进展，特别是新颁布的《中华人民共和国民法典》，及时更新法规内容，并精选典型司法案例进行解读。

2.形式新，突出"教、学、做"合一的职业教育及应用型教育特色

第一，各篇以体现"习近平新时代中国特色社会主义法治思想"的系列重要讲话摘编为引，挖掘课程中蕴含的思想政治教育资源，实现专业课程"知识传授"与"价值引领"相统一，旨在使德育与智育相统一，推动实现全员全程全方位育人。

第二，各章都设有"学习目标"，明确学生通过本章学习应达到的目标；各章以具有代表性的带有漫画的"图文引例"引出本章教学内容，利于调动学生的学习兴趣，并在学习过程中不断反思。

第三，章节间穿插设置了"课堂讨论""拓展阅读""案件回放"等栏目，深入浅出，打破了传统教材枯燥乏味的编排弊端，同时为部分"课堂讨论"栏目增设了二维码提示，增强了可读性和课堂互动性。相关栏目的设计与内容选取注意与大学生日常生活相关联、不脱节，与国家鼓励大学生创业的政策相契合，引导其做好相关法律知识储备。另外，在每章的章末设置了"法规链接"栏目，学生既可以通过指定的网址来查看本章法规原文，也可以通过手机扫描二维码直接查阅法规原文，增强了学生学习的主动性。

3.实用性强，配套资源齐全

本教材配有教学大纲、PPT教学课件、章后习题参考答案，以及教学资源库（含习题集、法规集、视频集、课程思政素材），任课教师可登录东北财经大学出版社网站（www.dufep.cn）免费下载使用。

本教材根据高等职业教育人才培养的特点和岗位需求编写而成，适合高等职业专科、高等职业教育本科和应用型本科财经商贸类专业使用，也可作为社会在职人员培训教材使用。

本教材由刘璐和曲岚（齐齐哈尔高等师范专科学校）任主编，李轶和马波任副主编。具体编写分工如下：第1、2章由刘璐编写，第3、4、5、6、7、8章由曲岚编写，第9、10、11章由李轶编写，第12、13、14章由马波编写，第15章由张洋编写。全书最后由刘璐负责统稿。

在本教材编写过程中，我们得到了各校同行们的支持和东北财经大学出版社提供的帮助，在此向他们表示诚挚的谢意。由于时间和水平所限，教材中难免有疏漏和不妥之处，欢迎各位同行、读者批评指正。

编　者

2021年5月

目 录

第一篇
经济法总论

"立善法于天下，则天下治；立善法于一国，则一国治。"推进国家治理体系和治理能力现代化，当然要高度重视法治问题，采取有力措施全面推进依法治国，建设社会主义法治国家，建设法治中国。在这点上，我们不会动摇。

——摘自《在省部级主要领导干部学习贯彻十八届三中全会精神全面深化改革专题研讨班上的讲话》

（习近平，2014年2月17日）

人类生存和社会发展，均依赖于经济活动。调整经济关系、维护经济秩序，是法律的重要任务。因此，自从人类社会出现了国家，出现了法律现象，就有了对经济的法律调整。本篇将围绕经济法概述、经济法律制度两章展开，具体内容架构如下图所示：

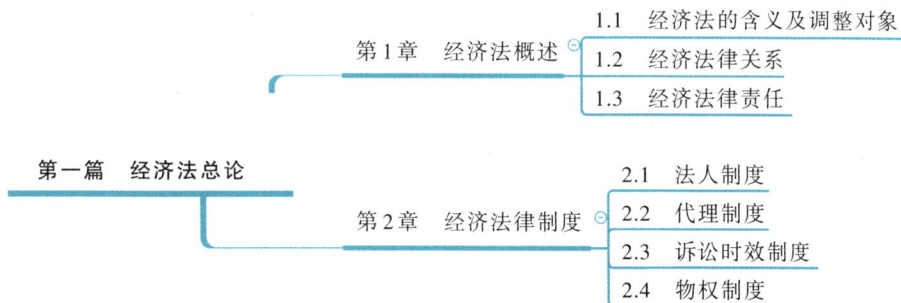

第一篇 经济法总论	第1章 经济法概述	1.1 经济法的含义及调整对象
		1.2 经济法律关系
		1.3 经济法律责任
	第2章 经济法律制度	2.1 法人制度
		2.2 代理制度
		2.3 诉讼时效制度
		2.4 物权制度

第1章

经济法概述

学习目标

◆知识目标：了解经济法的含义及调整对象；了解经济法律关系和法律责任。

◆能力目标：能够运用相关知识理论联系实际，对经济法的调整对象有一个正确的认识。

图文引例　　　毕业生初入职场小心"试用期陷阱"

作为职场上的新人，毕业生该如何保护自己的劳动权益？某些用人单位滥用试用期条款，以试用的名义刻意降低用工成本，最终损害了劳动者的合法权益。毕业生要注意，试用期不是白用期，应该警惕用人单位自行确定试用期、随意延长试用期、试用期内拒缴或欠缴社会保险费等试用期陷阱。

小莫应聘到一家软件公司上班，双方口头约定月薪6 000元。拿到劳动合同的时候，小莫发现合同上并没有写明岗位和工资，就稀里糊涂地在这份空白劳动合同上签了字。可几个月下来，他每月工资只有3 000元。小莫找到人事部门屡次协调未果，最终公司让他马上走人。小莫要求公司支付当初承诺的工资并支付经济补偿金，此时公司拿出了与小莫签订的劳动合同，与当初不同的是，这份合同"被填空"了，合同上的劳动报酬处已被填上了"3 000元"。

资料来源　陈素萍. 毕业生初入职场小心"试用期陷阱"[N]. 钱江晚报，2015-06-12（Q4）. 经改编整理。

在现代社会中，每个人都处于复杂的社会关系网中，法律在其中发挥着维护交往秩序和利益保障的作用。在现实生活中，像小莫这样遭遇劳动合同"被填空"的人并不少见。毕业生签订劳动合同时，一定要查看合同文本内容是否完整，是否加盖单位公章，起止日期是否明确等，发现空白劳动合同，要勇敢地向用人单位提出自己的疑问，不要贸然签字。如果发现用人单位有违法行为，应该勇敢地运用法律武器来维护自身权益。在本章我们将共同学习经济法的含义及调整对象、经济法律关系和经济法律责任等相关知识。

1.1　经济法的含义及调整对象

1.1.1　经济法的含义

在讲解经济法之前，我们先看一下什么是"法"和"法律"。法律是由国家制定或认可的，并以国家强制力保证实施的，赋予社会关系主体相应的权利和义务的，具有普遍约束力和严格程序的行为规范的总称。严格来讲，法和法律不是同一个概念，法律一般有广义和狭义之分，狭义的法律仅指全国人民代表大会及其常务委员会所制定的法律。广义上的法律是指法律的整体，即国家制定并颁布的各种行为规范的总和。一般都把广义上的法律称为法。

法律不是人类社会从来就有的，也不是永恒存在的，而是人类社会发展到一定历史阶段的产物。法律是国家的产物，是全体国民意志的体现，是国家的统治工具。法律随着阶级的产生、国家的出现而产生，并将随着阶级的消灭、国家的消亡而消亡。

经济法同其他法律一样，是人类社会发展到一定历史阶段的产物。它随着生产力的发展及社会政治制度的变迁，经历了一个产生、发展的演变过程，并随着经济社会的进一步发展而逐步完善。

"经济法"一词源于法国空想社会主义者摩莱里1775年的著作《自然法典》。《自然法典》中"经济法"一词只是针对分配领域的一种设想，并没有引起人们广泛关注。1916年，德国学者赫德曼在《经济字典》中，将经济法的概念固化并迅速成为各国通用的法律概念。由此，经济法的概念流行开来，并被越来越多的人所接受和使用。

经济法的概念在我国立法中尚未加以明确，随着我国市场经济建设的法律实践、经济立法和经济法学研究的不断深入，我国经济法的概念一定会逐步完善和准确。现列出以下几种观点供参考：

第一种观点认为，经济法是调整在国家协调本国经济运行过程中所产生的经济关系的法律规范的总称。

第二种观点认为，经济法是调整国家在调控社会经济运行、管理社会经济活动的过程中，在政府机关与市场主体之间发生的经济关系的法律规范的总称。

第三种观点认为，经济法是调整国家在参与、组织和管理社会经济生活中发生的经济关系的法律规范的总称。

第四种观点认为，经济法是指调整社会主义市场经济条件下出现的管理协作关系这种新的经济关系的法律规范的总称。

第五种观点认为，经济法是国家为了保证社会主义市场经济协调发展而制定的，有关调整国民经济管理关系和市场运行关系的法律规范的总称。

1.1.2 经济法的调整对象

任何法律部门都调整一定的社会关系。经济法作为一个独立的法律部门，具有特定的调整对象，即特定的经济关系，而不是一切经济关系，更不是经济关系以外的其他社会关系。特定的经济关系包括宏观调控关系和市场规制关系。

1）宏观调控关系

宏观调控关系，是国家对国民经济和社会发展运行进行规划、调节和控制过程中发生的经济关系，涉及现实社会中的国民经济整体利益、社会公共利益和国家根本与长远利益。其内容十分广泛，主要包括以下几类宏观调控关系：①财税调控关系；②金融调控关系；③规划调控关系；④产业调控关系；⑤投资调控关系；⑥储备调控关系；⑦价格调控关系；⑧涉外调控关系等。

在市场经济条件下，要求用一定的法律规范形式将市场经济秩序表现出来，成为观念上的秩序，使经营主体有法可依，有规可循；进行法律、法规、规章、政策以及社会主义市场经济伦理道德观念的宣传、解释等工作，使对市场经营主体外加的强制性市场行为规范变为自觉遵守的行为准则；弥补市场缺陷，优化资源配置，防止经济中的总量失调和结构失衡，最终引导国民经济持续、快速、健康发展。

2）市场规制关系

市场规制关系就是国家在引导、调节、控制、监督市场主体的经济行为过程中产生的经济关系，具体可分为企业组织关系和市场管理关系。

（1）企业组织关系。在市场主体体系中，企业是最主要的主体。国家为了协调本国经济运行，对于各种市场经济主体的设立、变更、终止及其内部各部门之间的关系也应当通过法律的手段进行规范，这是我国经济体制改革的主要层面。市场主体—市场客体—市场行为构成了市场运行的基本要素，必须从源头进行必要的干预。市场经济需要充分的市场竞争，首先是市场主体多元化的竞争。市场主体的法律调整的出发点，要看是否有利于发展生产力，是否符合我国社会主义现代化的要求，是否有利于改革开放。

（2）市场管理关系。社会主义市场经济体制要求市场发育优良，市场体系完善，建立和健全统一的、开放的、竞争的、法治化的市场体系。规范和指导市场管理，形成布局合理、结构优化、配套齐全、统一、开放、竞争、有序的社会主义市场体系。市场本身是无法达到这一目标的，必须依赖国家的干预，加强调控。

课堂讨论1-1

随着市场经济的不断发展，直播行业异军突起，"直播带货"已成为我国电商平台重要的增长点。但与此同时，直播带货"翻车"现象也屡见不鲜，虚假宣传便是其中一大突出问题。

请问：主播和消费者之间的关系属于经济法的调整对象吗？为什么？

1.2　经济法律关系

1.2.1　经济法律关系的概念和特征

经济法律关系是特定的经济关系被经济法调整后形成的经济权利和经济义务关系。

1）经济法律关系的概念

经济法律关系是经济关系在法律上的表现，但并非所有的经济关系都是法律关系。当某种特定的经济关系为经济法律规范所调整而且以经济权利和义务为内容时，就具有了经济法律关系的性质，如合同法调整的合同关系、税法调整的税收征纳关系等就是经济法律关系。因此，经济法律关系是由经济法律规范所确认和调整的经济法主体在经济管理关系和市场运作关系过程中所形成的经济权利和经济义务的关系。

2）经济法律关系的特征

经济法律关系除具备法律关系的一般特征（社会关系、意志关系、权利义务关系）外，又具有其特殊性，具体表现为：

（1）经济法律关系主体的特殊性。其表现为国家作为经济法律关系的主体参与并干预和管理经济活动，行使国家管理经济的职能。例如，国家通过税收、预算等方式直接参与国民收入分配和再分配活动。

（2）经济法律关系内容的特殊性。其表现为经济法律关系主体的经济权利和经济义务的统一性。经济权利的实现以经济义务的履行为条件，而且，相对于民事权利可以抛弃和放弃来说，经济权利一般是不能抛弃和放弃的，经济义务一般也是不能规避的。

1.2.2　经济法律关系的构成要素

经济法律关系由经济法律关系主体、经济法律关系客体和经济法律关系内容三个要素构成，亦称经济法律关系"三要素"，在经济法律关系中，三者紧密联系，缺一不可。

1）经济法律关系主体

经济法律关系主体，又称经济法主体，它是指参与经济法律关系，依法享有经济权利和承担经济义务的当事人。经济法律关系的主体是其构成当中最基本的要素，也是最积极和最活跃的因素。

（1）经济法律关系主体的种类。经济法律关系主体的种类包括：公民（自然人），既包括本国公民，也包括居住在一国境内或在境内活动的外国公民和无国籍人；法人和其他组织，法人包括机关法人（立法机关、行政机关和司法机关等）、事业单位法人、社会团体法人和企业法人，其他组织则是指不具有法人地位，但是可以以自己名义从事法律活动的主体，如分公司；国家，它是行使国家职能的各种机关的统称，作为经济法主体的国家机关主要是指国家各级经济管理机关，它担负着组织管理和协调国民经济的重要任务。

（2）经济法律关系主体的权利能力和行为能力。公民和法人要成为经济法律关系的主体，必须具备权利能力，即具有经济法律关系主体构成的资格。权利能力是权利主体享有权利和承担义务的资格，它反映了权利主体享有权利和承担义务的可能性。法律关系主体要自己参与经济法律活动，必须具备相应的行为能力。行为能力是指权利主体能够通过自己的行为取得权利和承担义务的能力。行为能力必须以权利能力为前提，无权利能力就谈不上行为能力。

2）经济法律关系客体

经济法律关系客体是指经济法律关系主体之间的经济权利和经济义务所共同指向的对象，包括权利客体和义务客体。客体是确立权利和义务关系性质和具体内容的依据，也是确定权利是否行使和义务是否履行的客观标准。没有客体，权利义务就失去了依附的目标和载体。经济法律关系客体包括：

（1）财。这里的"财"包括货币和有价证券。货币是财产的价值形态，是一种特殊的商品。我国的法定货币是人民币，是我国国内经济活动中支付、信贷、结算的手段。有价证券是表示某种财产权的文书，券面所表示的权利与该券有不可分离的关系，如股票、本票、支票、汇票、提单等。

（2）物。这里的"物"是指现实存在、可以为人所控制和支配、具有一定经济价值的物质财产。它是经济法律关系中最普遍的客体。按照我国法律规定，物可分为：流通物和限制流通物；种类物和特定物；可分物和不可分物；主物和从物；原物和孳息等。

（3）经济行为。它是指经济法律关系主体为实现某种经济目的所进行的有意识的活动，包括：经济管理行为，如金融管理、税收征收等；生产经营行为，可分为完成一定的工作和提供一定的劳务，前者如勘察、设计、建筑、安装等，后者如运输、仓储保管等。

（4）智力成果。它是指人的脑力劳动创造的非物质财富，包括商标权、专利权、专有技术和经济信息等。随着经济和科学技术的不断发展，以智力成果作为客体的经济法律关系越来越广泛。

3）经济法律关系内容

经济法律关系内容是指经济法律关系主体之间依法享有的经济权利和承担的经济义务和职责。经济权利和经济义务是经济法律关系的最基本要素，经济权利和经济义务融为一体，决定着经济法律关系的实质。

（1）经济权利。经济权利是指经济法律关系权利主体依法享有的某种经济权益。其权益表现在：一是经济主体可以根据自己的业务或管理的需要，有权作出或不作出一定的行为；二是经济主体有权要求他人作出或不作出一定的行为；三是当他人的行为使自己的经济权利不能实现时，有权要求法院或仲裁机构给予法律保护。

（2）经济义务。经济义务是指经济法律关系义务主体依法应当履行的某种经济责任。其责任表现为义务主体必须作出或不作出一定的行为，以保证权利主体的权利得以实现。

张老师欠王老师1 000元，某一天，张老师将4张面值250元的奖券拿给王老师说："本该给你钱的，这4张250元的奖券，一年后可以兑现，利息也比一般的存款要高。"王老师表示同意并收下奖券。第二年，这4张奖券中有一张中了特等奖，奖金2 000元。张老师得知后，追悔莫及，多次要求王老师归还2 000元的奖金，王老师不允，张老师遂诉至法院。法院认为：4张奖券的所有权发生了转移，因为张老师向王老师交付4张奖券是作为债的变更，而并非债的抵押，奖金应该归王老师所有。

课堂讨论1-2

分析提示

请问：法院作出裁定的依据是什么？

1.2.3　经济法律关系保护

国家对经济法律关系保护，就是严格监督经济法律关系的主体正确行使经济权利和切实履行经济义务，以及在发生经济纠纷时采取法定处理方式。

国家对经济法律关系的保护是通过有关职能机关实现的，这些机关主要是：

（1）国家经济管理机关。它包括计划、财政、税务、银行、物价、市场监督管理、审计、计量、技术监督以及国务院各主管部门等。

（2）仲裁机关。根据我国《仲裁法》的规定，对于平等主体的公民、法人和其他经济组织之间发生的合同纠纷和其他财产权益纠纷，可以依据当事人的协议进行仲裁。

（3）司法机关。它主要包括人民法院和人民检察院。

1.3　经济法律责任

经济法律责任是指经济法律关系主体因违反法律规定或当事人之间的约定应承担的法律后果。经济法主体违反经济法律规范或者未履行经济义务，应相应地承担民事责任、行政责任或刑事责任。与此相适应，经济法律关系的保护可采取经济制裁、行政制裁和刑事制裁等形式。

（1）民事责任。民事责任是指国家机关或国家授权单位对经济法律关系主体的经济违法行为给予的经济制裁，如支付违约金、赔偿金、没收财产等。

（2）行政责任。行政责任是指国家行政机关和国家授权单位对经济法律关系主体的经济违法行为给予的行政处分或行政处罚，如通报批评、警告、责令整顿、吊销营业执照、记过、降级、撤职、罚款等。

（3）刑事责任。刑事责任是指对违反经济法并违反刑法构成犯罪的经济法律关系主体给予的刑罚处罚。

中办、国办日前印发《关于加强社会主义法治文化建设的意见》，对今后一段时期的社会主义法治文化建设工作作出全面部署。

司法部有关负责人表示，在"十四五"开局之年制定出台这份意见，是推进全面依法治国和建设社会主义文化强国的必然要求，正当其时、意义重大。

1.社会主义法治国家建设的重要支撑

意见指出，社会主义法治文化是中国特色社会主义文化的重要组成部分，是社会主义法治国家建设的重要支撑。

司法部有关负责人表示，党的十八大以来，以习近平同志为核心的党中央在推进全面依法治国的进程中，高度重视社会主义法治文化建设，作出了许多重要论述。

在此基础上，"十四五"规划和2035年远景目标纲要进一步明确，实施法治社会建设实施纲要，加强社会主义法治文化建设，深入开展法治宣传教育，实施"八五"普法规划，完善公共法律服务体系、法律援助和国家司法救助制度。

司法部有关负责人认为，制定出台意见是深入学习宣传贯彻习近平法治思想的重要举措，是推进全面依法治国和建设社会主义文化强国的必然要求，是深化新发展阶段全民普法的有效途径。

2.明确社会主义法治文化建设的"时间表""施工图"

意见为社会主义法治文化建设确立了"时间表"和"施工图"。

根据意见，社会主义法治文化建设的总体目标是：通过不懈努力，宪法法律权威进一步树立，尊法学法守法用法氛围日益浓厚，法治文化事业繁荣兴盛，法治文化人才队伍不断壮大，社会主义法治文化建设工作体制机制进一步完善。到2035年，基本形成与法治国家、法治政府、法治社会相适应，与中国特色社会主义法治体系相适应的社会主义法治文化，基本形成全社会办事依法、遇事找法、解决问题用法、化解矛盾靠法的法治环境。

为此，意见提出要坚持党对全面依法治国的领导，坚持以人民为中心，坚持法安天下、德润人心，坚持知行合一、重在实践，坚持继承发展、守正创新等工作原则。

司法部有关负责人指出，要通过不断努力，切实提高全民族法治素养和道德素质，着力建设面向现代化、面向世界、面向未来的，民族的科学的大众的社会主义法治文化。

3.强调基层普法阵地重要性

司法部有关负责人表示，意见从新发展阶段推进全面依法治国的客观实际和人民群众高品质生活的需要出发，坚持系统观念、法治思维、强基导向，明确了社会主义法治文化建设的八项任务和许多重要举措。

比如，在法治实践中持续提升公民法治素养，推动中华优秀传统法律文化创造性转化、创新性发展，繁荣发展社会主义法治文艺，加强法治文化国际交流等。

意见特别强调了各类基层普法阵地在建设社会主义法治文化中发挥的作用。

在"硬件"方面，支持有条件的单位自主设置法治文化相关二级学科硕士点、博士点；在"五四宪法"历史资料陈列馆基础上建设国家宪法宣传教育馆；着力提升市县法治文化阵地建设质量，推动从有形覆盖向有效覆盖转变；基本实现每个村（社区）至少有一个法治文化阵地等。

在"软环境"方面，要从人民群众反映强烈的问题改起、从细节抓起、从小事做起，培养规则意识；传承中华法系的优秀思想和理念，使中华优秀传统法律文化焕发出新的生命力；建立全国法治文艺精品库，逐步实现共建共享；注重发掘、研究、保护共和国红色法治文化，传承红色法治基因等。

4.一项长期任务和系统工程

一分部署，九分落实。意见从组织领导、工作机制、人才培养等方面作出部署，确保社会主义法治文化建设真正落到实处。

意见强调，各级党委和政府要高度重视社会主义法治文化建设，加强领导、统一部署，把法治文化建设纳入法治建设总体规划，纳入公共文化服务体系。将法治文化作为优化营商环境的重要内容，作为法治示范创建、精神文明创建、平安中国建设等创建指标体系的重要内容。党政主要负责人要切实履行推进法治建设第一责任人职责，及时研究解决法治文化建设中的重要问题。

此外，要建立健全党委统一领导、政府主导实施、部门分工负责、社会力量积极参与的社会主义法治文化建设工作机制，要加强法治文化专业队伍建设，健全法治文化志愿服务体系等。

"社会主义法治文化建设涉及方方面面，是一项长期任务和系统工程。"司法部有关负责人表示，为推动意见的贯彻落实，司法部将把法治文化建设纳入法治建设总体规划，与"八五"普法启动实施同部署、同落实、同检查。

资料来源　白阳．司法部有关负责人解读《关于加强社会主义法治文化建设的意见》［EB/OL］．［2021-04-07］．http：//www.gov.cn/zhengce/2021-04/06/content_5598044.htm.

▏本章测试

◆ 选择题

1.下列各项中，可以成为经济法主体的有（　　　）。

A.政府　　　　　　　B.各类企业　　　　　　C.非营利组织　　　　D.外国人

2."经济法"一词源于（　　）空想社会主义者摩莱里1775年的著作《自然法典》。

A.美国　　　　　　　B.英国　　　　　　　　C.法国　　　　　　　D.德国

3.经济法律关系由经济法律主体、经济法律客体和（　　　）三个要素构成，亦称经济法律关系"三要素"。

A.权利　　　　　　　B.义务　　　　　　　　C.经济法律内容　　　D.经济法律现象

4.经济法律关系的客体包括（　　　）。

A.财　　　　　　　　B.物　　　　　　　　　C.经济行为　　　　　D.智力成果

5.经济法律责任包括（　　　）。

A.民事责任　　　　　B.刑事责任　　　　　　C.行政责任　　　　　D.补偿责任

◆ 判断题

1.经济法律关系主体，又称经济法主体，它是指参与经济法律关系，依法享有经济

权利和承担经济义务的当事人。　　　　　　　　　　　　　　　　　　　（　　）

2.经济法律关系主体不包括国家。　　　　　　　　　　　　　　　　　　（　　）

3.经济权利是指经济法律关系权利主体依法享有的某种经济权益。　　　　（　　）

4.经济法主体违反经济法律规范或者未履行经济义务，应相应地承担民事责任、行政责任或刑事责任。　　　　　　　　　　　　　　　　　　　　　　　　（　　）

◆ 简答题

1.经济法是一门独立的法律部门和法律学科吗？

2.简述经济法律关系及其构成要素。

拓展训练

◆ 实施准备

1.教师组织学生仔细阅读案例，提示案例要点。

2.学生每4～6人组成一个学习小组，以小组为单位进行讨论，提倡采用"头脑风暴法"，最终形成一篇案例分析报告。

3.每个小组派出1名代表上讲台阐述小组报告的观点。

4.教师讲评案例并点评各小组报告。

◆ 案例内容

2017年1月15日，甲公司从银行贷款30万元人民币，约定于2018年4月15日还本付息。银行要求甲公司提供担保，甲公司提出以其位于大东区的一办事机构的房屋设定抵押作为按期偿还贷款的担保。2017年8月，位于大东区的甲公司的办事机构因业务需要，紧临原办事机构的房屋又增建了三间平房作为仓库。2018年4月15日，甲公司没有偿还30万元贷款，银行几次催告，甲公司仍以无力偿还为由不予偿还。

请问：

（1）甲公司与银行之间签订房屋抵押合同，是否可以口头的方式订立？为什么？

（2）甲公司与银行之间签订该房屋抵押合同，是否必须进行抵押登记？为什么？

（3）甲公司以其办事机构的房屋设定抵押时，该房屋占用范围内的国有土地使用权是否要一并设定抵押？为什么？

（4）甲公司紧临原办事机构新建的三间平房是否属于抵押的财产？为什么？

（5）在甲公司无力偿还贷款的情况下，银行可以以什么样的方式实现其债权？

第2章

经济法律制度

◆知识目标：了解"法人制度""代理制度""诉讼时效制度""物权制度"的法律规定；理解和掌握"法人的权利能力和行为能力""代理权的行使及其法律后果""诉讼时效期间的规定"等问题。

◆能力目标：能够运用相关知识理论联系实际，分析解决生活中存在的民间借贷纠纷问题。

图文引例　诉讼战线拉太长　原告方因超过最长诉讼时效败诉

漫画/牛力

　　因为1 000元的借款，双方展开了一场历时20多年的"拉锯战"。2014年10月13日，记者从新绛县法院获悉，因为超过20年的最长诉讼时效，原告方的诉讼请求最终被驳回。

　　一起民间借贷纠纷，事情发生在20世纪90年代初，大概是1991年前后。当时，彭某欠李某电瓶款900元。后来，由于没钱支付，赵某对双方进行了调解。最终，赵某垫付了1 000元钱给李某。就是这1 000元借款，让赵某和彭某展开了一场历时20年的"拉锯战"。赵某在起诉状中称，多年来，他一直向彭某催要借款。但是，彭某只还过700元。赵某提起诉讼，请求法院判决彭某偿还本息共计6 150元。

为了讨要这笔钱，赵某曾于2006年、2007年、2010年、2011年和2013年多次提起诉讼。开庭过程中，彭某一方提出了多份证据，证明赵某曾多次起诉，却不到庭参加诉讼。彭某一方认为，赵某属于恶意诉讼。彭某提出，诉讼超过了2年的诉讼时效和20年的最长诉讼时效，请求法院判决驳回赵某的诉讼请求。

2014年4月，赵某再次提起诉讼后，法院开庭审理了此案。开庭过程中，赵某、彭某都没有到庭参加诉讼，而是委托代理人参加了诉讼。从双方提供的证据中，法院大概还原了事情经过的时间脉络。1991年10月，彭某欠李某电瓶款900元，到期未能归还。后经赵某调解，并垫资1 000元给付李某。之后，彭某给赵某书写借条一份，上面写明："今欠到赵某现款壹仟元整，借款时间为11月5日，到3月5日付款，月息2分5厘，彭某"。

法院认为，彭某向赵某借款1 000元并约定月息为2分5厘。这一点，双方均承认且有借条为证，事实清楚，证据充分，法院予以确认。根据原、被告在借据上的标注、已生效判决和交易习惯等，法院认定彭某向赵某借款时间为1993年11月5日，还款时间为1994年3月5日。根据诉讼时效相关规定，该案的最长诉讼时效起算点应为1994年3月5日。赵某本次起诉时间为2014年4月9日。也就是说，已经超过了20年的最长诉讼时效。基于这一点，法院驳回了赵某的诉讼请求。案件受理费50元，由原告赵某负担。

资料来源 郭卫艳．诉讼战线拉太长原告方因超过最长诉讼时效败诉［N］．山西晚报，2014-10-14（7）．

民间借贷是一种民事法律行为。借贷双方通过签订书面借贷协议或达成口头协议形成特定的债权债务关系，从而产生相应的权利和义务。由于民间借贷目前尚存在许多不规范现象，因此酿成的纠纷也就不断出现。以上案例表明，债权人一方应该注意诉讼时效问题，它直接关乎自身能否顺利实现债权，维护自身合法权益。但是在实际生活中，债权人往往因为忘记诉讼时效，没有在法定期限内起诉导致自身丧失了胜诉权，原本受法律保护的债权债务法律关系沦为不受法律保护的自然债务。在本章中，我们将重点关注法人制度、代理制度和诉讼时效制度。

2.1 法人制度

法人制度是一项重要的民事主体制度。法人是特定社会组织的人格化，是与自然人相对而言的，是法律拟制的"人"。给予一定的主体资格后，它就像自然人那样独立地参加经济活动，并享有权利和承担义务。

2.1.1　法人的概念

法人是自然人的对称，是另一类重要的民事主体。《中华人民共和国民法典》（以下简称《民法典》）第 57 条规定：法人是具有民事权利能力和民事行为能力，依法独立享有民事权利和承担民事义务的组织。简单地说，法人就是能够以自己的名义享有民事权利和承担民事义务的组织。这种社会组织之所以称为法人，是因为它是依法律创设的民事主体，已获得法律的承认而取得法律上的人格，是社会组织在法律上的人格化。

2.1.2　法人成立的条件

法人是一种社会组织，但并不是所有的社会组织都是法人，只有具备了法律规定的法人成立条件的社会组织，才能成为法人。法人作为民事法律关系的主体，是与自然人相对称的。根据《民法典》第 58 条的规定，法人应当依法成立。法人应当有自己的名称、组织机构、住所、财产或者经费。法人成立的具体条件和程序，依照法律、行政法规的规定。设立法人，法律、行政法规规定须经有关机关批准的，依照其规定。

课堂讨论 2-1

（1）你认为法人和自然人有哪些不同点？

（2）根据《公司法》的相关规定，你认为平安人寿北京分公司是不是法人？

2.1.3　我国法人的分类

我国《民法典》将法人分为营利法人、非营利法人和特别法人。

1）营利法人

以取得利润并分配给股东等出资人为目的成立的法人，称为营利法人。营利法人包括有限责任公司、股份有限公司和其他企业法人等。

营利法人经依法登记成立。依法设立的营利法人，由登记机关发给营利法人营业执照。营业执照签发日期为营利法人的成立日期。

设立营利法人应当依法制定法人章程。

营利法人应当设权力机构和执行机构。权力机构行使修改法人章程，选举或者更换执行机构、监督机构成员，以及法人章程规定的其他职权。执行机构行使召集权力机构会议，决定法人的经营计划和投资方案，决定法人内部管理机构的设置，以及法人章程规定的其他职权。执行机构为董事会或者执行董事的，董事长、执行董事或者经理按照法人章程的规定担任法定代表人；未设董事会或者执行董事的，法人章程规定的主要负责人为其执行机构和法定代表人。

营利法人从事经营活动，应当遵守商业道德，维护交易安全，接受政府和社会的监督，承担社会责任。

2）非营利法人

为公益目的或者其他非营利目的成立，不向出资人、设立人或者会员分配所取得利润的法人，称为非营利法人。非营利法人包括事业单位、社会团体、基金会、社会服务机构等。

具备法人条件，为适应经济社会发展需要，提供公益服务设立的事业单位，经依法登记成立，取得事业单位法人资格；依法不需要办理法人登记的，从成立之日起，具有事业单位法人资格。

具备法人条件，基于会员共同意愿，为公益目的或者会员共同利益等非营利目的设立的社会团体，经依法登记成立，取得社会团体法人资格；依法不需要办理法人登记的，从成立之日起，具有社会团体法人资格。

3）特别法人

机关法人、农村集体经济组织法人、城镇农村的合作经济组织法人、基层群众性自治组织法人，称为特别法人。

有独立经费的机关和承担行政职能的法定机构从成立之日起，具有机关法人资格，可以从事为履行职能所需要的民事活动。

农村集体经济组织依法取得法人资格。法律、行政法规对农村集体经济组织有规定的，依照其规定。

城镇农村的合作经济组织依法取得法人资格。法律、行政法规对城镇农村的合作经济组织有规定的，依照其规定。

居民委员会、村民委员会具有基层群众性自治组织法人资格，可以从事为履行职能所需要的民事活动。未设立村集体经济组织的，村民委员会可以依法代行村集体经济组织的职能。

拓展阅读2-1

新华社北京5月28日电（记者罗沙、杨维汉）"通过！"2020年5月28日15时08分，十三届全国人大三次会议表决通过了《中华人民共和国民法典》，宣告中国"民法典时代"正式到来。

《中华人民共和国民法典》共7编、1 260条，各编依次为总则、物权、合同、人格权、婚姻家庭、继承、侵权责任，以及附则。

编纂民法典是党的十八届四中全会提出的重大立法任务，是习近平同志为核心的党中央作出的重大法治建设部署。编纂民法典，是对我国现行的、制定于不同时期的民法通则、物权法、合同法、担保法、婚姻法、收养法、继承法、侵权责任法和人格权方面的民事法律规范进行全面系统的编订纂修，形成一部具有中国特色、体现时代特点、反映人民意愿的民法典。

2015年3月，全国人大常委会法制工作委员会启动民法典编纂工作。2017年3月，十二届全国人大五次会议审议通过民法总则。2019年12月，全国人大常委会审议了由民法总则与经过常委会审议和修改完善的民法典各分编草案合并形成的民法典草案，并决定将民法典草案提请十三届全国人大三次会议审议。

两会期间，代表委员们对民法典草案展开认真审议和热烈讨论。根据各方面意见，又进行了100余处修改，其中实质性修改40余处。

其中，民法典明确建筑物及其附属设施的维修资金的筹集、使用情况应当定期公布。禁止物业服务人采取停止供电、供水、供热、供燃气等方式催交物业费。

同时，民法典再次完善了防止性骚扰有关规定，将"文字、图像"纳入性骚扰的认定范围。继续完善关于高空抛物坠物的规定，规定发生从建筑物中抛掷物品或者从建筑物上坠落的物品造成他人损害的，公安等机关应当依法及时调查，查清责任人。

此外，民法典回应地面塌陷伤人问题，规定建筑物、构筑物或者其他设施倒塌、塌陷造成他人损害的，由建设单位与施工单位承担连带责任，并对因他人原因导致倒塌、塌陷的侵权责任作出了规定。

资料来源　罗沙，杨维汉．中国民法典诞生！［EB/OL］．［2021-02-01］．http://www.gov.cn/xinwen/2020-05/28/content_5515673.htm.

2.1.4　法定代表人

法定代表人是指依照法律或者法人组织章程规定，代表法人行使职权的负责人，如厂长、经理、董事长、校长等。法人的民事行为一般由法人的法定代表人行使，法人对法定代表人在法律规定或者法人授权范围内的一切活动所产生的法律后果，承担民事责任。

2018年10月26日第四次修正的《公司法》规定，公司法定代表人依照公司章程的规定，由董事长、执行董事或者经理担任，并依法登记。公司法定代表人变更，应当办理变更登记。

课堂讨论2-2

在日常生活中，人们经常会看到"法人代表"和"法定代表人"的两个词语，那么，法人代表和法定代表人是一回事吗？

2.2　代理制度

2.2.1　代理的概念和特征

民事主体可以通过代理人实施民事法律行为。依照法律规定、当事人约定或者民事法律行为的性质，应当由本人亲自实施的民事法律行为，不得代理。通常，代理是指代理人在代理权限内以本人（被代理人）的名义向第三人（相对人）为意思表示或受领意思表示，而该意思表示直接对本人生效的民事法律行为。其中，代替他人实施民事法律行为的人，称为代理人；由他人以自己的名义代为民事法律行为并承受法律后果的人，称为被代理人；与代理人产生民事法律行为的人，称为第三人；代理人代替被代理人实施法律行为的权利称为代理权。例如，甲接受乙的委托，以乙的名义与丙签订合同，在乙和丙之间形成债权债务关系。代理具有以下法律特征：

1）代理人一般应以被代理人的名义从事代理行为

代理人的任务就是代替被代理人进行法律行为。在代理人参与建立的法律关系中，被代理人是其中的主体，因此，代理人必须以被代理人的名义进行法律行为。但在特殊情况下，代理人以自己的名义，在委托人授权范围内与第三人订立的合同也对委托人产生约束力。

2）代理行为是能够引起民事法律后果的民事法律行为

通过代理人实施的行为，必须能产生法律后果，能够引起民事法律关系的产生、变更或终止。例如，代订合同而建立了买卖关系；代为履行债务而消灭了债权债务关系。

3）代理人在代理权限内独立地实施民事法律行为

一方面，为了保护被代理人的利益，代理人必须在代理权限范围内实施民事法律行为；另一方面，代理人与被代理人毕竟是两个彼此独立的民事主体，应当允许代理人根据当时当地的实际情况，独立决定法律行为的内容和方式。

4）代理行为的法律后果直接归属于被代理人

代理人在代理权限内所为的民事行为，等于被代理人自己所为的民事法律行为，由此产生的权利义务直接由被代理人承受。代理活动中的费用以及代理人在代理过程中所造成的责任损失，也直接由被代理人承受。

2.2.2　代理的种类

代理人代替被代理人实施法律行为的民事权利称为代理权。根据代理权产生的方式不同，代理可分为委托代理和法定代理。委托代理人按照被代理人的委托行使代理权。法定代理人依照法律的规定行使代理权。

1）委托代理

它是指依照被代理人的授权委托而产生的代理。委托代理授权采用书面形式的，授权委托书应当载明代理人的姓名或者名称、代理事项、权限和期限，并由被代理人签名或者盖章。

代理人知道或者应当知道代理事项违法仍然实施代理行为，或者被代理人知道或者应当知道代理人的代理行为违法未作反对表示的，被代理人和代理人应当承担连带责任。

代理人需要转委托第三人代理的，应当取得被代理人的同意或者追认。转委托代理经被代理人同意或者追认的，被代理人可以就代理事务直接指示转委托的第三人，代理人仅就第三人的选任以及对第三人的指示承担责任。转委托代理未经被代理人同意或者追认的，代理人应当对转委托的第三人的行为承担责任；但是，在紧急情况下代理人为了维护被代理人的利益需要转委托第三人代理的除外。

2）法定代理

它是指依照法律的规定而直接产生的代理。这种代理，不需要被代理人委托，而是直接由法律根据一定社会关系的存在而加以确定。比如，法律规定无行为能力和限制行为能力的人由他们的监护人作其法定代理人；夫妻一方失去行为能力，另一方即为其法定代理人。

2.2.3　代理权的终止

委托代理权在下列情形下终止：①代理期限届满或者代理事务完成；②被代理人取消委托或者代理人辞去委托；③代理人丧失民事行为能力；④代理人或者被代理人死亡；⑤作为代理人或者被代理人的法人、非法人组织终止。

法定代理权在下列情形下终止：①被代理人取得或者恢复完全民事行为能力；②代理人丧失民事行为能力；③代理人或者被代理人死亡；④法律规定的其他情形。

2.2.4　代理权的行使及法律后果

代理权的行使必须为了被代理人的利益，这是行使代理权的本质要求。正确行使代理权应当遵守相应的法律规定，否则，会产生不利的法律后果。

1）代理人必须在代理权限内行使代理权

代理人必须在代理权限范围内进行活动，非经被代理人同意，不得擅自扩大、变更代理权限。超越或变更代理权限所为的行为，非经被代理人追认，对被代理人不发生法律效力。

2）代理人原则上应当亲自完成代理事务，不得擅自转委托

代理的适用是建立在被代理人与代理人之间彼此信任的基础之上的，故代理具有严格的人身属性，代理人在一般情况下应当亲自处理代理事务，未经被代理人同意不得擅自转委托。

3）禁止滥用代理权

滥用代理权的行为是指代理人违法行使代理权的情况。滥用代理权有三种表现形式：一是代理人以被代理人的名义同自己进行民事行为；二是代理人同时代理双方当事人实施同一民事法律行为；三是代理人与第三人恶意串通损害被代理人利益的行为。可见，滥用代理权的行为均是代理人利用合法身份之便从事有损被代理人合法权益的行为，根本违背了代理制度的本质，所以为法律所禁止。

4）不得无权代理

行为人没有代理权、超越代理权或者代理权终止后，仍然实施代理行为，未经被代理人追认的，对被代理人不发生效力。

无权代理行为因欠缺代理权，在法律理论上应属无效，其法律责任由"代理人"即行为人承担。但其具备代理行为的表象，因而应当根据具体情况确定其法律后果：①如果该代理行为经过被代理人追认，则成为有效代理行为，据此产生的法律后果由被代理人承担；②如果被代理人知道他人以自己名义实施法律行为而不作否认表示，则视为同意该行为，其法律后果由被代理人承担；③如果代理人与第三人串通，损害被代理人的利益的，由代理人和第三人负连带责任；④如果第三人知道行为人无权代理还与行为人进行经济活动，给他人造成损害的，由第三人和行为人负连带责任。

家住山东的李先生委托在北京发展多年的女儿小雨代买一套商住两用房子，既可以自己居住养老又能租给他人经营赚取租金收益。但是，小雨在三河看房时，被某房地产公司业务员哄骗买了一栋别墅。业务员把这个小区描绘得天花乱坠：建筑面积 220 ㎡ 的房子才将近 180 万元，而且小区周围还将会陆续建设学校、医院、商场等。

课堂讨论 2-3

分析提示

小雨看房当日就以李先生的名义签订了购房意向书，两日后签订了正式的商品房买卖合同，并陆续向房地产公司交了约 80 万元。

李先生得知实情后立即让小雨退房。房地产公司表示：要么继续履行合同，要么扣除合同总价款的 20%。

请问：小雨以李先生的名义签订的商品房买卖合同有效吗？

2.2.5 表见代理

表见代理是指无权代理人因与本人有一定的关系，而使第三人信其有代理权而与其进行民事行为的"代理"。行为人没有代理权、超越代理权或者代理权终止后，仍然实施代理行为，相对人有理由相信行为人有代理权的，代理行为有效。

表见代理的构成要件是：

（1）代理人没有代理权。表见代理行为是一种无权代理的特殊情况。

（2）无权代理人具有代理权的外观，即客观上有使相对人相信无权代理人具有代理权的情形，例如无权代理人持有加盖公章的空白合同书等。

（3）相对人主观上是善意且无过失的。相对人不知道行为人所为的行为是没有代理权的行为，而且，这种不知在主观上并无过错。

（4）相对人与无权代理人发生了民事行为。相对人基于客观情形而与无权代理人发生了法律行为，没有形成这种法律后果，不构成表见代理。

2.3 诉讼时效制度

2.3.1 诉讼时效的概念

诉讼时效是指权利人请求法院依法保护其民事权利的法定时间。诉讼时效制度规定，权利人在法定期间内不行使权利，即丧失请求人民法院或仲裁机关强制义务人履行义务的权利。

2.3.2 诉讼时效的种类

1）普通诉讼时效

向人民法院请求保护民事权利的诉讼时效期间为 3 年。法律另有规定的，依照其规定。诉讼时效期间自权利人知道或者应当知道权利受到损害以及义务人之日起计算。法律另有规定的，依照其规定。但是，自权利受到损害之日起超过20年的，人民法院不予保护，有特殊情况的，人民法院可以根据权利人的申请决定延长。

2）特殊诉讼时效

特殊诉讼时效是指法律、法规规定的仅适用于某些特定情况的诉讼时效期限。特殊诉讼时效的适用优先于普通诉讼时效。

当事人约定同一债务分期履行的，诉讼时效期间自最后一期履行期限届满之日起计算。

无民事行为能力人或者限制民事行为能力人对其法定代理人的请求权的诉讼时效期间，自该法定代理终止之日起计算。

未成年人遭受性侵害的损害赔偿请求权的诉讼时效期间，自受害人年满18周岁之日起计算。

诉讼时效期间届满的，义务人可以提出不履行义务的抗辩。诉讼时效期间届满后，义务人同意履行的，不得以诉讼时效期间届满为由抗辩；义务人已经自愿履行的，不得请求返还。

2.3.3 诉讼时效的中止、中断与不适用情况

1）诉讼时效的中止

在诉讼时效期间的最后6个月内，因下列障碍，不能行使请求权的，诉讼时效中止：①不可抗力；②无民事行为能力人或者限制民事行为能力人没有法定代理人，或者法定代理人死亡、丧失民事行为能力、丧失代理权；③继承开始后未确定继承人或者遗产管理人；④权利人被义务人或者其他人控制；⑤其他导致权利人不能行使请求权的障碍。

自中止时效的原因消除之日起满6个月，诉讼时效期间届满。

2）诉讼时效的中断

诉讼时效的中断是指在诉讼时效进行中，因发生一定的法定事由，致使已经经过的时效期间统归无效，待时效中断的法定事由消除后，诉讼时效期间重新计算。引起诉讼时效中断的事由包括：①权利人向义务人提出履行请求；②义务人同意履行义务；③权利人提起诉讼或者申请仲裁；④与提起诉讼或者申请仲裁具有同等效力的其他情形。

3）不适用诉讼时效的情形

下列请求权不适用诉讼时效的规定：①请求停止侵害、排除妨碍、消除危险；②不动产物权和登记的动产物权的权利人请求返还财产；③请求支付抚养费、赡养费或者扶养费；④依法不适用诉讼时效的其他请求权。

2.3.4 期间

期间是指民事法律关系产生、变更和终止的时间。期间可以表现为某一不可分割的时刻，如某年、某月、某日；期间也可表现为从一定时刻到另一时刻的时间过程，如自某年某月某日起至某年某月某日止。

民法所称的期间按照公历年、月、日、小时计算。按照年、月、日计算期间的，开始的当日不计入，自下一日开始计算。按照小时计算期间的，自法律规定或者当事人约定的时间开始计算。按照年、月计算期间的，到期月的对应日为期间的最后一日；没有对应日的，月末日为期间的最后一日。期间的最后一日是法定休假日的，以法定休假日结束的次日为期间的最后一日。期间的最后一日的截止时间为二十四时；有业务时间的，停止业务活动的时间为截止时间。期间的计算方法依照本法的规定，但是法律另有规定或者当事人另有约定的除外。

民法所称的"以上""以下""以内""届满"，包括本数；所称的"不满""超过""以外"，不包括本数。

课堂讨论 2-4

课堂讨论 2-4

分析提示

贾某因做生意急需用钱，向当地农村信用社借款 100 万元，双方签订的借款合同约定还款日期为 2004 年 5 月 8 日。时隔 2 年，由于农村信用社工作人员失误，没有在规定的诉讼时效期限内向债务人贾某发出催款单主张债权，至 2007 年 5 月 8 日，农村信用社才向贾某发出了催款通知单，贾某没有多想，就在催款单上签了字并盖章。但贾某由于经营不善，致使无法按催款单上约定的日期还款，于是被农村信用社告上法庭，在法庭上，贾某以债权已过诉讼时效，丧失胜诉权为由进行抗辩。

请问：贾某的说法正确吗？你是怎样理解本案中诉讼时效问题的？

2.4 物权制度

物权是权利人依法对特定的物享有直接支配和排他的权利，包括所有权、用益物权和担保物权。

1）所有权

所有权是指所有权人对自己的不动产或者动产，依法享有占有、使用、收益和处分的权利。所有权人有权在自己的不动产或者动产上设立用益物权和担保物权。用益物权人、担保物权人行使权利，不得损害所有权人的权益。

2）用益物权

用益物权是指用益物权人对他人所有的不动产或者动产，依法享有占有、使用和收益的权利。用益物权主要包括土地承包经营权、建设用地使用权、居住权、宅基地使用权、地役权等。

3）担保物权

担保物权人在债务人不履行到期债务或者发生当事人约定的实现担保物权的情形，依法享有就担保财产优先受偿的权利，但是法律另有规定的除外。

设立担保物权，应当依照《民法典》和其他法律的规定订立担保合同。担保合同包括抵押合同、质押合同和其他具有担保功能的合同。担保合同是主债权债务合同的从合同。主债权债务合同无效的，担保合同无效，但是法律另有规定的除外。担保合同被确认无效后，债务人、担保人、债权人有过错的，应当根据其过错各自承担相应的民事责任。

担保物权的担保范围包括主债权及其利息、违约金、损害赔偿金、保管担保财产和实现担保物权的费用。当事人另有约定的，按照其约定。

有下列情形之一的，担保物权消灭：①主债权消灭；②担保物权实现；③债权人放弃担保物权；④法律规定担保物权消灭的其他情形。

课堂讨论2-5

陈某同仇某签订了为期一年的房屋租赁合同，租赁仇某的一套两室一厅的住房居住。一年后，双方房屋租赁合同即将届满时，陈某提出续签一年合同的请求，仇某因自己的儿子要结婚，需要住房，拒绝了陈某的请求。但是房屋租赁合同到期后，陈某仍然居住在该房屋中，对仇某提出腾还房屋的请求不予理睬。仇某无奈，于是趁陈某外出之际，打开门锁，将陈某的物品从房中搬出。陈某闻讯后急忙赶回予以阻止，双方发生纠纷。陈某起诉到法院，以仇某私闯民宅为由要求其赔偿损失。仇某则以陈某侵犯其所有权为由提起反诉，请求法院判令陈某腾出住房。

课堂讨论2-5

分析提示

请问：本案应当如何处理？为什么？

本章测试

◆ 选择题

1.法人成立的条件包括（　　　）。

A.依法成立　　　　　　　　　B.有自己的财产或者经费

C.有自己的名称、组织机构和住所　　D.能独立开展活动

2.根据《民法典》，法人可分为（　　　）。

A.营利法人　　　　　　　　　B.非营利法人

C.特别法人　　　　　　　　　D.团体法人

3.甲授权乙以甲的名义将甲的一台笔记本电脑出售，价格不得低于8 000元。乙的好友丙欲以6 000元的价格购买。乙遂对丙说："大家都是好朋友，甲说最低要8 000元，但我想6 000元卖给你，他肯定也会同意的。"乙遂以甲的名义以6 000元将笔记本电脑卖给丙。下列说法中，正确的有（　　　）。

A.该买卖行为无效　　　　　　B.乙是无权代理行为

C.乙可以撤销该行为　　　　　D.甲可以追认该行为

4.不适用诉讼时效的情形包括（　　　）。

A.请求停止侵害、排除妨碍、消除危险

B.不动产物权和登记的动产物权的权利人请求返还财产

C.请求支付抚养费、赡养费或者扶养费

D.依法不适用诉讼时效的其他请求权

5.下列不得抵押的财产包括（　　　）。

A.土地所有权

B.学校、幼儿园、医疗机构等为公益目的成立的非营利法人的教育设施、医疗卫生
设施和其他公益设施

C.所有权、使用权不明或者有争议的财产

D.依法被查封、扣押、监管的财产

◆判断题

1.军事行动可能引起诉讼时效中止。　　　　　　　　　　　　　　　　　（　　　）

2.在诉讼时效期间的最后6个月内，权利人直接向义务人作出请求履行义务的意思
表示引起诉讼时效中止。　　　　　　　　　　　　　　　　　　　　　　（　　　）

3.最长诉讼时效是指期间为20年的诉讼时效。　　　　　　　　　　　　（　　　）

4.物权包括自物权和担保物权，不包括用益物权。　　　　　　　　　　（　　　）

◆简答题

1.什么是表见代理，表见代理的构成要件是什么？

2.什么是用益物权？用益物权主要包括哪些？

拓展训练

◆实施准备

1.教师组织学生仔细阅读案例，提示案例要点。

2.学生每4~6人组成一个学习小组，以小组为单位进行讨论，提倡采用"头脑风暴
法"，最终形成一篇案例分析报告。

3.每个小组派出1名代表上讲台阐述小组报告的观点。

4.教师讲评案例并点评各小组报告。

◆案例内容

2019年1月，卢某以做生意急需资金为由，向好友张某借了50 000元。张某和卢某
关系一向很好，张某说就不用打什么借条了，可是卢某却一再坚持，于是卢某当即立下
一张借条，借条上写了借款金额、借款日期和两人签字，但却没有写上还款日期。时隔
2年，张某因急需用钱便找到卢某让其还钱，但多次催还卢某都以现在没钱为由，拒绝
还钱。

请问：

（1）卢某与张某的借贷关系是否成立？为什么？

（2）借条上没有写上还款日期，即未约定履行期限，如果张某向法院提起诉讼，诉
讼时效该如何认定？

第二篇
经济主体法律制度

　　小智治事，中智治人，大智立法。治理一个国家、一个社会，关键是要立规矩、讲规矩、守规矩。法律是治国理政最大最重要的规矩。推进国家治理体系和治理能力现代化，必须坚持依法治国，为党和国家事业发展提供根本性、全局性、长期性的制度保障。我们提出全面推进依法治国，坚定不移厉行法治，一个重要意图就是为子孙万代计、为长远发展谋。

——摘自《在中共十八届四中全会第二次全体会议上的讲话》

（习近平，2014年10月23日）

　　市场主体是经济权利的享有者，也是经济义务的承担者。一切经济活动都必须在市场主体的参与下才能进行，因而，市场主体法律制度是经济法的重要组成部分。本篇将围绕个人独资企业法、合伙企业法、公司法、企业破产法四章展开，具体内容架构如下图所示：

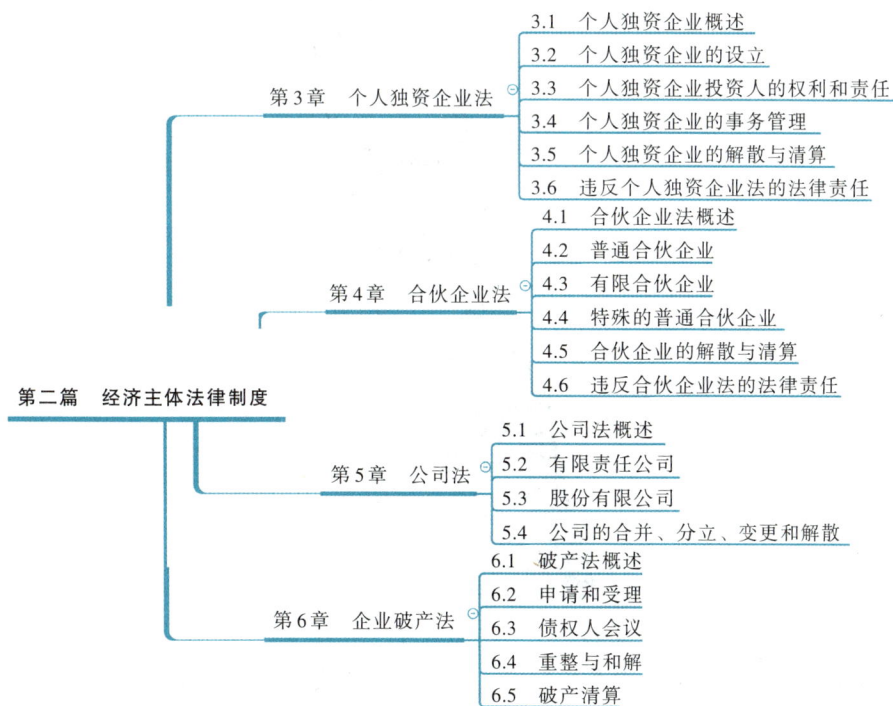

第二篇　经济主体法律制度

第3章　个人独资企业法
- 3.1　个人独资企业概述
- 3.2　个人独资企业的设立
- 3.3　个人独资企业投资人的权利和责任
- 3.4　个人独资企业的事务管理
- 3.5　个人独资企业的解散与清算
- 3.6　违反个人独资企业法的法律责任

第4章　合伙企业法
- 4.1　合伙企业法概述
- 4.2　普通合伙企业
- 4.3　有限合伙企业
- 4.4　特殊的普通合伙企业
- 4.5　合伙企业的解散与清算
- 4.6　违反合伙企业法的法律责任

第5章　公司法
- 5.1　公司法概述
- 5.2　有限责任公司
- 5.3　股份有限公司
- 5.4　公司的合并、分立、变更和解散

第6章　企业破产法
- 6.1　破产法概述
- 6.2　申请和受理
- 6.3　债权人会议
- 6.4　重整与和解
- 6.5　破产清算

第3章

个人独资企业法

学习目标

◆知识目标：了解个人独资企业的特征、设立程序及其法律责任；理解《个人独资企业法》的原则、个人独资企业解散清算的规则；掌握个人独资企业的设立条件、个人独资企业投资人的规定以及个人独资企业事务管理的规定。

◆能力目标：能够运用相关知识理论联系实际，解决现实生活中个人独资企业的设立问题。

图文引例　明星成立工作室，选择个人独资企业，可降低税负

支持　　　新华社发　程硕　作

在日常生活中，我们经常会听到"某某明星工作室"这个提法。为什么很多明

星热衷成立工作室（个人独资企业）而不是成立有限公司呢？大部分原因是两者的税负差异比较大。

举个例子，一家企业若一年实现的利润为500万元，其应缴企业所得税为125万元；剩下的375万元，还需要在分红时扣缴个人所得税75万元，其缴纳的税款共计200万元。

根据规定，从2000年1月1日起，个人独资企业和合伙企业不再缴纳企业所得税，只对投资者个人取得的生产经营所得征收个人所得税。换言之，个人独资企业不用缴纳企业所得税，而是缴纳个人所得税。

同样的例子，登记为小规模纳税人身份的个人独资企业年利润500万元（小规模纳税人增值税暂时减按1%的标准征收；企业所得税可以核定征收，核定的应税所得率为10%），其应缴的税款分别为：增值税4.95万元（500÷1.01×1%）、附加税0.15万元（4.95×3%）、个人所得税10.80万元（500÷1.01×10%×30%−4.05）。合计纳税额为15.9万元（4.95+0.15+10.80）。

现在就明白了，为什么众多明星要成立工作室，采取的还是个人独资企业形式，因为这样就可以合理合法地节税了。

资料来源　编者根据相关资料编写。

企业是国民经济的基本细胞，是现代社会中最常见、最基本的经济组织。企业按出资方式不同可以分为个人独资企业、合伙企业和公司制企业。在申请市场主体资格登记时，可根据自身的条件和发展需要，自主选择登记为个体工商户、个人独资企业、合伙企业或有限责任公司。由于准入门槛低，需要资金较少，所以个人独资企业这种企业组织方式很受创业者的青睐。那么，什么是个人独资企业？在个人独资企业设立、解散与清算方面，《个人独资企业法》又有哪些具体规定呢？下面，我们将在本章中进行探讨。

3.1　个人独资企业概述

3.1.1　个人独资企业的概念

根据《个人独资企业法》第2条规定，个人独资企业是指在中国境内依法设立的，由一个自然人投资，财产为投资人个人所有，投资人以其个人财产对企业债务承担无限责任的经营实体。

3.1.2　个人独资企业的特征

1）个人独资企业是由一个自然人投资设立的企业

依据《个人独资企业法》的规定，在中国设立个人独资企业的投资人只能是一个具有中国国籍的自然人。各类组织和不具有中国国籍的自然人都不能作为个人独资企业的设立人。

2）个人独资企业的投资人对企业的债务承担无限责任

尽管个人独资企业有自己的名称或商号，并以企业名义从事经营行为和参加诉讼活动，是一个独立的经济主体，但个人独资企业不具有法人资格，在权利义务上，企业和个人是融为一体的，企业的责任即是投资人个人的责任，企业的财产即是投资人个人的财产。因此，个人独资企业的投资人以自己的财产对企业的债务承担无限责任，即当企业的资产不足以清偿到期债务时，投资人应以自己个人的全部财产用于清偿。这实际上将企业的责任与投资人的责任连为一体。

3）个人独资企业的财产归投资人个人所有

个人独资企业的财产不仅包括企业成立时投资者投入的财产，还包括企业存续期间积累的财产，这些财产都归属于投资者个人。个人独资企业是非法人企业，企业的责任就是投资者个人的责任，企业的财产及其收益均归投资人所有。

4）内部机构设置简单，经营管理方式灵活

个人独资企业的投资人既是企业的所有者，又可以是企业的经营者，因此，法律对其内部机构和经营管理方式不像对公司和其他企业那样加以严格的规定。

3.1.3　个人独资企业法的概念和基本原则

1）个人独资企业法的概念

个人独资企业法有广义和狭义之分。广义的个人独资企业法，是指国家关于个人独资企业的各种法律规范的总称；狭义的个人独资企业法，是指1999年8月30日第九届全国人大常委会第十一次会议通过，自2000年1月1日起施行的《中华人民共和国个人独资企业法》。《个人独资企业法》是继《公司法》《合伙企业法》之后，我国颁布的调整企业组织的又一部重要法律，它填补了我国企业立法的空白，使我国的企业立法得到进一步完善。

2）个人独资企业法的基本原则

我国《个人独资企业法》遵循下列基本原则：

（1）依法保护个人独资企业的财产和其他合法权益。个人独资企业的财产权是指个人独资企业的财产所有权，包括对财产的占有、使用、处分和收益的权利；其他合法权益是指财产所有权以外的有关权益，如有关名称权、自主经营权、平等竞争权、拒绝摊派权等。

（2）个人独资企业从事经营活动必须遵守法律、行政法规，遵守诚实信用原则，不得损害社会公共利益。遵守法律、法规是每个企业应尽的义务，企业只有遵守法律、法规，才能保证生产经营活动的有序进行。个人独资企业遵守的诚实信用原则是我国民事活动的基本原则。企业只有诚实守信，才能取得他人的信任，这既能增加企业的商业机会，也能树立企业形象，同时也是维护正常的社会经济秩序的需要。个人独资企业不得损害社会公共利益也是我国民法规定的民事活动中必须遵循的基本原则之一。个人独资企业在经营活动中，还必须遵守社会公德，不得滥用权利。

（3）个人独资企业应当依法履行纳税义务。依法纳税是每个公民和企业应尽的义务。个人独资企业在经营活动中应当依法缴纳国家税收法律、法规及规章规定的各项税款。

（4）个人独资企业应当依法招用职工。个人独资企业应严格依照劳动法及有关规定招用职工。企业招用职工应当与职工签订劳动合同，劳动合同必须遵循平等自愿、协商一致的原则，并不得违反国家法律、法规和有关政策规定；企业不得招用不满16周岁的少年、儿童。

（5）个人独资企业职工的合法权益受法律保护。个人独资企业职工依法享有我国法律规定的各项权利，企业应在劳动合同、工作时间、工资薪金、休息休假、劳动保护与保险等方面，严格遵守法律、法规的规定，不得侵犯职工的合法权益。

拓展阅读 3-1

獬豸，是中国古代神话传说中的"法兽"，据《论衡》中的描述，其双目明亮有神，独角，能辨是非曲直，能识善恶忠奸，有勇猛、公正的寓意。在我国一些法院门口，往往能看到獬豸的雕像，象征着对公平正义的守护。公平正义是法治的生命线，是司法的灵魂，是人民群众感知法治建设的一把尺子。推进全面依法治国，要紧紧围绕保障和促进社会公平正义来进行，把这一价值追求贯穿到立法、执法、司法、守法的全过程和各方面。

公正司法是维护社会公平正义的最后一道防线。习近平总书记指出："所谓公正司法，就是受到侵害的权利一定会得到保护和救济，违法犯罪活动一定要受到制裁和惩罚。"在法治的各环节中，司法决定具有终局性的作用，权利的最终救济、纠纷的最终解决是在司法环节。

3.2　个人独资企业的设立

3.2.1　个人独资企业的设立条件

根据《个人独资企业法》的规定，在中国境内设立个人独资企业，必须具备下列条件：①投资人为一个自然人；②有合法的企业名称；③有投资人申报的出资；④有固定的生产经营场所和必要的生产经营条件；⑤有必要的从业人员。

3.2.2　个人独资企业的设立程序

1）提出申请

申请设立个人独资企业，应当由投资人或者其委托的代理人向个人独资企业所在地的登记机关提交设立登记申请表（见表3-1）、投资身份证明、生产经营场所使用证明等文件。委托代理人申请设立登记时，应当出具投资人的委托书和代理人的合法证明。

表 3-1   个人独资企业设立登记申请表

企业名称			
企业住所			
投资人			
邮政编码		联系电话	
经营范围及方式			
出资额			
出资方式	1.以个人财产出资	2.以家庭共有财产作为个人出资 家庭成员签名：	
从业人员数			
有关部门意见			

注：（1）"企业住所"应填写所在市、县、乡（镇）及村、街道门牌号码。（2）出资额是投资人以货币出资的数额，以及采取实物、土地使用权、知识产权或者其他财产权利出资的作价数额，投资人申报的出资额应当与企业的生产经营规模相适应。（3）"出资方式"栏中，在选择项的序号上打"√"。以家庭共有财产作为个人出资的，家庭成员应当签名。（4）"从业人员数"应填写企业拟聘用从业人员的数量。（5）出资额、出资方式和从业人员数由投资人申报。

2）工商登记

登记机关应当在收到设立申请文件之日起15日内，对符合《个人独资企业法》规定条件的予以登记，发给营业执照；不符合条件的，不予登记，并发给企业登记驳回通知书。个人独资企业的营业执照签发日期，为个人独资企业成立日期。

个人独资企业设立分支机构，也应当由投资人或者其委托代理人向分支机构所在地的登记机关申请登记，领取营业执照。分支机构经核准登记后，应将登记情况报该分支机构隶属的个人独资企业的登记机关备案。分支机构的民事责任由设立该分支机构的个人独资企业承担。

个人独资企业存续期间登记事项发生变更的，应当在作出变更决定之日起15日内依法向登记机关申请办理变更登记。

课堂讨论 3-1

（1）个人独资企业与个体工商户有哪些区别？

提示：①出资人不同；②承担责任的财产范围不同；③适用的法律不同；④法律地位不同。

（2）假如你毕业后想自主创业，创办一家个人独资企业，你知道如何办理吗？

提示：咨询当地市场监督管理局，了解具体办理程序。

3.3　个人独资企业投资人的权利和责任

3.3.1　个人独资企业投资人的权利

个人独资企业投资人对企业财产享有所有权。独资企业成立时的出资和经营过程中积累的财产都归独资企业的投资人所有。

个人独资企业投资人的有关权利可以依法转让或继承。由于独资企业投资人的人格与企业的人格密不可分，企业财产所有权均归投资人，所以投资人对于企业财产享有充分和完整的支配与处置权，他可以将企业财产的某一部分转让给他人，也可以将整个企业转让给他人。同时，当投资人死亡或被宣告死亡时，其继承人可以依继承法的规定对独资企业行使继承权。

3.3.2　个人独资企业投资人的责任

个人独资企业投资人对企业债务承担无限责任。个人独资企业在申请企业设立登记时明确以投资人个人财产出资的，以投资人的个人财产对企业的债务承担无限责任；明确以投资人家庭财产出资的，以投资人的家庭共有财产对企业的债务承担无限责任。由于我国目前尚无完善的财产登记制度，个人财产与家庭财产往往难以区分，实践中主要根据独资企业设立登记时在市场监督管理部门的投资登记来确定投资人是以其个人财产还是家庭财产来对企业债务承担责任。

3.4　个人独资企业的事务管理

3.4.1　个人独资企业的生产经营

个人独资企业可以自主安排生产经营活动，但不得从事法律、行政法规禁止经营的业务。个人独资企业因生产经营需要设立分支机构的，该分支机构的民事责任由设立该分支机构的个人独资企业承担。

3.4.2　个人独资企业事务管理

1）个人独资企业事务管理方式

个人独资企业事务管理方式主要有三种，投资人有权自主选择适合自己的管理方式。

（1）自行管理，即由个人独资企业投资人本人对本企业的经营事务直接进行管理。

（2）委托管理，即由个人独资企业的投资人委托其他具有民事行为能力的人负责企业的事务管理。

（3）聘任管理，即个人独资企业的投资人聘用其他具有民事行为能力的人负责企业的事务管理。

2）委托或聘用合同

委托管理或聘任管理应由投资人与受托人或聘用的人签订书面合同，明确委托的具体内容、授予的权力范围、受托人或聘用人应履行的义务、报酬和责任等。受托人或者聘用的人员管理个人独资企业事务时违反双方订立的合同，给投资人造成损害的，应承担民事赔偿责任。

3）个人独资企业与善意第三人

投资人与受托人或者被聘用的人员之间有关权利的限制只对受托人或者被聘用的人有效，对第三人并无约束力，受托人或者被聘用的人员超出投资人的限制与善意第三人的有关业务交往应当有效。

3.4.3　受托人或者被聘用的管理人的义务

受托人或者被聘用人应当履行诚信、勤勉义务，按照与投资人签订的合同负责个人独资企业的事务管理。

投资人委托或者聘用的管理个人独资企业事务的人员不得有下列行为：

（1）利用职务上的便利，索取或者收受贿赂。

（2）利用职务或者工作上的便利侵占企业财产。

（3）挪用企业的资金归个人使用或者借贷给他人。

（4）擅自将企业资金以个人名义或者以他人名义开立账户储存。

（5）擅自以企业财产提供担保。

（6）未经投资人同意，从事与本企业相竞争的业务。

（7）未经投资人同意，同本企业订立合同或者进行交易。

（8）未经投资人同意，擅自将企业商标或者其他知识产权转让给他人使用。

（9）泄露本企业的商业秘密。

（10）法律、行政法规禁止的其他行为。

课堂讨论 3-2

某个人独资企业投资人王某由于另有业务发展，便将原企业委托给张某管理。2017年7月15日，张某购买了住房，并从银行贷款10万元，在和银行签订合同时，以该独资企业的财产作抵押。贷款到期后，张某没有还清全部贷款，银行要求处分抵押权却遭到投资人王某的拒绝，最后银行以张某为被告起诉到法院。

请问：张某的抵押行为合法吗？

提示：张某作为个人独资企业的聘用人员，违反了《个人独资企业法》第20条的规定，在没有得到投资人同意的情况下，以个人独资企业的财产为自己购买住房进行抵押，侵犯了个人独资企业的财产权益，张某应当自己承担责任。

3.4.4　个人独资企业的财务管理

个人独资企业应当依法设置会计账簿，进行会计核算。个人独资企业应当按时申报税务登记，严格履行纳税义务，接受税务机关的监督检查。

3.4.5　个人独资企业的劳动管理

1）合法招用员工

个人独资企业招用员工的，应当依法与员工签订劳动合同，保障员工的劳动安全，按时、足额发放员工工资。

2）参加社会保险

个人独资企业应当按照国家规定参加社会保险，为员工缴纳社会保险费用。个人独资企业的员工社会保险主要包括养老保险、工伤保险和医疗保险等。

3）保障员工权益

个人独资企业的员工可以依法组建工会组织，以维护员工的合法权益，个人独资企业应当为本企业工会提供必要的活动条件。

案件回放

被告人袁某系浙江省云和县华夏工艺厂（系个人独资企业）的负责人，其与丈夫夏某（另案处理）共同经营该厂。自2011年年初开始，该厂长期拖欠工人工资。2011年9月初，袁某与夏某突然逃匿，手机关机无法联系。9月9日，云和县人事劳动保障局发出指令书，指令华夏工艺厂于9月13日前支付拖欠的工人工资。同日，云和县人民法院对华夏工艺厂的机器设备进行了财产保全。9月21日，因袁某与夏某未如期履行，云和县人民法院正式立案调查。10月8日，袁某到云和县人民法院核对拖欠的工人工资情况。经法院判决和调解，华夏工艺厂拖欠工人工资共计人民币290 270.52元。10月下旬，袁某再次逃匿，并改变联系方式。2012年1月15日，该案被移送至云和县公安局，并于次日被立为刑事案件。1月19日，袁某自动到云和县公安局投案，并如实供述了主要犯罪事实。

浙江省云和县人民法院经审理认为，被告人袁某以逃匿、改变联系方式的方法，逃避支付劳动者的劳动报酬29万余元，数额较大，经政府有关部门责令支付仍不支付，其行为已构成拒不支付劳动报酬罪。袁某在案发后自动投案，并如实供述自己的犯罪事实，系自首，依法可从轻处罚。依照有关法律规定，认定被告人袁某犯拒不支付劳动报酬罪，判处有期徒刑一年，并处罚金人民币2万元。宣判后，袁某服判，未提出上诉。

资料来源　最高人民法院发布的八起典型案例［N］. 人民法院报，2014-07-24（4）.

点评：本案中，被告人袁某系个人独资企业的负责人，本应按时、足额发放员工工资，但她以逃匿的方法逃避支付劳动者的劳动报酬达29万余元，且经云和县人事劳动保障局责令支付仍不支付，并再次逃匿，改变联系方式，其行为已构成拒不支付劳动报酬罪。

3.5 个人独资企业的解散与清算

3.5.1 个人独资企业的解散

个人独资企业的解散，是指个人独资企业终止活动使其民事主体资格消灭的行为。根据《个人独资企业法》的规定，个人独资企业有下列情形之一时，应当解散：①投资人决定解散；②投资人死亡或者被宣告死亡，无继承人或者继承人决定放弃继承；③被依法吊销营业执照；④法律、行政法规规定的其他情形。

3.5.2 个人独资企业的清算

个人独资企业解散时，应当进行清算。《个人独资企业法》对个人独资企业清算作了如下规定：

个人独资企业解散后，由投资人自行清算或者由债权人申请人民法院指定清算人进行清算。投资人自行清算的，应当在清算前15日内书面通知债权人，无法通知的，应当予以公告。债权人应当在接到通知之日起30日内，未接到通知的应当在公告之日起60日内，向投资人申报其债权。个人独资企业解散后，原投资人对个人独资企业存续期间的债务仍应承担偿还责任，但债权人在5年内未向债务人提出偿债请求的，该责任消灭。

个人独资企业解散的，财产应当按照下列顺序清偿：①所欠职工工资和社会保险费用；②所欠税款；③其他债务。

清算期间，个人独资企业不得开展与清算目的无关的经营活动。

3.6 违反个人独资企业法的法律责任

3.6.1 投资人及企业违法应承担的法律责任

（1）违反《个人独资企业法》规定，提交虚假文件或采取其他欺骗手段，取得企业登记的，责令改正，处以5 000元以下的罚款；情节严重的，并处吊销营业执照。

（2）违反《个人独资企业法》规定，使用与其在登记机关登记的名称不相符合的名称的，责令限期改正，处以2 000元以下的罚款。

（3）违反《个人独资企业法》规定，涂改、出租、转让营业执照的，责令改正，没收违法所得，处以3 000元以下的罚款；情节严重的，吊销营业执照。伪造营业执照的，责令停业，没收违法所得，处以5 000元以下的罚款。构成犯罪的，依法追究刑事责任。

（4）个人独资企业成立后无正当理由超过6个月未开业的，或者开业后自行停业连续6个月以上的，吊销营业执照。

（5）违反《个人独资企业法》规定，未领取营业执照，以个人独资企业名义从事经营活动的，责令停止经营活动，处以3 000元以下的罚款。个人独资企业登记事项发生变更时，未按本法规定办理有关变更登记的，责令限期办理变更登记；逾期不办理的，处以2 000元以下的罚款。

（6）违反《个人独资企业法》规定，侵犯职工合法权益，未保障职工劳动安全，不缴纳社会保险费用的，按照有关法律、行政法规予以处罚，并追究有关责任人员的责任。

（7）在清算前或清算期间隐匿或转移财产，逃避债务的，依法追回其财产，并按照有关规定予以处罚；构成犯罪的，依法追究刑事责任。

（8）违反《个人独资企业法》规定，应当承担民事赔偿责任和缴纳罚款、罚金，其财产不足以支付的，或者被判处没收财产的，应当先承担民事赔偿责任。

（9）投资人委托或者聘用的人员管理个人独资企业事务时违反双方订立的合同，给投资人造成损害的，承担民事赔偿责任。

（10）投资人委托或者聘用的人员违反规定，侵犯个人独资企业财产权益的，责令退还侵占的财产；给企业造成损失的，依法承担赔偿责任；有违法所得的，没收违法所得；构成犯罪的，依法追究刑事责任。

3.6.2 登记机关及其他人员的法律责任

（1）对不符合法律规定条件的个人独资企业予以登记，或者对符合法律规定条件的个人独资企业不予登记的，对直接责任人员依法给予行政处分；构成犯罪的，依法追究刑事责任。

（2）登记机关上级部门的有关主管人员强令登记机关对不符合法律规定条件的个人独资企业予以登记，或者对符合规定条件的个人独资企业不予登记或者对登记机关的违法登记行为进行包庇的，对直接责任人员依法给予行政处分；构成犯罪的，依法追究刑事责任。

（3）登记机关对符合法定条件的申请不予登记或者超过法定时限不予答复的，当事人可依法申请行政复议或提起行政诉讼。

（4）违反法律、行政法规的规定，强制个人独资企业提供财力、物力、人力的，按照有关法律、行政法规予以处罚，并追究有关人员的责任。

🔗 **法规链接**

为了规范个人独资企业的行为，保护个人独资企业投资人和债权人的合法权益，维护社会经济秩序，促进社会主义市场经济的发展，《中华人民共和国个人独资企业法》经第九届全国人民代表大会常务委员会第十一次会议通过，自2000年1月1日起施行。

中华人民共和国
个人独资企业法

了解法规具体内容，请直接扫描二维码或访问国家法律法规数据库（网址：https://flk.npc.gov.cn），检索"中华人民共和国个人独资企业法"。

本章测试

◆ 选择题

1.下列各项属于个人独资企业特征的有（　　）。

A.需要对企业承担无限责任

B.承担有限责任

C.难以从外部获得大量资金用于经营

D.双重课税

2.根据个人独资企业法律制度的规定，下列各项中，可以用作个人独资企业名称的有（　　）。

A.云滇针织品有限公司　　　　　　　B.昆海化妆品经销公司

C.樱园服装设计中心　　　　　　　　D.霞光婚纱摄影工作室

3.根据个人独资企业法律制度的规定，下列各项中，可以作为个人独资企业投资人出资的有（　　）。

A.劳务　　　　　　B.土地使用权　　　　C.专利权　　　　D.家庭共有的房屋

4.根据个人独资企业法律制度的规定，下列关于个人独资企业的表述中，正确的是（　　）。

A.甲公司只能成立一个个人独资企业

B.美籍华人王某可以设立个人独资企业

C.乙个人独资企业的投资人田某对该企业的债务承担无限责任

D.如果陈某是个人独资企业的投资人，那么陈某不可以是该企业的经营者

5.根据个人独资企业法律制度的规定，下列关于个人独资企业法律特征的表述中，正确的有（　　）。

A.个人独资企业虽然不具有法人资格，但具有独立承担民事责任的能力

B.个人独资企业是由一个自然人投资的企业，并且自然人只能是中国公民

C.个人独资企业的投资人对企业的债务承担无限责任

D.个人独资企业是独立的民事主体，可以自己的名义从事民事活动

◆ 判断题

1.投资人在设立个人独资企业登记申请书上没有注明是以个人财产出资还是以家庭共有财产出资的，应以家庭共有财产对企业债务承担无限责任。　　　　　　（　　）

2.某个人独资企业投资人在申请企业设立登记时明确以其家庭共有财产作为个人出资，为维持其他家庭成员的基本生活条件，该投资人应以其个人财产对企业债务承担无限责任。　　　　　　　　　　　　　　　　　　　　　　　　　　　（　　）

3.个人独资企业存续期间登记事项发生变更的，应当在作出变更决定之日起15日内依法向登记机关申请变更登记。　　　　　　　　　　　　　　　　　（　　）

4.个人独资企业的名称不可以有"有限"和"公司"字样。　　　　　（　　）

◆简答题

1.简述个人独资企业的设立程序。

2.个人独资企业的出资人可以是外国人或法人吗？什么人不能成为投资人？名称有什么要求？出资方式为什么？能不能独立承担责任，是不是独立民事主体？

拓展训练

◆实施准备

1.教师组织学生仔细阅读案例，提示案例要点。

2.学生每4~6人组成一个学习小组，以小组为单位进行讨论，提倡采用"头脑风暴法"，最终形成一篇案例分析报告。

3.每个小组派出1名代表上讲台阐述小组报告的观点。

4.教师讲评案例并点评各小组报告。

◆案例内容

农村青年江某有一手较好的裁缝技术，因其在某服装厂工作积蓄了一些钱和客户关系，很想自己开办一家私营服装厂。他将其想法向在县公安局工作的叔叔江杰说出后，得到江杰的赞成，双方决定以江杰的名义在县城成立一家服装加工厂，由江某管理该服装厂。该服装厂经县市场监督管理部门核准登记，并择日在县城一繁华地段开业。工人李强在工作中因熨斗故障起火，烧伤了右手，花去了医药费2 000多元。李强多次要求江某进行医疗费补偿，江某则以没有这方面的协议为由予以拒绝。李强及其家属多方投诉无果，遂向人民法院起诉。

请问：

（1）江杰能否设立独资企业？为什么？

（2）雇工李强的医药费应由谁负责？请说明理由。

第4章

合伙企业法

◆知识目标：了解我国《合伙企业法》对普通合伙企业和有限合伙企业的各项法律规定；理解合伙企业财产的构成、合伙企业事务管理、合伙企业清算的规定；掌握普通合伙企业设立的条件，普通合伙企业财产转让的限制，普通合伙企业损益分配的规定，入伙、退伙法律后果的规定，特殊的普通合伙企业的特殊性规定以及有限合伙企业的特殊规定等问题。

◆能力目标：能够运用所掌握的合伙企业的法学理论，指导自己与同伴开展创业活动，实现各自的社会价值的目的。

图文引例　　　　　**合伙赚钱好聚也要好散**

电影《中国合伙人》描述了亲如兄弟的三人在合伙办学经营中的分合故事乃至股权纷争。现实中，人们合伙经营更多地会涉及合伙期间的债务承担。

赵某、田某、常某是多年好友。2012年7月，三人在桐柏县城合伙开了一家餐馆。合伙协议中，约定赵某出资5万元并负责日常经营，田某出资5万元，常某不出资，提供其独家秘方配制的川味调料和做菜方法。田某和常某均只参与盈余分配而不参与经营活动。

好景不长，餐馆的经营每况愈下，到2014年3月，共拖欠原材料供应商夏某4万元货款。看到投资的餐馆亏损严重，田某决定撤回出资，并要求赵某和常某出具"餐馆经营亏损与田某无关"的字据。碍于朋友情面，赵某和常某勉强同意。

2014年5月，拿不到货款的夏某将田某等三人诉至桐柏县法院，要求三人一起偿还4万元欠款。赵某及常某皆认可该笔债务，田某却以自己已经退伙，并且立有相关字据为由，拒绝与赵某、常某一起偿还欠款。

桐柏县法院经过审理，最终支持了夏某的诉讼请求，判令赵某、田某、常某三人在十日内偿还夏某4万元欠款，并负连带偿还责任。

资料来源　黄健，张坤. 合伙赚钱好聚也要好散［EB/OL］.［2017-10-24］. http：//roll.sohu. com/20141024/n405422153.shtml.

以上案例表明，合伙人在选择退伙且退伙成功后，仍应当对其在退伙前所产生的债务承担责任，且是无限连带责任。另外，合伙人之间签订的内部协议，特别是关于债务承担的协议，只能在该内部产生效力，不能对抗外部第三人，特别是债权人。与个人独资企业等其他企业组织形式相比，合伙企业具有独特的优势，同时也有自身的不足，这需要经营者根据自身的情况进行选择。本章我们将就合伙企业的设立、解散与清算进行说明。

4.1　合伙企业法概述

4.1.1　合伙企业法的概念

合伙企业法可以广义地理解为调整合伙企业和合伙关系的各种法律规范的总称，也可以狭义地理解为1997年2月23日第八届全国人民代表大会常务委员会第二十四次会议通过，并于1997年8月1日起施行的《中华人民共和国合伙企业法》（以下简称《合伙企业法》）。2006年8月27日第十届全国人民代表大会常务委员会第二十三次会议修订了该法，自2007年6月1日起施行。

4.1.2　合伙企业的概念和分类

合伙企业是指自然人、法人和其他组织依照法律在中国境内设立的普通合伙企业和有限合伙企业。合伙企业包括三种形式：普通合伙企业、有限合伙企业和特殊的普通合伙企业。

普通合伙企业由普通合伙人组成，合伙人对合伙企业债务承担无限连带责任。有限合伙企业由普通合伙人和有限合伙人组成，普通合伙人对合伙企业债务承担无限连带责任，有限合伙人以其认缴的出资额为限对合伙企业债务承担责任。特殊的普通合伙企业是指以专门知识和技能为客户提供有偿服务的专业服务机构，这些服务机构可以设立为特殊的普通合伙企业，例如律师事务所、会计师事务所。

合伙企业设立简单、经营灵活，适应多数人共同投资的需要，是法人制度出现以前最重要的企业形式。

4.2 普通合伙企业

普通合伙企业是指由普通合伙人组成，合伙人对合伙企业债务承担无限连带责任的营利性组织。

4.2.1 合伙企业的设立

根据《合伙企业法》的规定，设立合伙企业应当具备下列条件：

（1）有两个以上合伙人，合伙人为自然人的，应当具有完全民事行为能力。合伙人可以是自然人，也可以是法人或其他经济组织。但是，法律、法规禁止从事营利性活动的人，不得成为合伙人。国有独资公司、国有企业、上市公司以及公益性的事业单位、社会团体不得成为普通合伙人。合伙人都依法对合伙企业债务承担无限连带责任。

（2）有书面合伙协议。合伙协议经全体合伙人签名、盖章后生效，是合伙企业设立的必备文件。合伙协议应当载明下列事项：①合伙企业的名称和主要经营场所的地点；②合伙目的和合伙经营范围；③合伙人的姓名或者名称、住所；④合伙人的出资方式、数额和缴付期限；⑤利润分配、亏损分担方式；⑥合伙事务的执行；⑦入伙与退伙；⑧争议解决办法；⑨合伙企业的解散与清算；⑩违约责任。

（3）有合伙人认缴或者实际缴付的出资。合伙人可以用货币、实物、知识产权、土地使用权或者其他财产权利出资，也可以用劳务出资。合伙人以实物、知识产权、土地使用权或者其他财产权利出资，需要评估作价的，可以由全体合伙人协商确定，也可以由全体合伙人委托法定评估机构评估。合伙人以劳务出资，其评估办法由全体合伙人协商确定，并在合伙协议中载明。合伙人以非货币财产出资，依照法律、法规的规定，需要办理财产权转移手续的，应当依法办理。

（4）有合伙企业的名称和生产经营场所。合伙企业的名称中应当标明"普通合伙"字样。

（5）法律、行政法规规定的其他条件。设立合伙企业，应当向企业登记机关申请设立登记，申请时应提交全体合伙人签署的合伙申请书、全体合伙人的身份证明、合伙协议、出资权属证明、经营场所证明以及其他文件。法律、法规规定须报经有关部门审批的，还应当提交有关批准文件。经登记机构登记，企业即成立。合伙企业的营业执照签发日期，为合伙企业的成立日期。

4.2.2 合伙企业的设立程序

申请设立合伙企业，应当由全体合伙人指定的代表或者共同委托的代理人向企业登记机关提出申请。申请时应提交登记申请书、合伙协议、合伙人身份证明、出资确认书等文件。

合伙企业的经营范围中有属于法律、行政法规规定在登记前须经批准的项目的，该项经营业务应当依法经过批准，并在登记时提交批准文件。

申请人提交的登记申请材料齐全、符合法定形式，企业登记机关能够当场登记的，应予当场登记，发给营业执照。

其他情形下，企业登记机关应当自受理申请之日起20日内，作出是否登记的决定。予以登记的，发给营业执照；不予登记的，应当给予书面答复，并说明理由。

合伙企业营业执照签发日期，为合伙企业成立日期。合伙企业领取营业执照前，合伙人不得以合伙企业名义从事合伙业务。

4.2.3 合伙企业的财产及转让和出质

（1）合伙企业的财产。合伙企业存续期间，合伙人的出资，以合伙企业名义取得的收益和依法取得的其他财产，均为合伙企业的财产，由全体合伙人共同管理和使用。合伙人在合伙企业清算前，不得请求分割合伙企业的财产（法律另有规定除外）。合伙人在合伙企业清算前私自转移或者处分合伙企业财产的，合伙企业不得对抗善意第三人。

（2）合伙人出资份额的转让。除合伙协议另有约定外，合伙人向合伙人以外的人转让其在合伙企业中的全部或者部分财产份额时，须经其他合伙人一致同意，并且在同等条件下其他合伙人有优先受让权。合伙人相互转让其全部或部分财产份额，应当通知其他合伙人。

（3）合伙人出资份额的担保。在合伙企业存续期间，合伙人以其在合伙企业中的财产份额出质的，须经其他合伙人一致同意。否则，出质行为无效，由此给善意第三人造成损失的，行为人还应当承担赔偿责任。

课堂讨论 4-1

某合伙企业有5名合伙人，共出资4 000万元，包括一个货仓、50辆货车和1 000万元流动资金，经营业务为货物运输。其中，合伙人之一田某的出资中包括20辆"东风141"汽车。2016年8月15日，田某朋友刘某为做生意，和银行签订一份借款合同，该借款合同借款数额为100万元，期限6个月，刘某请求田某为其担保，田某以50辆汽车为刘某作了抵押。借款到期后，由于生意亏损，刘某不能还贷，银行要求将汽车变卖并优先受偿。但合伙企业不同意，因该财产是合伙企业财产，没有经过全体合伙人的同意，该财产不能为他人作抵押，田某自己处分不具有法律效力。银行因此起诉到法院。请求法院判令，就该50辆汽车行使抵押权人的权利。

请问：该抵押合同是否有效？银行能否行使抵押权？

提示：从本例看，合伙人田某在没有得到全体合伙人同意的情况下以合伙人企业的财产进行抵押，该抵押行为应当无效，但由于抵押权人是不知情的善意第三人，因此，银行是可以行使优先权的，由此给合伙企业造成的损失应当由田某负责。

4.2.4 合伙企业事务的执行

合伙人对合伙企业有关事项作出决议，按照合伙协议约定的表决办法办理。合伙协议未约定或者约定不明确的，实行合伙人一人一票并经全体合伙人过半数通过的表决办法。

除合伙协议另有约定外，合伙企业的下列事项应当经全体合伙人一致同意：

（1）改变合伙企业的名称。

（2）改变合伙企业的经营范围、主要经营场所的地点。

（3）处分合伙企业的不动产。

（4）转让或者处分合伙企业的知识产权和其他财产权利。

（5）以合伙企业名义为他人提供担保。

（6）聘任合伙人以外的人担任合伙企业的经营管理人员。

（7）依照合伙协议约定的有关事项。

4.2.5 合伙企业的损益分配

合伙企业的利润分配、亏损分担，按照合伙协议的约定办理；合伙协议未约定或者约定不明确的，由合伙人协商决定；协商不成的，由合伙人按照实缴出资比例分配、分担；无法确定出资比例的，由合伙人平均分配、分担。

合伙协议不得约定将全部利润分配给部分合伙人或者由部分合伙人承担全部亏损。

课堂讨论 4-2

甄某与曲某是相识多年的朋友。2010年4月，二人签订《合作经营合同》，约定甄某出资175万元、曲某出资250万元，由曲某成立一家置业公司，二人合作经营。协议中约定，双方均参与经营，每年经营纯利润由曲某和甄某按八二比例分成，曲某每年还要支付甄某30万元固定收益。

2010年4月至2013年4月，曲某每年均向甄某支付30万元以上的纯利润分成。好景不长，因为市场不景气，曲某未能在2014年4月前支付甄某30万元。双方交涉无果，甄某便将曲某诉至法院，要求曲某按照协议中固定收益条款的约定支付其30万元和6万元违约金。

请问：你认为法院会支持甄某的诉讼请求吗？为什么？

4.2.6 合伙企业与第三人的关系

1）合伙企业与善意第三人的关系

合伙企业对合伙人执行合伙事务以及对外代表合伙企业权利的限制，不得对抗善意第三人。

2）合伙企业与债务人的关系

合伙企业对其债务，应先以其全部财产进行清偿。合伙企业财产不足清偿到期债务的，合伙人承担无限连带责任。合伙人由于承担无限连带责任，清偿数额超过其亏损分担比例的，有权向其他合伙人追偿。

3）合伙人个人债务的清偿

合伙人发生与合伙企业无关的个人债务时，相关债权人不得以其债权抵销其对合伙企业的债务；也不得代位行使合伙人在合伙企业中的权利。

合伙人的个人财产不足清偿其个人债务的，该合伙人可以以其从合伙企业中分取的收益用于清偿；债权人也可以依法请求人民法院强制执行该合伙人在合伙企业中的财产份额用于清偿。

4.2.7　入伙与退伙

1）入伙

入伙是指在合伙企业存续期间，合伙人以外的第三人加入合伙，取得合伙人资格的行为。

（1）入伙的条件和程序。新合伙人入伙，除合伙协议另有约定外，应当经全体合伙人一致同意，并依法订立书面入伙协议。

订立入伙协议时，原合伙人应当向新合伙人如实告知原合伙企业的经营状况和财务状况。

（2）新合伙人的权利和责任。入伙的新合伙人与原合伙人享有同等权利，承担同等责任。入伙协议另有约定的，从其约定。

新合伙人对入伙前合伙企业的债务承担无限连带责任。

2）退伙

退伙是指合伙人退出合伙企业，丧失合伙人的资格的行为。合伙人退伙，其他合伙人应当与该退伙人按照退伙时的合伙企业财产状况进行结算，退还退伙人的财产份额。退伙人对给合伙企业造成的损失负有赔偿责任的，相应扣减其应当赔偿的数额。退伙时有未了结的合伙企业事务的，待该事务了结后进行结算。

退伙人对基于其退伙前的原因发生的合伙企业债务承担无限连带责任。合伙人退伙时，合伙企业财产少于合伙企业债务的，退伙人应当依法分担亏损。

根据退伙的原因不同，退伙分为自愿退伙和法定退伙两类。自愿退伙是指合伙人基于自愿的意思表示而退伙；法定退伙是指合伙人因出现法律规定的事由而退伙。自愿退伙又分为协议退伙和通知退伙；法定退伙分为当然退伙和除名退伙。

（1）自愿退伙。《合伙企业法》规定，合伙协议约定合伙期限的，在合伙企业存续期间，有下列情形之一的，合伙人可以退伙：①合伙协议约定的退伙事由出现；②经全体合伙人一致同意；③发生合伙人难以继续参加合伙的事由；④其他合伙人严重违反合伙协议约定的义务。合伙人违反上诉规定退伙的，应当赔偿由此给合伙人造成的损失。

（2）通知退伙。《合伙企业法》规定，合伙协议未约定合伙期限的，合伙人在不给合伙企业事务执行造成不利影响的情况下，可以退伙，但应当提前30日通知其他合伙人。

（3）当然退伙。《合伙企业法》规定，合伙人有下列情形之一的，当然退伙：①作为合伙人的自然人死亡或者被依法宣告死亡；②个人丧失偿债能力；③作为合伙人的法人或者其他组织依法被吊销营业执照、责令关闭、撤销，或者被宣告破产；④法律规定或者合伙协议约定合伙人必须具有相关资格而丧失该资格；⑤合伙人在合伙企业中的全部财产份额被人民法院强制执行。当然退伙以退伙事由实际发生之日为退伙生效日。

（4）除名退伙。《合伙企业法》规定，合伙人有下列情形之一的，经其他合伙人一致同意，可以决议将其除名：①未履行出资义务；②因故意或者重大过失给合伙企业造成损失；③执行合伙事务时有不正当行为；④发生合伙协议约定的事由。对合伙人的除名决议应当书面通知被除名人。被除名人接到除名通知之日，除名生效，被除名人退伙。被除名人对除名决议有异议的，可以在接到除名通知书之日起30日内向人民法院起诉。

课堂讨论4-3

课堂讨论4-3

分析提示

（1）普通合伙企业的合伙人意外死亡后，他未成年的儿子能否成为合伙人？

（2）阿里巴巴和携程都是朋友之间合伙创业的典范。搜集相关资料，与同学分享其成功经验。

4.3　有限合伙企业

4.3.1　有限合伙企业的设立

1）人数

有限合伙企业由2个以上50个以下合伙人设立，其中至少应当有一个普通合伙人。

2）合伙协议

有限合伙企业的合伙协议除应载明普通合伙企业合伙协议所应载明的事项外，还应当载明下列事项：①普通合伙人和有限合伙人的姓名或者名称、住所；②执行事务合伙人应具备的条件和选择程序；③执行事务合伙人权限与违约处理办法；④执行事务合伙人的除名条件和更换程序；⑤有限合伙人入伙、退伙的条件、程序以及相关责任；⑥有限合伙人和普通合伙人相互转变程序。

3）出资方式

有限合伙人可以用货币、实物、知识产权、土地使用权或者其他财产权利作价出资。但不得以劳务出资。

有限合伙人应当按照合伙协议的约定按期足额缴纳出资；未按期足额缴纳的，应当承担补缴义务，并对其他合伙人承担违约责任。

4）企业名称

有限合伙企业名称中应当标明"有限合伙"字样。

有限合伙企业登记事项中应当载明有限合伙人的姓名或者名称及认缴的出资数额。有限合伙企业仅剩有限合伙人的，应当解散；有限合伙企业仅剩普通合伙人的，应转为普通合伙企业。

4.3.2 有限合伙企业的事务执行

有限合伙企业由普通合伙人执行合伙事务。执行事务合伙人可以要求在合伙协议中确定执行事务的报酬及报酬提取方式。有限合伙人不执行合伙事务，不得对外代表有限合伙企业。

有限合伙企业不得将全部利润分配给部分合伙人；但是，合伙协议另有约定的除外。

4.3.3 有限合伙人的特殊权利

因有限合伙人在合伙企业中的特殊地位，《合伙企业法》对其赋予了特殊的权利。

（1）有限合伙人可以同本有限合伙企业进行交易；但是，合伙协议另有约定的除外。

（2）有限合伙人可以自营或者同他人合作经营与本有限合伙企业相竞争的业务；但是，合伙协议另有约定的除外。

（3）有限合伙人可以将其在有限合伙企业中的财产份额出质；但是，合伙协议另有约定的除外。

（4）有限合伙人可以按照合伙协议的约定向合伙人以外的人转让其在有限合伙企业中的财产份额，但应当提前30日通知其他合伙人。

4.3.4 有限合伙人的债务承担

有限合伙人的自有财产不足清偿其与合伙企业无关的债务的，该合伙人可以以其从有限合伙企业中分取的收益用于清偿；债权人也可以依法请求人民法院强制执行该合伙人在有限合伙企业中的财产份额用于清偿。

人民法院强制执行有限合伙人的财产份额时，应当通知全体合伙人。在同等条件下，其他合伙人有优先购买权。

第三人有理由相信有限合伙人为普通合伙人并与其交易的，该有限合伙人对该笔交易承担与普通合伙人同样的无限连带责任。

有限合伙人未经授权以有限合伙企业名义与他人进行交易，给有限合伙企业或者其他合伙人造成损失的，该有限合伙人应当承担赔偿责任。

4.3.5 有限合伙人入伙、退伙的特殊规定

1）入伙

新入伙的有限合伙人对入伙前有限合伙企业的债务，以其认缴的出资额为限承担责任。

2）退伙

有限合伙人出现普通合伙人当然退伙的情形的，应当退伙。但作为有限合伙人的自然人在有限合伙企业存续期间丧失民事行为能力的，其他合伙人不得因此要求其退伙。

作为有限合伙人的自然人死亡、被依法宣告死亡或者作为有限合伙人的法人及其他组织终止时，其继承人或者权利承受人可以依法取得该有限合伙人在有限合伙企业中的资格。

有限合伙人退伙后，对基于其退伙前的原因发生的有限合伙企业债务，以其退伙时从有限合伙企业中取回的财产承担责任。

4.3.6　有限合伙人身份的变更

除合伙协议另有约定外，普通合伙人转变为有限合伙人，或者有限合伙人转变为普通合伙人，应当经全体合伙人一致同意。

有限合伙人转变为普通合伙人的，对其作为有限合伙人期间有限合伙企业发生的债务承担无限连带责任。

普通合伙人转变为有限合伙人的，对其作为普通合伙人期间合伙企业发生的债务承担无限连带责任。

4.4　特殊的普通合伙企业

特殊的普通合伙企业的特殊性体现在服务内容和责任承担方式上。

1）服务内容

按照《合伙企业法》的规定，以专业知识和专门技能为客户提供有偿服务的专业服务机构，才可以设立为特殊的普通合伙企业。

2）责任承担

在特殊的普通合伙企业中，一个合伙人或者数个合伙人在执业活动中因故意或者重大过失造成合伙企业债务的，应当承担无限责任或者无限连带责任，其他合伙人以其在合伙企业中的财产份额为限承担责任。合伙人在执业活动中非因故意或者重大过失造成的合伙企业债务以及合伙企业的其他债务，由全体合伙人承担无限连带责任。

合伙人执业活动中因故意或者重大过失造成的合伙企业债务，以合伙企业财产对外承担责任后，该合伙人应当按照合伙协议的约定对给合伙企业造成的损失承担赔偿责任。

特殊的普通合伙企业的名称中应当标明"特殊普通合伙"字样。特殊的普通合伙企业应当建立执业风险基金、办理职业保险。执业风险基金用于偿付合伙人执业活动造成的债务，并应当单独立户管理，具体管理办法由国务院规定。

4.5　合伙企业的解散与清算

4.5.1　合伙企业的解散

合伙企业有下列情形之一的，应当解散：①合伙期限届满，合伙人决定不再经营；②合伙协议约定的解散事由出现；③全体合伙人决定解散；④合伙人已不具备法定人数满30天；⑤合伙协议约定的合伙目的已经实现或者无法实现；⑥依法被吊销营业执照、责令关闭或者被撤销；⑦法律、行政法规规定的其他原因。

4.5.2　合伙企业的清算

合伙企业解散，应当由清算人进行清算。

1）清算人的确定

清算人由全体合伙人担任；经全体合伙人过半数同意，可以自合伙企业解散事由出现后15日内指定一个或者数个合伙人，或者委托第三人，担任清算人。自合伙企业解散事由出现之日起15日内未确定清算人的，合伙人或者其他利害关系人可以申请人民法院指定清算人。

2）债权申报

清算人自被确定之日起10日内将合伙企业解散事项通知债权人，并于60日内在报纸上公告。债权人应当自接到通知书之日起30日内，未接到通知书的自公告之日起45日内，向清算人申报债权。

3）合伙企业财产分配及责任的承担

合伙企业财产在支付清算费用和职工工资、社会保险费用、法定补偿金以及缴纳所欠税款、清偿债务后的剩余财产按照合伙协议的约定办理；合伙协议未约定或者约定不明确的，由合伙人协商决定；协商不成的，由合伙人按照实缴出资比例分配；无法确定出资比例的，由合伙人平均分配。

清算结束，清算人应当编制清算报告，经全体合伙人签名、盖章后，在15日内向企业登记机关报送清算报告，申请办理合伙企业注销登记。

合伙企业注销后，原普通合伙人对合伙企业存续期间的债务仍应承担无限连带责任。

4.6　违反合伙企业法的法律责任

4.6.1　合伙企业的法律责任

合伙企业有以下情形的，要依法承担相应的法律责任：

（1）合伙企业提交虚假文件或者采取其他欺骗手段，取得合伙企业登记的。

（2）未在其名称中标明"普通合伙"、"特殊普通合伙"或者"有限合伙"字样的。

（3）未领取营业执照，而以合伙企业或者合伙企业分支机构名义从事合伙业务的。

（4）合伙企业登记事项发生变更时，未依照《合伙企业法》规定办理变更登记的要依法承担相应的行政责任。

合伙企业登记事项发生变更，执行合伙事务的合伙人未按期申请办理变更登记的，应当赔偿由此给合伙企业、其他合伙人或者善意第三人造成的损失。

4.6.2　合伙人的法律责任

合伙人有以下情形的，要依法承担相应的法律责任：

（1）合伙人执行合伙事务，或者合伙企业从业人员利用职务上的便利，将应当归合伙企业的利益据为己有的，或者采取其他手段侵占合伙企业财产的，应当将该利益和财产退还合伙企业；给合伙企业或者其他合伙人造成损失的，依法承担赔偿责任。

（2）合伙人对依法或者合伙协议约定必须经全体合伙人一致同意始得执行的事务擅自处理，给合伙企业或者其他合伙人造成损失的，依法承担赔偿责任。

（3）不具有事务执行权的合伙人擅自执行合伙事务，给合伙企业或者其他合伙人造成损失的，依法承担赔偿责任。

（4）合伙人违反法律规定或者合伙协议的约定，从事与本合伙企业相竞争的业务或者与本合伙企业进行交易的，该收益归合伙企业所有；给合伙企业或者其他合伙人造成损失的，依法承担赔偿责任。

（5）合伙人违反合伙协议的，应当依法承担违约责任。

案件回放

2000年4月，老李与同村村民张某合伙成立一家陶瓷厂，并在工商局注册登记。2006年至2010年2月，由于陶瓷厂资金紧张，老李分几次向潘某借款261 498元用于生产经营，并出具欠条一份，明确借款数额、利息并加盖陶瓷厂公章。后潘某因多次催要未果，将老李和张某诉至法院，请求他们承担还款责任。2010年9月，法院判决由老李独自承担还款责任。

判决生效后老李不服，从此开启了漫长维权路。后该案被潍坊中级人民法院指令青州法院再审，再审判决作出后老李不服提出上诉，潍坊中级人民法院审理后以原审事实不清、证据不足为由，裁定发回青州法院重审，重审判决认定，该笔借款由老李和张某共同承担。

资料来源　刘来艳，鞠伟玲．合伙债务岂能一人承担［N］．山东法制报，2014-09-24（3）．

点评：张某对与老李合伙经营陶瓷厂无异议，同时老李向潘某出具的欠条、陶瓷厂历任会计记录的厂内日常账目，以及历任会计的证言，这些证据形成了完整的证据链条，足以证明借款均用于陶瓷厂经营活动。综合以上证据，可以认定张某、老李应承担债务连带清偿责任。

4.6.3　清算人的法律责任

清算人未依法向企业登记机关报送清算报告，或者报送清算报告隐瞒重要事实，或者有重大遗漏的，由企业登记机关责令改正。由此产生的费用和损失，由清算人承担和赔偿。

清算人执行清算事务，牟取非法收入或者侵占合伙企业财产的，应当将该收入和侵占的财产退还合伙企业；给合伙企业或者其他合伙人造成损失的，依法承担赔偿责任。

清算人违反法律规定，隐匿、转移合伙企业财产，对资产负债表或者财产清单作虚假记载，或者在未清偿债务前分配财产，损害债权人利益的，依法承担赔偿责任。

4.6.4　其他人的法律责任

有关行政管理机关的工作人员违反法律规定，滥用职权、徇私舞弊、收受贿赂、侵害合伙企业合法权益的，依法给予行政处分。

课堂讨论4-4

小李、小张、小周三人是朋友，经协商，每人各出资5万元投资注册了某普通合伙企业。经过两年的经营，情况并不理想，不但没有盈利，还亏欠了3万元货款。小周首先萌生退意，打算退伙，并要求退回投资款；小李、小张见挽留无望，也只能同意，但认为小周半路退出，不应分得回报；小周则认为该货款的拖欠并非他决策所致，不同意承担，各方争执不下。

课堂讨论4-4

分析提示

请问：小周如何退伙才合理合法？

法规链接

为了规范合伙企业的行为，保护合伙企业及其合伙人、债权人的合法权益，维护社会经济秩序，促进社会主义市场经济的发展，《中华人民共和国合伙企业法》经第八届全国人民代表大会常务委员会第二十四次会议通过，第十届全国人民代表大会常务委员会第二十三次会议修订，自2007年6月1日起施行。

中华人民共和国
合伙企业法

了解法规具体内容，请直接扫描二维码或访问国家法律法规数据库（网址：https://flk.npc.gov.cn），检索"中华人民共和国合伙企业法"。

本章测试

◆选择题

1.下列不属于合伙企业特点的是（　　）。

A.由两个或两个以上的自然人订立合伙协议设立

B.需要缴纳企业所得税

C.每个合伙人对企业债务须承担无限、连带责任

D.较难从外部获得大量资金用于经营

2.下列有关普通合伙企业合伙事务执行的表述中，符合《合伙企业法》规定的是（　　）。

A.合伙人执行合伙企业事务享有同等的权利

B.合伙人可以自营与合伙企业相竞争的业务

C.不执行合伙企业事务的合伙人无权查阅合伙企业会计账簿

D.聘用非合伙人担任经营管理人员的，其在被聘用期间具有合伙人资格

3.根据合伙企业法律制度的规定，合伙协议未约定合伙利润分配和亏损分担比例，经合伙人协商不成的，合伙人之间分配利润和分担亏损的原则是（　　）。

A.按各合伙人的实缴出资比例分配和分担

B.按各合伙人贡献大小分配和分担

C.在全体合伙人之间平均分配和分担

D.由人民法院决定如何分配和分担

4.王某为某普通合伙企业的合伙人，2010年9月1日因车祸受伤被人民法院依法认定为无民事行为能力人。下列各项中，合伙企业对王某的处理符合规定的有（　　）。

A.将王某除名

B.经其他合伙人一致同意，王某依法转为有限合伙人

C.其他合伙人未能一致同意王某转为有限合伙人，要求王某退伙

D.由王某的继承人直接代替王某成为合伙人

5.甲、乙、丙共同出资设立一特殊普通合伙制的律师事务所。2010年5月，乙从事务所退出，丁加入事务所成为新合伙人。2010年8月，法院认定甲在2009年的某项律师业务中存在重大过失，判决事务所向客户赔偿损失。根据合伙企业法律制度的规定，下列关于赔偿责任承担的表述中，正确的有（　　）。

A.甲应以其全部个人财产承担无限责任

B.乙应以其退出时在事务所中的实际财产份额为限承担赔偿责任

C.丙应以其在事务所中的财产份额为限承担赔偿责任

D.丁无须承担赔偿责任

◆ 判断题

1.各合伙人无论其出资多少，都有权平等享有执行合伙企业事务的权利。（　　）

2.不执行合伙事务的合伙人有权监督执行事务合伙人执行合伙事务的情况。（　　）

3.普通合伙人向合伙人以外的人转让其在合伙企业中的全部或者部分财产份额时，不必经其他合伙人一致同意。（　　）

4.普通合伙人可以从事同本企业相竞争的业务。（　　）

◆ 简答题

1.简述普通合伙企业损益分配的规定。

2.简述合伙企业的解散有哪些情形。

拓展训练

◆ 实施准备

1.教师组织学生仔细阅读案例，提示案例要点。

2.学生每4~6人组成一个学习小组，以小组为单位进行讨论，提倡采用"头脑风暴法"，最终形成一篇案例分析报告。

3.每个小组派出1名代表上讲台阐述小组报告的观点。

4.教师讲评案例并点评各小组报告。

◆ 案例内容

甲、乙、丙、丁共同投资设立了A有限合伙企业（以下简称A企业）。合伙协议约定：甲、乙为普通合伙人，分别出资10万元；丙、丁为有限合伙人，分别出资15万元；甲执行合伙企业事务，对外代表A企业。2017年A企业发生下列事实：

2月，甲以A企业的名义与B公司签订了一份12万元的买卖合同。乙获知后，认为该买卖合同损害了A企业的利益，且甲的行为违反了A企业内部规定的甲无权单独与第三人签订超过10万元合同的限制，遂要求各合伙人作出决议，撤销甲代表A企业签订合同的资格。

4月，乙、丙分别征得甲的同意后，以自己在A企业中的财产份额出质，为自己向银行借款提供质押担保。丁对上述事项均不知情，乙、丙之间也对质押担保事项互不知情。

8月，丁退伙，并从A企业取得退伙结算财产12万元。

9月，A企业吸收庚作为普通合伙人入伙，庚出资8万元。

10月，A企业的债权人C公司要求A企业偿还6月份所欠款项50万元。

11月，丙因所设个人独资企业发生严重亏损不能清偿D公司到期债务，D公司申请人民法院强制执行丙在A企业中的财产份额用于清偿其债务。人民法院强制执行丙在A企业中的全部财产份额后，甲、乙、庚决定A企业以现有企业组织形式继续经营。

经查：A企业内部约定，甲无权单独与第三人签订超过10万元的合同，B公司与A企业签订买卖合同时，不知A企业该内部约定。合伙协议未对合伙人以财产份额出质事项进行约定。

要求：根据上述内容和合伙企业法律制度的有关规定，分别回答下列问题：

（1）甲以A企业的名义与B公司签订的买卖合同是否有效？请说明理由。

（2）合伙人对撤销甲代表A企业签订合同的资格事项作出决议，在合伙协议未约定表决办法的情况下，应当如何表决？

（3）乙、丙的质押担保行为是否有效？并分别说明理由。

（4）如果A企业的全部财产不足清偿C公司的债务，对不足清偿的部分，哪些合伙人应当承担清偿责任？如何承担清偿责任？

（5）人民法院强制执行丙在A企业中的全部财产份额后，甲、乙、庚决定A企业以现有企业组织形式继续经营是否合法？请说明理由。

第5章

公司法

学习目标

◆知识目标：了解公司的概念和分类、公司的设立登记；熟悉公司的财务会计以及国有独资公司、一人公司；熟悉公司的合并、分立、解散与清算；掌握有限公司与股份有限公司设立的条件与组织机构；掌握股份有限公司股份发行与转让等方面的知识。

◆能力目标：能够正确区分有限责任公司和股份有限公司的异同；正确区分股东（大）会与董事会的职权；能理论联系实际，解决公司在设立经营过程中发生的有关法律问题。

图文引例　　大股东不开会不分钱　小股东"拆散"大公司

小股东有权解散大公司吗？近日，厦门一家服饰公司的小股东告上法庭，要求解散公司。该小股东称，大股东不开股东会，不分配利润，他为维护自身利益，只好上法庭维权。

经查，这家服饰公司成立于2011年，其中，原告张老大（化名）持股20%，出任公司监事；而张老二（化名）持股80%，是大股东，任公司执行董事兼总经理。

不过，这家公司已经多年没有召开股东会议了。自从最后一次于2011年10月召开股东会议后，至今无法按照规定召开股东会议。而且，现在这家服饰公司也已经关闭了各大网站的销售渠道。自从2014年开始，这家服饰公司就不再有任何业务。

张老大认为，公司之所以陷入僵局，是因为张老二又成立了别的服饰公司。据悉，2012年张老二在泉州投资成立了另一家服饰公司，2014年又在广州成立了一家服饰公司。

近日，哥哥为此起诉到法院，请求判决解散公司。哥哥认为，弟弟无视《公司法》的相关禁止性规定，未经股东会或股东大会同意，自营与所任职公司同类的业务，并且把全部业务和精力转移至别的公司，违反了企业高管应尽的忠实义务。

近日，翔安区法院作出一审判决，支持了小股东要求解散公司的诉求，判决解散这家服饰公司。

资料来源　陈捷. 不开会不分钱那就散伙吧［N］. 海峡导报，2016-03-06（A13）.

《中华人民共和国公司法》第182条规定：公司经营管理发生严重困难，继续存续会使股东利益受到重大损失，通过其他途径不能解决的，持有公司全部股东表决权百分之十以上的股东，可以请求人民法院解散公司。在本案中，原告张老大持有公司全部股东表决权20%，因此具有请求解散公司的诉权。而且，服饰公司已经持续两年以上无法召开股东会，也不再有任何业务，服饰公司经营管理已发生严重困难，继续存续会使股东利益受到重大损失。因此，公司应当解散。本章我们将就公司法中的有限责任公司、股份有限公司及公司的变更、解散与清算等问题进行探讨。

5.1　公司法概述

公司是社会生产力发展到一定历史阶段而出现的一种企业组织形式。公司制度是有效实现出资者所有权与公司法人财产权分离，产权关系明晰，管理体制科学的企业法人的典型形式，是现代市场经济国家中最普遍、最重要的企业制度，是现代企业制度的典型代表。

5.1.1　公司的概念

公司是股东依法以投资方式设立，以营利为目的，股东以其认缴的出资额或认购的股份为限对公司承担责任，公司以其全部独立法人财产对公司债务承担责任的企业法人。

一般来说，公司具有如下法律特征：

（1）公司必须依照公司法设立。评判一个企业是不是公司，不能只看其名称，而要看它是不是按照公司法的规定设立，只有符合公司法规定的经济组织才能成为公司。

（2）公司必须以营利为目的。所谓以营利为目的，是指公司从事生产、经营或者提供劳务都是为了获取利润。对于某些法人团体来说，他们在业务活动中虽然也可能取得一定的收入并且实现盈余，但如果不以营利为目的，则不能将其视为公司。

（3）公司必须是法人企业。企业的形态在法律上可分为两种：一种是法人企业，另一种是非法人企业。法人企业是指具有民事权利能力和民事行为能力、依法独立享有民事权利和承担民事责任的组织。法人企业必须是依法成立的，有必要的财产或经费，有自己的名称、组织机构和场所，能够独立承担民事责任，而非法人企业与法人企业最大的区别，就在于它不独立承担民事责任。

5.1.2　公司的分类

从不同的角度，公司可以划分为不同的种类。常见的有如下几种划分方法：

1）根据股东承担责任范围进行划分，可将公司划分为有限责任公司、无限责任公司、两合公司、股份有限公司

（1）有限责任公司又称有限公司，是股东以其认缴的出资额为限对公司承担责任，公司以其全部财产对公司的债务承担责任的公司。

（2）无限公司指由两个以上的股东组成，全体股东对公司的债务承担无限连带责任的公司。

（3）两合公司是由负无限责任的股东和负有限责任的股东组成，无限责任股东对公司债务负无限连带责任，有限责任股东仅就其认缴的出资额为限对公司债务承担责任的公司。

（4）股份有限公司又称股份公司，是将其全部资本分为等额股份，股东以其认购的股份为限对公司承担责任、公司以其全部财产对公司的债务承担责任的公司。

2）根据公司间股权或股份控制或者依附关系进行划分，可将公司划分为母公司、子公司

处于控制地位的是母公司，处于依附地位的则是子公司。母子公司之间虽然存在控制与被控制的组织关系，但他们都具有法人资格。

3）根据公司内部的管辖系统进行划分，可将公司划分为总公司（本公司）、分公司

分公司是公司依法设立的分支机构，分公司虽然可以以分公司名义进行经营活动，但其法律后果由总公司承担。分公司不具有独立法人资格。

对公司的划分，主要是对公司责任的承担和对公司的管辖具有实际意义。我国《公司法》只确认"有限责任公司"和"股份有限公司"两种公司形式。

4）按照公司对外信用基础的不同，公司可分为人合公司、资合公司和人合兼资合公司

人合公司是以股东个人信用为基础的公司，无限责任公司是最典型的人合公司。资合公司是以公司资本信用为基础的公司，股份有限公司是典型的资合公司。人合兼资合公司指公司的信用基础兼具股东个人信用和公司资本信用两个方面，如有限责任公司。

拓展阅读 5-1

公司与企业的区别：

公司是指依法定程序设立，以营利为目的社团法人。公司按股东对公司债权人所负的责任分为无限公司、有限公司、两合公司、股份公司等。《公司法》规定，我国公司是指依照该法在中国境内设立的有限责任公司和股份有限公司。

公司的具体特征有：必须依法设立；以营利为目的；必须具备法人资格。

企业泛指一切从事生产、流通或者服务活动，以谋取经济利益的经济组织。按照企业财产组织方式的不同，企业在法律上又可以分为三种类型：

第一种是独资企业，即由单个主体出资兴办、经营、管理、收益和承担风险的企业；

第二种是合伙企业，即由两个或者两个以上的出资人共同出资兴办、经营、管理、收益和承担风险的企业；

第三种是公司企业，即依照《公司法》设立的企业。

综上所述，公司是企业的一种形式，它也属于企业的范畴。反之，企业不一定是公司，企业是一个大概念，除了公司外，还包含独资企业和合伙企业。

5.1.3　公司法的概念和适用范围

1）公司法的概念

公司法是规定公司的设立、组织、活动和解散，以及股东权利、义务关系的法律规范的总称。1993年12月29日，第八届全国人民代表大会常务委员会第五次会议通过了《中华人民共和国公司法》（以下简称《公司法》），于1994年7月1日起施行。1999年12月25日，第九届全国人民代表大会常务委员会第十三次会议第一次修正；2004年8月28日，第十届全国人民代表大会常务委员会第十一次会议第二次修正；2005年10月27日，第十届全国人民代表大会常务委员会第十八次会议修订；2013年12月28日，第十二届全国人民代表大会常务委员会第六次会议第三次修正；2018年10月26日，第十三届全国人民代表大会常务委员会第六次会议第四次修正。

2）我国《公司法》的适用范围

《公司法》中所称的公司，是指依照《公司法》在中国境内设立的有限责任公司和股份有限公司。因此，《公司法》只适用于有限责任公司和股份有限公司。

在我国，外商投资企业基本都采取公司形式，我国制定的外商投资企业法，在公司的设立、组织机构等方面与《公司法》的规定基本一致，但也有一些特殊规定。我国《公司法》规定："外商投资的有限责任公司适用本法，有关中外合资经营企业、中外合作经营企业、外资企业的法律另有规定的，适用其规定。"外商投资企业适用《公司法》的一般规定，有关外商投资企业的法律如另有规定，适用该法律的规定。

5.2 有限责任公司

有限责任公司也称有限公司，是指依照《公司法》设立的，由符合法定人数股东组成，股东以其认缴的出资额为限对公司承担责任，公司以其全部资产对公司债务承担责任的企业法人。

有限责任公司具有以下特征：①股东人数的限定性。有限责任公司应由50个以下的股东组成。②股东出资的非股份性。公司资本不分股份，每个股东只有一份出资，其出资额可以不同。③股东责任的有限性。股东仅以出资额为限对公司债务承担责任。④公司资本的封闭性。公司的资本只能由全体股东认缴，不能向社会公开募集股份，不能发行股票。⑤公司组织的简便性。⑥资合与人合的统一性。

5.2.1 有限责任公司的设立

1）有限责任公司设立方式

有限责任公司由全体股东共同出资设立。公司资本不分成等额股份，证明股东出资额的权利证书称为出资证明书。

2）有限责任公司的设立条件

根据《公司法》的规定，设立有限责任公司，应当具备下列条件：

（1）股东符合法定人数。有限责任公司由50个以下股东出资设立。中国的自然人或者法人均可以设立"一人公司"。

（2）有符合公司章程规定的股东认缴的出资额。有限责任公司注册资本为公司在登记机关登记的全体股东认缴的出资额，除了法律、行政法规以及国务院决定对有限责任公司注册资本实缴、注册资本最低限额另有规定的外，《公司法》没有规定有限责任公司的最低注册资本限额和出资期限，一切遵守公司章程的约定。

（3）股东共同制定公司章程。设立有限责任公司，必须依照《公司法》的规定，由全体股东共同制定公司章程。股东应当在公司章程上签名、盖章。

（4）有公司名称，建立符合有限责任公司要求的组织机构。公司名称必须标明"有限责任公司"或"有限公司"字样，并且必须符合有关法律、法规的规定。公司须依法建立与公司性质相适应的组织机构，对内进行管理，对外开展经营活动。

（5）有公司住所。公司以其主要办事机构所在地为住所。

3）有限责任公司设立程序

（1）制定公司章程。公司章程是记载公司组织、活动基本准则的公开性法律文件，是公司的"法律"，对公司、股东、董事、监事、高级管理人员具有约束力。公司章程中应当载明以下事项：①公司名称和住所；②公司经营范围；③公司注册资本；④股东的姓名或者名称；⑤股东的出资方式、出资额和出资时间；⑥公司机构及其产生办法、职权、议事规则；⑦公司的法定代表人；⑧股东会会议认为需要规定的其他事项。

公司法定代表人依照公司章程的规定，由董事长、执行董事或者经理担任，并依法登记。

高级管理人员，是指公司的经理、副经理、财务负责人，上市公司董事会秘书和公司章程规定的其他人员。

（2）股东缴纳出资：①股东的出资方式。股东可以用货币出资，也可以用实物、知识产权、土地使用权等可以用货币估价并可以依法转让的非货币财产作价出资；但是，法律、行政法规规定不得作为出资的财产除外。对作为出资的非货币财产应当评估作价，核实财产，不得高估或者低估作价。法律、行政法规对评估作价有规定的，从其规定。②出资的缴纳。股东应当按公司章程的规定缴纳出资。股东以货币出资的，应当将货币出资足额存入有限责任公司在银行开设的账户；以非货币财产出资的，应当依法办理其财产权的转移手续。股东不按照规定缴纳所认缴的出资的，除应当向公司足额缴纳外，还应当向已足额缴纳出资的股东承担违约责任。

股东在公司登记后，不得抽逃出资。公司成立后发现作为设立公司出资的非货币财产的实际价额显著低于公司章程所定价额的，应当由交付该出资的股东补足其差额，公司设立时的其他股东承担连带责任。

（3）申请设立登记。股东认足公司章程规定的出资后，由全体股东指定的代表或者共同委托的代理人向公司登记机关报送公司登记申请书、公司章程等文件，申请设立登记。公司经核准登记后，取得营业执照，方可以公司的名义进行经营活动。公司营业执照签发日期，为公司成立日期。法律、法规规定设立公司必须报经批准的，应当在登记时提交批准文件。

有限责任公司设立后，应当向股东签发出资证明书。

案件回放

青岛某商贸公司拖欠黄某87万余元，2013年，黄某要求股东王某对这笔债务承担责任，理由是王某抽逃了200万元出资。王某认为自己已履行出资义务不应担责，其出资后商贸公司将其中的200万元借给矫某。为此，两人闹上法庭。

法院经审理认为，王某于2010年6月22日将认缴的408万元出资转入商贸公司账户，但就在公司通过验资当日，将其中200万元转入个人账户，这一做法构成抽逃出资应承担赔偿责任。依据《公司法》及司法解释，法院判决王某在所抽逃的200万元出资范围内对商贸公司的债务承担责任。

资料来源　市中院发布十大商事典型案件［N］.青岛财经日报，2015-02-09（A16）.

点评：公司资产是债权人实现债权的重要保障，股东抽逃出资的行为必然会削弱公司的债务清偿能力，增加债权人的风险。公司成立后，股东抽逃出资的，在公司不能清偿债务时，股东应在所抽逃出资范围内承担责任。

5.2.2　有限责任公司的组织机构

1）股东会

有限责任公司的股东会由全体股东组成，是公司的权力机构。

首次股东会会议由出资最多的股东召集和主持。以后的股东会会议，公司设立董事会的，由董事会召集，董事长主持；公司没有设立董事会的，由执行董事召集和主持。

股东会会议分为定期会议和临时会议。定期会议应当依照公司章程的规定按时召开。代表1/10以上表决权的股东，1/3以上的董事，监事会或者不设监事会的公司的监事提议召开临时会议的，应当召开临时会议。

股东会会议由股东按照出资比例行使表决权；但是，公司章程另有规定的除外。股东会会议作出修改公司章程、增加或者减少注册资本的决议，以及公司合并、分立、解散或者变更公司形式的决议，必须经代表2/3以上表决权的股东通过。股东会的议事方式和表决程序，除《公司法》规定之外，由公司章程规定。

2）董事会

董事会是由股东会选举产生的董事组成的公司业务执行机关。董事会由3～13人组成。两个以上的国有企业或者两个以上的其他国有投资主体投资设立的有限责任公司，其董事会成员中应当有公司职工代表；其他有限责任公司董事会成员中可以有公司职工代表。董事会中的职工代表由公司职工通过职工代表大会、职工大会或者其他形式民主选举产生。董事会设董事长1人，可以设副董事长。

董事会决议的表决，实行1人1票。出席董事会的董事应当在会议记录上签名。

股东人数较少和规模较小的有限责任公司，可以设1名执行董事，不设董事会。执行董事可以兼任公司经理。

3）经理

经理由董事会聘任或者解聘，负责公司的日常经营管理工作。经理对董事会负责，并列席董事会会议。

4）监事会

监事会由依法产生的监事组成，对董事和经理的经营管理行为及公司债务进行监督、检查，其成员不少于3人。股东人数较少或者规模较小的有限责任公司，可以设1～2名监事，不设监事会。监事会应当包括股东代表和适当比例的公司职工代表，其中职工代表的比例不得低于1/3。

监事会设主席1人，由全体监事过半数的监事选举产生。董事、高级管理人员不得兼任监事。监事可以列席董事会会议，并对董事会决议事项提出质询或者建议。

5.2.3 一人有限责任公司的特殊规定

《公司法》允许设立一人公司。所谓一人公司，是指只有一个自然人股东或者一个法人股东的有限责任公司。

《公司法》对一人有限责任公司作出如下特别规定：

（1）一个自然人只能投资设立一个一人有限责任公司。该一人有限责任公司不能投资设立新的一人有限责任公司。

（2）一人有限责任公司应当在公司登记中注明自然人独资或者法人独资，并在公司营业执照中载明。

（3）一人有限责任公司章程由股东制定。

（4）一人有限责任公司不设股东会。

（5）一人有限责任公司应当在每一会计年度终了时编制财务会计报告，并经会计师事务所审计。

（6）一人有限责任公司的股东不能证明公司财产独立于股东自己的财产的，应当对公司债务承担连带责任。

课堂讨论 5-1

一人有限责任公司与个人独资企业有哪些区别？

5.2.4 国有独资公司的特别规定

国有独资公司，是指国家单独出资，由国务院或者地方人民政府委托本级人民政府国有资产监督管理机构履行出资人职责的有限责任公司。它具有以下特征：①国有独资公司是特殊的一人公司；②国有独资公司是特殊的有限责任公司。

《公司法》对其特殊规定体现在：

（1）国有独资公司的章程由国有资产监督管理机构制定，或者由董事会制定报国有资产监督管理机构批准。

（2）国有独资公司不设股东会。

（3）国有独资公司设立董事会。董事会成员由国有资产监督管理机构委派；董事会成员中应当有公司职工代表，职工代表由公司职工代表大会选举产生。董事长、副董事长由国有资产监督管理机构从董事中指定。国有独资公司的董事长、副董事长、董事、高级管理人员，未经国有资产监督管理机构同意，不得在其他有限责任公司、股份有限公司或者其他经济组织兼职。

（4）国有独资公司设经理。经国有资产监督管理机构同意，董事会成员可以兼任经理。

（5）国有独资公司设立监事会。其成员不得少于5人，其中职工代表的比例不得低于1/3。其他监事由国有资产监督管理机构委派；监事会主席由国有资产监督管理机构从监事会成员中指定。

5.2.5 有限责任公司的股权转让

有限责任公司的股东之间可以相互转让其全部或者部分股权。股东向股东以外的人转让股权，应当经其他股东过半数同意。股东应就其股权转让事项书面通知其他股东征求同意，其他股东自接到书面通知之日起满30日未答复的，视为同意转让。其他股东半数以上不同意转让的，不同意的股东应当购买该转让的股权；不购买的，视为同意转让。

经股东同意转让的股权，在同等条件下，其他股东有优先购买权。在特定情形下，股东可以请求公司按照合理的价格收购其股权。自然人股东死亡后，其合法继承人可以继承股东资格。

人民法院依照法律规定的强制执行程序转让股东的股权时，应当通知公司及全体股东，其他股东在同等条件下有优先购买权。其他股东自人民法院通知之日起满20日不行使优先购买权的，视为放弃优先购买权。

转让股权后，公司应当注销原股东的出资证明书，向新股东签发出资证明书，并相应修改公司章程和股东名册中有关股东及其出资额的记载。

5.2.6　有限责任公司股东退出公司

1）股东退出公司的法定条件

有下列情形之一的，对股东会该项决议投反对票的股东可以请求公司按照合理的价格收购其股权，退出公司：

（1）公司连续5年不向股东分配利润，而公司该5年连续盈利，并且符合《公司法》规定的分配利润条件的。

（2）公司合并、分立、转让主要财产的。

（3）公司章程规定的营业期限届满或者章程规定的其他解散事由出现，股东会会议通过决议修改章程使公司存续的。

2）股东退出公司的法定程序

股东退出公司时首先应当采用协商的方式请求公司收购其股权，自股东会会议决议通过之日起60日内，股东与公司不能达成股权收购协议的，股东可以自股东会会议决议通过之日起90日内向人民法院提起诉讼。

5.3　股份有限公司

5.3.1　股份有限公司的概念及特征

股份有限公司又称股份公司，是指注册资本由等额股份构成，股东以其认购的股份为限对公司承担责任，公司以其全部资产对公司债务承担责任的企业法人。

股份有限公司具有以下特征：①公司的资合性。股份有限公司是一种完全而纯粹的资合性公司，对股东的身份无特殊要求，股份可以在法律规定的范围内自由转让。②资本募集的公开性。具备一定条件的股份有限公司可以通过发行股票的方式筹集社会资金。③资本的股份性。股份有限公司的资本划分为等额的股份，并以股票这种有价证券的形式加以表示，每个股东持有的股份可以不同，但每股代表的金额必须相等。④股东的广泛性。我国的《公司法》要求股份有限公司的发起人人数应在2人以上200人以下。⑤充分的法人性。股份有限公司具有最完备的组织机构和最为独立的财产，充分体现了法人组织的基本特征。

5.3.2　股份有限公司的设立

1）股份有限公司设立的方式

股份有限公司的设立，可以采取发起设立或者募集设立两种方式。

发起设立是指由发起人认购公司应发行的全部股份而设立公司。募集设立是指由发起人认购应发行股份的一部分，其余部分向社会公开募集或者向特定对象募集而设立公司。

2）股份有限公司设立的条件

根据《公司法》的规定，设立股份有限公司，应当具备下列条件：

（1）发起人符合法定人数。设立股份有限公司，应当有 2～200 个发起人，其中须有半数以上的发起人在中国境内有住所。发起人应当签订发起人协议，明确各自在公司设立过程中的权利和义务。发起人是履行公司设立职责的股东。

拓展阅读 5-2

股份有限公司的发起人应当承担下列责任：①公司不能成立时，对设立行为所产生的债务和费用负连带责任；②公司不能成立时，对认股人已缴纳的股款，负返还股款并加算银行同期存款利息的连带责任；③在公司设立过程中，由于发起人的过失致使公司利益受到损害的应当对公司承担赔偿责任；④股份有限公司成立后，发起人未按照公司章程的规定缴足出资的，应当补缴，其他发起人承担连带责任；⑤股份有限公司成立后，发现作为设立公司出资的非货币财产的实际价额显著低于公司章程所定价额的，应当由交付该出资的发起人补足其差额，其他发起人承担连带责任。

（2）有符合公司章程规定的全体发起人认购的股本总额或者募集的实收资本总额。我国法律规定，采取发起设立方式设立股份有限公司的，注册资本为在公司登记机关登记的全体发起人认购的股本总额。在发起人认购的股份缴足前，不得向他人募集股份。采取募集方式设立股份有限公司的，注册资本为在公司登记机关登记的实收股本总额。

（3）股份发行、筹办事项符合法律规定。以发起方式设立股份有限公司的，发起人应当书面认足公司章程规定其认购的股份；以募集方式设立股份有限公司的，除了发起人按规定认购的股份外，其余股份应当向社会公开募集。公开募集股份要经国务院证券管理部门批准，并公告招股说明书，制作认股书并由依法设立的证券公司承销。

（4）发起人制定公司章程，采用募集方式设立公司的，公司章程必须经创立大会通过。设立股份有限公司，必须依照《公司法》的规定，由发起人制定出公司章程。该章程应当载明下列事项：①公司的名称和住所；②公司的经营范围；③公司的设立方式；④公司的股份总数、每股金额和注册资本；⑤发起人的姓名或者名称、认购的股份数、出资方式和出资时间；⑥董事会的组成、职权和议事规则；⑦公司法定代表人；⑧监事会的组成、职权和议事规则；⑨公司利润分配办法；⑩公司的解散事由与清算办法；⑪公司的通知和公告办法；⑫股东大会会议认为需要规定的其他事项。

（5）有公司名称，建立符合股份有限公司要求的组织机构。公司名称必须标明"股份有限公司"或"股份公司"字样，并且必须符合有关法律、行政法规的规定。公司必须依法建立与公司性质相适应的组织机构。

（6）有公司住所。公司以其主要办事机构所在地为住所。

3）股份有限公司设立的程序

（1）发起设立的程序。采取发起设立方式设立股份有限公司的，发起人应书面认足公司章程规定其认购的股份并缴纳出资。

发起人认足出资后，应当选举董事会和监事会，建立公司的组织机构。

董事会设立后，负责向公司登记机关报送公司章程以及法律、行政法规规定的其他文件，申请设立登记。依法获得营业执照的，公司成立。

（2）募集设立的程序。

①发起人缴纳股款。采取募集方式设立股份有限公司的，发起人认购的股份不得少于公司股份总数的35%；但是，法律、行政法规另有规定的，从其规定。

②向社会公开募集股份。向社会公开募集股份的，应当经国务院证券监督管理机构核准。发起人必须公告招股说明书，并制作认股书。股份应当由依法设立的证券公司承销，由银行代收股款。

③验资。发行股份的股款缴足后，必须经依法设立的验资机构验资并出具证明。

④召开创立大会。发起人应当自股款缴足之日起30日内主持召开公司创立大会。创立大会由发起人、认股人组成。创立大会应有代表股份总数过半数的发起人、认股人出席，方可举行。创立大会依公司法行使职权，对相关事项作出的决议，必须经出席会议的认股人所持表决权的过半数通过。创立大会选举产生董事会和监事会。

⑤申请设立登记。董事会应于创立大会结束后30日内，向公司登记机关报送相关文件，申请设立登记。依法取得营业执照时，公司成立。

5.3.3 股份有限公司的组织机构

1）股东大会

股份有限公司的股东大会是由公司全体股东组成的公司权力机构。

（1）股东大会的形式和召集。股份有限公司股东大会的形式分为股东大会年会和临时股东大会两种。年会即每年按时召开一次的大会；临时会是指在年会以外有特殊情况依法召开的大会。我国《公司法》规定，有下列情形之一的，应当在两个月内召开临时股东大会：①董事人数不足《公司法》规定的人数或者公司章程所定人数的2/3时；②公司未弥补的亏损达股本总额的1/3时；③持有公司股份10%以上的股东请求时；④董事会认为必要时；⑤监事会提议召开时；⑥其他情形。

课堂讨论 5-2

某股份有限公司发生的下列情形中，哪些应当在两个月内召开临时股东大会？

A.董事人数不足公司章程所定人数的1/2时

B.公司未弥补亏损达股本总额的1/3时

C.持有公司股份5%的股东请求时

D.监事会提议召开时

提示：正确答案是A、B、D。根据《公司法》的规定，有下列情形之一的，应当在两个月内召开临时股东大会：①董事人数不足公司章程所定人数的2/3时；②公司未弥补的亏损达股本总额的1/3时；③持有公司股份10%以上的股东请求时；④董事会认为必要时；⑤监事会提议召开时。

股份有限公司股东大会会议由董事会负责召集，董事长主持。董事长因特殊原因不能履行职责由谁主持其程序等与前面有限责任公司的规定相同。召开股东大会会议，应当将会议召开的时间、地点和审议的事项于会议召开20日前通知各股东，临时股东大会应当于会议召开15日以前通知各股东；发行无记名股票的，应当于会议召开30日前发布公告。

（2）股东大会的职权与表决。根据《公司法》的规定，股东大会行使11项职权，其具体内容与前面有限责任公司的内容相同，这里不再说明。

股东出席股东大会，所持每一股份有一表决权。股东可以自己出席股东大会，也可以委托代理人出席股东大会。代理人受托出席股东大会时，应当向公司提交股东授权委托书，并只能在授权范围内行使表决权。股东大会应当将所议事项的决定做成会议记录。会议记录由出席会议的股东签名，并应当与出席股东会议的股东的签名册及代理出席的委托书一并保存。

2）董事会和经理

（1）董事会的性质、组成及职权。股份有限公司的董事会是公司股东大会的执行机构，对公司股东大会负责。董事会由5~19人组成，设董事长1人，可以设副董事长。董事会成员中应有公司职工代表。

根据《公司法》的规定，有限责任公司董事会职权的规定，适用于股份有限公司董事会，这里不再列举。

根据公司需要，董事会可以授权董事长在董事会闭会期间行使董事会的部分职权。董事会还可以决定由董事会成员兼任公司经理。

（2）董事和董事长。

①董事。股份有限公司的董事由股东大会按照法律和公司章程规定的决议程序选举产生。对于股份有限公司第一届董事的产生方式，《公司法》规定以发起设立方式设立的，其第一届的董事由发起人选举产生；以募集设立方式设立的，其第一届的董事由创立大会选举产生。董事任期由公司章程规定，但每届任期不得超过3年。董事任期届满，连选可以连任。董事在任期届满前，股东大会不得无故解除其职务。股份有限公司董事资格的限制以及董事的责任与义务，适用有限责任公司董事的有关规定。

②董事长。股份有限公司董事会的董事长和副董事长由董事会以全体董事的过半数选举产生。董事长为公司的法定代表人，副董事长协助董事长工作。董事长不能履行职务时，由董事长指定的副董事长代行其职权。《公司法》规定，董事长行使下列职权：主持股东大会和召集、主持董事会会议；检查董事会决议的实施情况；签署公司股票、

公司债券。

③董事会会议。《公司法》规定，股份有限公司的董事会每年度至少召开两次会议。除这两次法定应召开的会议外，董事会还可以根据需要随时决定召开董事会会议。董事会会议由董事长召集并主持，董事长因特殊原因不能履行职权时，由董事长指定的副董事长召集、主持。召集董事会会议，应当于会议召开10日以前通知全体董事，但因紧急事项召开临时董事会会议的，可以另定召集董事会的通知方式和通知时限。

董事会开会时，董事应亲自出席，董事因故不能亲自出席的，可以书面委托其他董事代为出席，委托书中应载明授权范围。董事会应当将会议所议事项做成会议记录，出席会议的董事应当在会议记录上签名。

《公司法》规定，股份有限公司的董事会须由1/2以上的董事出席方可举行。董事会决议必须经全体董事的过半数通过，董事应当对董事会的决议承担责任。董事会决议违反法律、行政法规或者公司章程，致使公司遭受严重损失的，参与决议的董事对公司负赔偿责任，但能证明在表决时曾表明异议并记载于会议记录的，该董事可以免除责任。

（3）经理。股份有限公司的经理由董事会聘任或者解聘。经理依据法律、行政法规和公司章程的规定，负责公司的日常经营管理工作。根据《公司法》的规定，经理对董事会负责，行使与有限责任公司经理相同的职权，这里不再说明。

3）监事会

（1）监事会的性质。股份有限公司的监事会是股份有限公司依照《公司法》以及公司章程设立的，是对公司各项事务进行监督的机构。设立监事会的目的就是对董事及经理的活动实施监督，保证董事和经理正当和诚信地履行职责。

（2）监事会的组成。《公司法》规定，监事会设主席1人。监事会成员不得少于3人，其产生程序及职工代表的比例、监事任期等与前面有限责任公司的要求相同。

（3）监事的职权。其职权与有限责任公司的相同。

课堂讨论 5-3

某上市公司召开董事会会议，下列各项中，哪几项符合公司法律制度的规定？

A.董事长因故不能出席会议，会议由董事长指定的副董事长主持

B.通过了有关公司董事报酬的决议

C.通过了免除乙的经理职务，聘任董事长甲担任经理的决议

D.会议记录由主持人和记录员签名后存档

提示：正确答案是A、C。根据《公司法》的规定，董事长不能履行职权时，由董事长指定的副董事长代行其职权，故A项正确；决定董事报酬事项属于公司股东大会的职权，不属于董事会职权，故B项错误；聘任或者解聘公司经理属于董事会职权，故C项正确；董事会应当将会议所议事项做成会议记录，由出席会议的董事和记录员在会议记录上签名，故D项错误。

5.3.4　股份有限公司的股份发行和转让

1）股份发行

（1）股份与股票。股份是股份有限公司的注册资本按相同的金额或比例划分成的相等份额。股票是股份有限公司签发的，证明股东所持股份的凭证。股份有限公司的股份是以股票形式表现的，体现了股东的权利和义务，是公司资本的组成部分。

按股东的权利、义务不同，股票可以划分为普通股和优先股；按投资主体性质的不同，股票可以划分为国有股、发起股和社会公众股；按票面上是否记载股东的姓名或名称，股票可以划分为记名股和无记名股。公司向发起人、法人发行的股票，应当为记名股票；公司对社会公众发行的股票，可为记名股票也可为无记名股票。

（2）股份发行。股份发行是指股份有限公司为筹集资本，出售和分配股份的法律行为。股份发行分为设立发行和新股发行。

股份发行的原则为公平、公正，同次同种同股同价。同次发行的同种类股票，每股的发行条件和价格应当相同。

股票发行的价格可以按票面金额，也可以超过票面金额，但不得低于票面金额。公司发行股票，应当符合一定的条件，并经国务院证券监督管理机构批准。股份有限公司成立后，即向股东正式交付股票。公司成立前不得向股东交付股票。

2）股份转让

股份转让是指股份有限公司的股份持有人依法自愿将自己的股份转让他人，使他人取得股份成为股东的法律行为。

（1）股份转让的方式和地点。记名股票，由股东以背书方式或者法律、行政法规规定的其他方式转让；转让后由公司将受让人的姓名或者名称及住所记载于股东名册。无记名股票，由股东将股票交付给受让人后即发生转让的效力。

股东转让其股份，应当在依法设立的证券交易场所进行或者按照国务院规定的其他方式进行。

（2）股份转让的限制。发起人持有的本公司股份，自公司成立之日起1年内不得转让。公司公开发行股份前已发行的股份，自公司股票在证券交易所上市交易之日起1年内不得转让。

公司董事、监事、高级管理人员应当向公司申报所持有的本公司的股份及其变动情况，在任职期间每年转让的股份不得超过其所持有本公司股份总数的25%；所持本公司股份自公司股票上市交易之日起1年内不得转让。上述人员离职后半年内，不得转让其所持有的本公司股份。

公司不得收购本公司股份（有下列情形之一的除外：减少公司注册资本；与持有本公司股份的其他公司合并；将股份用于员工持股计划或者股权激励；股东因对股东大会作出的公司合并、分立决议持异议，要求公司收购其股份；将股份用于转换上市公司发行的可转换为股票的公司债券；上市公司为维护公司价值及股东权益所必需）。公司不得接受本公司的股票作为质押权的标的。

5.3.5 上市公司的特殊规定

上市公司是指其所发行的股票经批准，在证券交易所上市交易的股份有限公司。上市公司因其股票在市场交易，因而其行为除了要遵守《公司法》的相关规定外，还要符合《中华人民共和国证券法》的规定。

1）公司申请股票上市的条件和程序

股份公司申请股票上市应当符合证券交易所上市规则规定的上市条件。证券交易所上市规则规定的上市条件，应当对发行人的经营年限、财务状况、最低公开发行比例和公司治理、诚信记录等提出要求。

依法公开发行的股票，应当在依法设立的证券交易所上市交易或者在国务院批准的其他证券交易场所转让。申请股票上市交易，应当向证券交易所提出申请，由证券交易所依法审核同意，并由双方签订上市协议。股票上市交易申请经证券交易所审核同意后，签订上市协议的公司应当在规定的期限内公告股票上市的有关文件，并将该文件置备于指定场所供公众查阅。

2）上市公司信息披露制度

上市公司应依法向社会披露相关信息。在会计年度前3个月、9个月结束后的1个月内编制季度报告，并刊登在指定媒体上；在每一会计年度的上半年结束之日起2个月内向国务院证券监督管理机构和证券交易所报送并公告中期报告；在每一会计年度结束之日起4个月内，报送并公告年度报告；在发生可能对上市公司股票交易价格产生较大影响的重大事件，投资者尚未得知时，上市公司应当立即将有关该重大事件的情况向国务院证券监督管理机构和证券交易所报送临时报告，并予公告，说明事件的起因、目前的状态和可能产生的法律后果。

上市公司依法披露的信息，必须真实、准确、完整，不得有虚假记载、误导性陈述或者重大遗漏。公司有以上情形致使投资者在证券交易中遭受损失的，发行人、上市公司应当承担赔偿责任。

3）上市公司独立董事制度

上市公司独立董事是指既不是公司股东，又不在公司担任除董事外的其他职务，并与其所受聘的上市公司及其主要股东不存在可能妨碍其进行独立客观判断的关系的董事。独立董事除行使股份有限公司董事的职权外，还行使下列特别职权：

（1）重大关联交易（指上市公司拟与关联人达成的总额高于300万元或高于上市公司最近经审计净资产值的5%的关联交易）应由独立董事认可后，提交董事会讨论。

（2）向董事会提议聘用或解聘会计师事务所。

（3）向董事会提请召开临时股东大会。

（4）提议召开董事会。

（5）独立聘请外部审计机构和咨询机构。

（6）可以在股东大会召开前公开向股东征集投票权。

为进一步完善上市公司治理结构，促进上市公司规范运作，中国证监会颁布了《关于在上市公司建立独立董事制度的指导意见》，对独立董事的任职条件、独立董事的特别职权、独立董事的议事规则、上市公司应当为独立董事提供的必要条件等作出了详细规定。

4）上市公司董事会秘书制度

上市公司设立董事会秘书是一项独有的制度。上市公司董事会秘书是董事会设置的一个席位，董事会秘书是公司高级管理人员之一，对外负责公司信息披露事宜，对内负责筹备董事会会议和股东大会，记录会议内容、保管会议文件以及其他股权管理事宜。董事会秘书对董事会负责。

5）上市公司关联关系董事制度

关联关系，是指公司控股股东、实际控制人、董事、监事、高级管理人员与其直接或者间接控制的企业之间的关系，以及可能导致公司利益转移的其他关系。

公司的控股股东、实际控制人、董事、监事、高级管理人员不得利用其关联关系损害公司利益。否则，给公司造成损失的，应当承担赔偿责任。

上市公司董事与董事会会议决议事项所涉及的企业有关联关系的，不得对该项决议行使表决权，也不得代理其他董事行使表决权。该董事会会议由过半数的无关联关系董事出席即可举行，董事会会议所作决议须经无关联关系董事过半数通过。出席董事会的无关联关系董事人数不足3人的，应将该事项提交上市公司股东大会审议。

5.3.6 公司的董事、监事、高级管理人员的任职资格和义务

1）董事、监事、高级管理人员的任职资格

《公司法》规定，下列人员不得担任公司的董事、监事、高级管理人员：①无民事行为能力或者限制民事行为能力；②因犯有贪污、贿赂、侵占财产、挪用财产罪或者破坏社会主义经济秩序，被判处刑罚，执行期满未逾5年，或者因犯罪被剥夺政治权利，执行期满未逾5年；③担任破产清算的公司、企业的董事或者厂长、经理，对该公司、企业的破产负有个人责任的，自该公司、企业破产清算完结之日起未逾3年；④担任因违法被吊销营业执照、责令关闭的公司、企业的法定代表人，并负有个人责任的，自该公司、企业被吊销营业执照之日起未逾3年；⑤个人所负数额较大的债务到期未清偿。

2）董事、监事、高级管理人员的义务

董事、监事、高级管理人员应当遵守法律、行政法规和公司章程，对公司负有忠实义务和勤勉义务。董事、监事、高级管理人员不得利用职权收受贿赂或者其他非法收入，不得侵占公司的财产。

董事、高级管理人员不得有下列行为：①挪用公司资金；②将公司资金以其个人名义或者以其他个人名义开立账户存储；③违反公司章程的规定，未经股东会、股东大会或者董事会同意，将公司资金借贷给他人或者以公司财产为他人提供担保；④违反公司章程的规定或者未经股东会、股东大会同意，与本公司订立合同或者进行交易；⑤未经

股东会或者股东大会同意，利用职务便利为自己或者他人谋取属于公司的商业机会，自营或者为他人经营与所任职公司同类的业务；⑥接受他人与公司交易的佣金归为己有；⑦擅自披露公司秘密；⑧违反对公司忠实义务的其他行为。

5.3.7 公司股东的诉讼

股东诉讼包括两种形式，即股东代表诉讼和股东直接诉讼。

1）股东代表诉讼

股东代表诉讼也称股东间接诉讼，是指当公司董事、监事、高级管理人员或者他人的行为，违反法律或者公司章程的规定，给公司造成损失，公司拒绝或者怠于向违法行为人请求损害赔偿时，具备法定资格的股东有权代表股东，代替公司提起诉讼，请求违法行为人赔偿公司损失的行为。

我国法律规定，董事、高级管理人员执行公司职务时违反法律、行政法规或者公司章程的规定，给公司造成损失的，有限责任公司的股东、股份有限公司连续180日以上单独或者合计持有公司1%以上股份的股东，可以书面请求监事会或者不设监事会的有限责任公司的监事向人民法院提起诉讼；监事有上述情形的，前述股东可以书面请求董事会或者不设董事会的有限责任公司的执行董事向人民法院提起诉讼。

监事会或者董事会收到股东书面请求后拒绝提起诉讼，或者自收到请求之日起30日内未提起诉讼，或者情况紧急、不立即提起诉讼将会使公司利益受到难以弥补的损害的，股东有权以自己的名义直接向人民法院提起诉讼。

2）股东直接诉讼

董事、高级管理人员违反法律、行政法规或者公司章程的规定，损害股东利益的，股东可以向人民法院提起诉讼。

其他人侵犯公司合法权益，给公司造成损失的，有诉讼权的股东可以通过监事会或者监事、董事会或者董事向人民法院提起诉讼，也可以直接向人民法院提起诉讼。

5.3.8 公司债券

公司债券是指公司依照法定程序发行的、约定在一定期限还本付息的有价证券。

公司债券可分为记名公司债券和无记名公司债券。记名公司债券被盗、遗失或灭失时，债券持有人可以依照公示催告程序，请求人民法院予以补救。无记名公司债券灭失时，无法请求人民法院依法补救；无记名公司债券易于投资者的资本转换和流通。

1）公司债券的发行条件

公司公开发行债券，应当符合下列条件：

（1）具备健全且运行良好的组织机构。

（2）最近三年平均可分配利润足以支付公司债券一年的利息。

（3）国务院规定的其他条件。

公开发行公司债券筹集的资金，必须按照公司债券募集办法所列资金用途使用；改变资金用途，必须经债券持有人会议作出决议。公开发行公司债券筹集的资金，不得用于弥补亏损和非生产性支出。

上市公司发行可转换为股票的公司债券，除应当符合第一款规定的条件外，还应当遵守本法第十二条第二款的规定。但是，按照公司债券募集办法，上市公司通过收购本公司股份的方式进行公司债券转换的除外。

2）公司债券的转让

公司债券可以转让，转让价格由转让人与受让人约定。公司债券在证券交易所上市交易的，按照证券交易所的交易规则转让。

记名公司债券，由债券持有人以背书方式或者法律、行政法规规定的其他方式转让；转让后由公司将受让人的姓名或者名称及住所记载于公司债券存根簿。无记名公司债券的转让，由债券持有人将该债券交付给受让人后即发生转让的效力。

5.3.9 公司的财务会计制度

公司应当依照法律、行政法规和国务院财政部门的规定建立本公司的财务、会计制度。公司应当在每一会计年度终了时编制财务会计报告，并依法经会计师事务所审计。有限责任公司应当依照公司章程规定的期限将财务会计报告送交各股东。股份有限公司的财务会计报告应当在召开股东大会年会的 20 日前置备于本公司，供股东查阅；公开发行股票的股份有限公司必须公告其财务会计报告。

公司分配当年税后利润时，应当提取利润的 10% 列入公司法定公积金。公司法定公积金累计额为公司注册资本的 50% 以上的，可以不再提取。

公司的公积金用于弥补公司的亏损，扩大公司生产经营或者转为增加公司的资本。但是资本公积金不得用于弥补公司的亏损。公司的法定公积金不足以弥补以前年度亏损的，在依法提取法定公积金之前，应当先用当年利润弥补亏损。

公司从税后利润中提取法定公积金后，经股东会或者股东大会决议，还可以从税后利润中提取任意公积金。

公司弥补亏损和提取公积金后所余税后利润，有限责任公司依照股东实缴的出资比例分配；股份有限公司按照股东持有的股份比例分配，但股份有限公司章程规定不按持股比例分配的除外。公司持有的本公司股份不得分配利润。

股东会、股东大会或者董事会违反规定，在公司弥补亏损和提取法定公积金之前向股东分配利润的，股东必须将违反规定分配的利润退还公司。

公司除法定的会计账簿外，不得另立会计账簿。对公司资产，不得以任何个人名义开立账户存储。

5.4　公司的合并、分立、变更和解散

5.4.1　公司的合并与分立

1）公司合并与分立的概念和种类

公司的合并，是指依法定程序将两个以上的公司变为一个公司的法律行为。它分为吸收合并和新设合并两种。吸收合并指公司接纳一个以上的公司加入本公司，加入方解散、接纳方存续的合并形式。新设合并指两个以上的公司合并生成一个新公司，原合并各方解散的合并形式。

公司的分立，是指一个公司将其财产和经营业务的全部或一部分划归两个以上公司的法律行为。它分为新设分立和派生分立。新设分立是指原公司不存在，其全部财产和经营业务分别归属于两个以上新设公司的分立形式。派生分立是指原公司存在，在原公司的基础上，其公司的部分财产和经营业务归属于另一新设公司的分立形式。

2）公司合并与分立的程序

公司的合并与分立主要有以下步骤：①股东会或者股东大会作出决议；②签订合并与分立协议，编制资产负债表及财产清单；③通知并公告债权人，债权人可以要求清偿债务或提供相应担保；④进行合并与分立登记。

3）公司合并与分立的效力

合并或分立后不继续存在的公司无须经过清算程序，法人资格自动消灭；继续存在的公司发生变更的效力；新产生的公司发生设立效力。

公司合并时，合并各方的债权、债务，应当由合并后存续的公司或者新设的公司承继。

公司分立前的债务由分立后的公司承担连带责任。但是，公司在分立前与债权人就债务清偿达成的书面协议另有约定的除外。

5.4.2　公司的变更

公司的变更，即公司组织形式变更，是指不中断公司的经营，将某种类型的公司变为其他类型公司的行为。

有限责任公司变更为股份有限公司，应当符合《公司法》规定的股份有限公司的设立条件。股份有限责任公司变更为有限责任公司，应当符合《公司法》规定的有限责任公司的设立条件。

有限责任公司或者股份有限公司变更后，公司变更前的债权、债务由变更后的公司承继。

5.4.3　公司的解散

公司的解散是指因公司章程或法律规定的事由出现，依法使已经成立的公司法人资

格消灭的法律行为。

1）公司解散的原因

公司因下列原因解散：①公司章程规定的营业期限届满或者公司章程规定的其他解散事由出现；②股东会或股东大会决议解散；③因公司合并或分立需要解散；④依法被吊销营业执照、责令关闭或者被撤销；⑤人民法院依照《公司法》的规定予以解散。

《公司法》规定，公司经营管理发生严重困难，继续存续会使股东利益受到重大损失，通过其他途径不能解决的，持有公司全部股东表决权10%以上的股东，可以请求人民法院解散公司。本章图文引例中，张老大请求人民法院解散服饰公司就属于此种情形。

📽 案件回放

福安公司成立于2008年1月，李某与范某系该公司股东，各占50%的股份，范某任该公司法定代表人及执行董事，李某任公司经理及监事。福安公司章程明确规定：股东会决议须经代表1/2以上表决权股东通过，但对公司增加或减少注册资本、合并、解散、修改章程作出决议时，须经代表2/3以上表决权的股东通过，表决权按照出资比例行使。

自2009年起，李某与范某因经营等事务产生矛盾，同年9月3日，李某提议并通知召开股东会，由于范某认为李某无召集会议的权利，股东会议未能召开。后李某多次要求召开股东会均未成行，遂于2010年6月提出解散公司并要求范某提供福安公司的财务账册等详细资料。范某均予拒绝，以致连续3年无法召开股东会。2012年4月18日，李某诉至法院，要求解散福安公司。福安公司及范某均称，公司一直持续盈利，不应予以解散，请求驳回李某全部诉请。

法院经审理认为，福安公司仅有李某、范某两名股东，两人各占50%的股份，福安公司章程规定"股东会的决议须经代表1/2以上表决权的股东通过"，因此，只要两股东意见存在分歧，就无法形成有效表决，也就无法通过股东会决议的方式管理公司，股东会机制已失去效用。执行董事范某作为股东之一，其管理公司的行为已无法体现。虽然李某系该公司监事，但其已无法正常行使监督权。李某作为公司股东，其股东基本权益亦受到严重侵害，其投资设立福安公司的目的已无法实现，利益受到重大损失，且福安公司的经营僵局将长期无法得到解决。双方在本诉发生前，已通过其他途径试图化解矛盾，均无法使双方达成一致意见，故李某诉请解散福安公司已符合法律规定条件，遂判决解散福安公司。

资料来源　股东矛盾无法缓解 诉请解散公司获支持［N］. 大江晚报，2015-08-12（WBA12）.

点评：《公司法》规定"公司经营发生严重困难"系公司解散的法定条件之一，故本案的焦点在于如何认定"公司经营发生严重困难"。依据《公司法》及相关司法解释，判断公司的经营管理是否发生严重困难，应从公司的股东会、董事会或执行董事、监事会或监事的运行状态等进行综合分析。结合本案，福安公司虽处于持续盈利状态，但其股东会机制长期失灵，内部无有效监督机制，股东基本权利无法保障，公司管理发生严重问题，已陷入僵局状态。法院为充分保护股东合法权益，合理规范公司治理结构，遂作出上述判决。

2）公司的清算

公司的清算是终结解散公司法律关系、消灭解散公司法人资格的程序。

公司因公司章程规定的营业期限届满或者公司章程规定的其他解散事由出现、股东会或股东大会决议解散、依法被吊销营业执照责令关闭或者被撤销、法院依法裁定而解散的，应当在解散事由出现之日起15日内成立清算组，开始清算。有限责任公司的清算组由股东组成，股份有限公司的清算组由董事或者股东大会确定的人员组成。逾期不成立清算组进行清算的，债权人可以申请人民法院指定有关人员组成清算组进行清算。人民法院应当受理该申请，并及时组织清算组进行清算。

清算组应当自成立之日起10日内通知债权人，并于60日内在报纸上公告。债权人应当自接到通知书之日起30日内，未接到通知书的自公告之日起45日内，向清算组申报其债权。在申报债权期间，清算组不得对债权人进行清偿。

清算组在清理公司财产、编制资产负债表和财产清单后，应当制订清算方案，并报股东会、股东大会或者人民法院确认。公司财产在分别支付清算费用、职工的工资、社会保险费用和法定补偿金，缴纳所欠税款，清偿公司债务后的剩余财产，有限责任公司按照股东的出资比例分配，股份有限公司按照股东持有的股份比例分配。

清算期间，公司存续，但不得开展与清算无关的经营活动。公司财产在未依法清偿前，不得分配给股东。

清算组在清理公司财产、编制资产负债表和财产清单后，发现公司财产不足以清偿债务的，应当依法向人民法院申请宣告破产。公司经人民法院裁定宣告破产后，清算组应当将清算事务移交给人民法院。

公司清算结束后，清算组应当制作清算报告，报股东会、股东大会或者人民法院确认，并报送公司登记机关，申请注销公司登记，公告公司终止。

🔗 **法规链接**

中华人民共和国公司法

为了规范公司的组织和行为，保护公司、股东和债权人的合法权益，维护社会经济秩序，促进社会主义市场经济的发展，根据2018年10月26日第十三届全国人民代表大会常务委员会第六次会议《关于修改〈中华人民共和国公司法〉的决定》对《中华人民共和国公司法》进行了第四次修正。此次修正，对公司法有关资本制度的规定进行修改完善，赋予公司更多自主权，有利于促进完善公司治理、推动资本市场稳定健康发展。

了解法规具体内容，请直接扫描二维码或访问国家法律法规数据库（网址：https://flk.npc.gov.cn），检索"中华人民共和国公司法"。

本章测试

◆ 选择题

1.有限责任公司有关（ ）的决议，必须经代表2/3以上表决权的股东通过。

A.增资、减资　　　　　　　　　　B.公司的合并、分立

C.变更公司形式　　　　　　　　　D.修改公司章程

2.公司向（ ）发行的股票应为记名股票。

A.发起人　　　　　　　　　　　　B.社会公众

C.法人　　　　　　　　　　　　　D.国家授权投资的机构

3.股份有限公司的监事会由（ ）组成。

A.股东代表　　　　B.经理　　　　C.财务负责人　　　　D.职工代表

4.某股份有限公司董事会由11名董事组成。2017年8月20日，公司董事长胡某召集并主持董事会会议，共有8名董事出席会议，其他3名董事因事请假。董事会会议讨论了下列事项：一是鉴于公司董事会成员工作任务加重，拟给每位董事涨工资30%；二是鉴于监事会成员中的职工代表张某生病，拟由公司职工王某替换张某担任监事；三是鉴于公司发展的实际情况，拟将本公司与另一公司合并，组建新的公司。经表决，有6名董事同意而通过前述事项。董事会就此作出最终决定。董事会的做法中，符合《公司法》规定的是（ ）。

A.公司董事长召集并主持董事会会议

B.董事会决定给每位董事涨工资

C.董事会决定公司职工王某成为监事参加监事会

D.董事会决定公司合并

5.根据公司法律制度的规定，国有独资公司董事会中的职工代表由（ ）产生。

A.股东会选举　　　　　　　　　　B.公司职工大会民主选举

C.监事会指定　　　　　　　　　　D.工会指定

◆ 判断题

1.股东人数少、规模小的有限责任公司可以不设董事会，一律由执行董事担任公司的法定代表人。　　　　　　　　　　　　　　　　　　　　　　　　　（　　　）

2.有限责任公司由50个以下股东出资设立。　　　　　　　　　　（　　　）

3.股份有限公司的董事会须由1/2以上的董事出席方可举行。董事会决议必须经全体董事的过半数通过，董事应当对董事会的决议承担责任。　　　　　　（　　　）

4.有限责任公司只能以发起方式设立，而股份有限公司既可以发起方式设立，也可以募集方式设立。　　　　　　　　　　　　　　　　　　　　　　　　（　　　）

◆ 简答题

1.具备什么情形，股份有限公司可以召开临时股东大会？

2.有限责任公司和股份有限公司的区别是什么？

拓展训练

◆ 实施准备

1.教师组织学生仔细阅读案例，提示案例要点。

2.学生每4~6人组成一个学习小组，以小组为单位进行讨论，提倡采用"头脑风暴法"，最终形成一篇案例分析报告。

3.每个小组派出1名代表上讲台阐述小组报告的观点。

4.教师讲评案例并点评各小组报告。

◆ 案例内容

智云股份有限公司的董事会召开年会。该公司有董事15人，本人亲自出席会议的有5人，有3人因故不能出席而电话委托他人参加会议，其中甲委托董事长代为出席，乙委托某监事代为出席，丙委托其担任董事长的另外一家公司的经理代为出席。董事会的议事日程有：决定公司的投资方案；讨论决定发行公司债券；决定公司内部机构的调整；制定公司有关具体规章。上述事项均经过出席会议的董事的过半数通过。

请问：

（1）甲、乙、丙三名董事因故不能亲自参加此次会议，他们的委托是否合法？

（2）此次会议的召开是否合法？

（3）此次会议的四项议事日程中，哪些是董事会无权决定的事项？

（4）此次会议所作出的决议，其效力如何？为什么？

第6章

企业破产法

◆知识目标：了解破产的含义、破产的程序、破产的法律责任等内容；理解破产的界限、债务人重整、和解的含义及程序、破产宣告的条件以及管理人、债权人会议的相关规定；掌握破产债权、破产财产、破产费用、破产财产的分配顺序等方面的法律规定。

◆能力目标：能够较好地运用相关法学理论，解决现实生活中存在的有关企业破产问题。

图文引例

江西家电龙头腾达电器正式宣布破产

经江西省新余市中级人民法院证实，江西本土家电连锁行业龙头企业江西腾达电器有限公司（以下简称：腾达电器）已正式进入破产清算程序。

公开资料显示，腾达电器注册资本1亿元，经营范围为家用电器、电脑、手机、办公用品批发等。公司辉煌时期曾有100多家门店，遍布江西全省，年销售额一度达到20亿元，年创税收上千万元。

有业内人士指出，腾达电器的衰落与近年来不断遭受互联网电商冲击不无关系，加之企业转型不力、扩张过猛和管理不善，最终让这家江西本土最大的家电企业走向了末路。

2015年4月，腾达电器多家门店停业盘点，并传出将被国美电器以3.5亿元的价格收购消息。最终国美仅仅是收购了腾达电器少部分门店，未被收购的门店则全部关门歇业，员工则自动离职。

据了解，腾达电器进入破产清算程序后，管理人将全面接管腾达电器管理事务，接管腾达电器公司财产，接受债权人申报债权。第一次债权人会议将于2016年6月7日在新余中院召开。

资料来源　宋啸. 江西家电龙头腾达电器正式宣布破产［EB/OL］.［2018-03-02］. http：//news.cableabc.com/exposure/20160302043477.html.

丧失了自我发展能力和市场活力的企业通常处于停产或半停产状态，连年亏损、资不抵债，甚至是难以为继、濒临倒闭。企业沦落到这个地步，原因很复杂，有世界经济大环境的问题，有行业周期、产业布局问题，也有技术和内部管理等问题。但从总体上看，企业生老病死是正常现象，哪个企业发展得好，哪个企业生存不下去，是市场机制起决定性作用。以上案例表明，企业进入破产程序后，将涉及管理人介入、债权人会议、破产清算等一系列工作，在本章中，我们将就这些问题进行探讨。

6.1　破产法概述

6.1.1　破产的概念和破产界限

1）破产的概念

破产是在企业法人不能清偿到期债务，并且资产不足以清偿全部债务或者明显缺乏清偿能力时，由法院主持依法清理债务，将债务人的全部财产依法抵偿所欠的各种债务，不足部分不再清偿的法律制度。

2）破产界限

破产界限又称破产原因，是提出破产申请，从而启动破产程序的客观事实，也是人民法院据以宣告债务人破产的法律标准。我国破产法确定的破产界限是企业法人不能清偿到期债务，并且资产不足以清偿全部债务或者明显缺乏清偿能力。

依此规定，只要债务人不能清偿到期债务，债权人就可以向人民法院提出对债务人进行破产清算的申请。而人民法院在核实债务人资产不足以清偿全部债务或者明显缺乏清偿能力时，可以宣告债务人破产。

企业法人有破产原因规定的情形，或者有明显丧失清偿能力可能的，可以依照破产法的规定进行重整。

6.1.2　破产法的概念和适用范围

1）破产法的概念

破产法是调整企业在破产清算、和解、重整过程中形成的各种社会关系的法律规范的总称。

破产法有狭义和广义之分。狭义的破产法仅指《中华人民共和国企业破产法》（以下简称《破产法》），该法于 2006 年 8 月 27 日第十届全国人民代表大会常务委员会第二十三次会议通过，于 2007 年 6 月 1 日起实施。广义的破产法则包括所有调整与破产相关联的社会关系的法律、法规。现代意义上的破产法均指广义的破产法，既包括破产清算制度，又包括挽救债务人的和解、重整等制度。

2）破产法的适用范围

《破产法》适用于中华人民共和国领域内的所有企业法人。其他法律规定企业法人以外的组织的清算，属于破产清算的，参照适用《破产法》规定的程序。依照《破产法》实施的破产程序，对债务人在中华人民共和国领域外的财产发生效力。

6.2　申请和受理

6.2.1　破产申请的提出

依照我国《破产法》的规定，不同的人在不同的情形下可以向人民法院提出不同的请求：

（1）债务人在不能清偿到期债务，并且资产不足以清偿全部债务或者明显缺乏清偿能力的情形下，可以向人民法院提出重整、和解或者破产清算申请。

（2）债务人不能清偿到期债务，债权人可以向人民法院提出对债务人进行重整或者破产清算的申请。

（3）对企业依法负有清算责任的人发现企业资产不足以清偿债务的，应当向人民法院申请破产清算。

债权人向人民法院提出破产申请，应当提交破产申请书和债务人不能清偿到期债务的有关证据。

债务人提出申请的，还应当向人民法院提交财产状况说明、债务清册、债权清册、有关财务会计报告、职工安置预案以及职工工资的支付和社会保险费用的缴纳情况。

破产企业职工提出破产申请的，应经职工代表大会或者全体职工会议决议通过。

6.2.2　破产申请的受理

破产案件由债务人住所地人民法院管辖。人民法院受理破产案件一般要经过立案、发布通知和公告等程序。

1）立案

债权人提出破产申请的，人民法院应当自收到申请之日起 5 日内通知债务人。债务人对申请有异议的，应当自收到人民法院的通知之日起 7 日内向人民法院提出。人民法院应当自异议期满之日起 10 日内裁定是否受理。

其他情形下，人民法院应当自收到破产申请之日起 15 日内裁定是否受理。人民法院裁定不受理破产申请的，应当自裁定作出之日起 5 日内送达申请人并说明理由。申请人对裁定不服的，可以自裁定送达之日起 10 日内向上一级人民法院提起上诉。

2）发布通知和公告

人民法院受理破产申请的，应当自裁定作出之日起 5 日内送达申请人。债权人提出申请的，人民法院应当自裁定作出之日起 5 日内送达债务人。人民法院应当自裁定受理破产申请之日起 25 日内通知已知债权人，并予以公告。

6.2.3　破产申请受理的效力

破产申请受理的效力是破产程序开始所带来的法律后果，主要表现在以下几个方面：

（1）自人民法院受理破产申请的裁定送达债务人之日起至破产程序终结之日，债务人的有关人员（企业的法定代表人、财务管理人员和其他经营管理人员）承担下列义务：①妥善保管其占有和管理的财产、印章和账簿、文书等资料；②根据人民法院、管理人的要求进行工作，并如实回答询问；③列席债权人会议并如实回答债权人的询问；④未经人民法院许可，不得离开住所地；⑤不得新任其他企业的董事、监事、高级管理人员。

（2）人民法院受理破产申请后，债务人对个别债权人的债务清偿无效。

（3）人民法院受理破产申请后，债务人的债务人或者财产持有人应当向管理人清偿债务或者交付财产。

（4）人民法院受理破产申请后，管理人对破产申请受理前成立而债务人和对方当事人均未履行完毕的合同有权决定解除或者继续履行，并通知对方当事人。管理人自破产申请受理之日起 2 个月内未通知对方当事人，或者自收到对方当事人催告之日起 30 日内未答复的，视为解除合同。

管理人决定继续履行合同的，对方当事人应当履行；但是，对方当事人有权要求管理人提供担保。管理人不提供担保的，视为解除合同。

（5）人民法院受理破产申请后，有关债务人财产的保全措施应当解除，执行程序应当中止。

人民法院受理破产申请后，已经开始但尚未终结或尚未执行的有关债务人的民事诉讼或者仲裁应当中止；在管理人接管债务人的财产后，视情况确定是否继续进行。

人民法院受理破产申请后，有关债务人的民事诉讼，只能向受理破产申请的人民法院提起。

人民法院裁定受理破产申请后，应当同时指定管理人，由管理人接管和处理破产企业的相关事项。

拓展阅读6-1

　　管理人是指法院受理破产申请后指定的接管债务人的财产并予以占有和处分的人员。管理人可以由有关部门、机构的人员组成的清算组或者依法设立的律师事务所、会计师事务所、破产清算事务所等社会中介机构担任，也可以由有关社会中介机构中具备相关专业知识并取得执业资格的人员担任。管理人的报酬由人民法院确定。

　　管理人依法执行职务，向人民法院报告工作，并接受债权人会议和债权人委员会的监督，履行以下职责：①接管债务人的财产、印章和账簿、文书等资料；②调查债务人财产状况，制作财产状况报告；③决定债务人的内部管理事务；④决定债务人的日常开支和其他必要开支；⑤在第一次债权人会议召开之前，决定继续或者停止债务人的营业；⑥管理和处分债务人的财产；⑦代表债务人参加诉讼、仲裁或者其他法律程序；⑧提议召开债权人会议；⑨人民法院认为管理人应当履行的其他职责。

6.3　债权人会议

6.3.1　债权人会议的概念及职权

　　债权人会议是全体破产债权人参加的，在破产程序中代表债权人共同意志的决议机构。债权人会议设主席，由人民法院从有表决权的债权人中指定，主持债权人会议。

　　债权人会议行使下列职权：①检查债权；②申请人民法院更换管理人，审查管理人的费用和报酬；③监督管理人；④选任和更换债权人委员会成员；⑤决定继续或者停止债务人的营业；⑥通过重整计划；⑦通过和解协议；⑧通过债务人财产的管理方案；⑨通过破产财产的变价方案；⑩通过破产财产的分配方案；人民法院认为应当由债权人会议行使的其他职权。

6.3.2　债权人会议的召集和表决

　　债权人会议的第一次会议由人民法院召集，自债权申报期限届满之日起15日内召开。以后的会议，由人民法院决定召开或者由管理人、债权人委员会、占债权总额1/4以上的债权人提议召开。

　　债权人会议的决议，由出席会议的有表决权的债权人过半数通过，并且其所代表的债权额占无财产担保债权总额的1/2以上，但和解协议草案必须由所代表债权额占无财产担保债权总额2/3以上的出席会议的有表决权债权人通过。其他特别决议的形成，依照法律规定处理。

6.3.3　债权人委员会

　　债权人委员会是由债权人会议选任的，在破产程序中代表债权人全体利益，监督破产程序进行的机构。

债权人委员会不是法定的必设机构，"债权人会议可以决定设立债权人委员会"。债权人委员会成员人数不得超过9人，即最多由债权人会议选出8名债权人代表和1名职工或工会代表组成。

债权人委员会行使下列职权：①监督债务人财产的管理和处分；②监督破产财产分配；③提议召开债权人会议；④债权人会议委托的其他职权。

课堂讨论6-1

课堂讨论6-1

分析提示

2017年4月21日，国有企业A市钢铁厂由于经营管理不善，资不抵债，不能清偿到期债务，厂长向本企业所在地的人民法院申请宣告破产。在征得其上级主管部门同意并受理后，法院决定由钢铁厂厂长召集并主持债权人会议。钢铁厂最大债权人是B市的矿石运输公司，法院指定有财产担保未放弃优先受偿权的债权人章某担任债权人会议主席，并裁定钢铁厂所有的债务保证人均为债权人会议成员，享有表决权。后经占无财产担保债权总额的1/5以上的债权人请求，法院召开了第二次债权人会议。此后经一段时间的审理，法院作出裁定，宣告该企业破产，后由其上级主管部门接管并进行清算。

请问：该国有企业破产过程中，有哪些违法之处？

6.4 重整与和解

6.4.1 重整

重整是指对已经具备或者可能具备破产条件而又有再生希望的债务人保护其继续营业并挽救其生存的程序。

1）重整申请

债务人或者债权人可以依照《破产法》的规定，直接向人民法院申请对债务人进行重整。

债权人申请对债务人进行破产清算的，在人民法院受理破产申请后、宣告破产前，债务人或者出资额占债务人注册资本1/10以上的出资人，可以向人民法院申请重整。

2）重整计划

重整计划也称重整方案，是指为了维持债务人继续营业，由管理人或者债务人提出、债权人会议认可并经人民法院批准，以谋求债务人通过重整获得重生并清理债权债务关系的方案。

提出重整计划草案的期限，为人民法院裁定债务人重整之日起6个月内。特殊情况经人民法院裁定可延长3个月。

重整计划草案采用分组表决制。分组办法由法律规定，一般分为有担保债权人组、无担保债权人组、职工特别债权组、投资人组。出席会议的同一表决组的债权人过半数同意重整计划草案，并且其代表的债权额占债权总额的2/3以上的，即为该组通过重整计划草案。

3）重整计划的通过

各表决组均通过重整计划草案时，为表决通过；虽然重整计划表决未通过，但人民法院可根据债务人或者管理人申请，在满足法定条件的情况下批准重整计划草案，为批准通过。

4）重整计划的执行

人民法院裁定批准重整计划后，重整计划由债务人负责执行，并由管理人负责监督。债务人应当向管理人报告计划执行情况和债务人财务状况。

5）重整计划的终止

债务人不能执行重整计划，或者不执行重整计划的，管理人或者利害关系人有权向人民法院提出申请，请求人民法院依法裁定终止重整计划的执行。人民法院经审查，认定债务人不能执行或者不执行重整计划的，裁定终止重整计划的执行，并宣告债务人破产。

自重整计划执行完毕时起，对于按照重整计划减免的债务，债务人不再承担清偿责任。

在重整期间，有下列情形之一的，经管理人或者利害关系人请求，人民法院应当裁定终止重整程序，并宣告债务人破产：①债务人的经营状况和财产状况继续恶化，缺乏挽救的可能性；②债务人有欺诈、恶意减少债务人财产或者其他显著不利于债权人的行为；③由于债务人的行为导致管理人无法执行职务。

案件回放

2016年2月，江苏首例房地产企业（隆盛公司）破产重整案在政府、法院和管理人合力下成功重整，除了涉诉未审定的债权以外，1 500万元优先债权、22万元职工债权、531万元税务债权以及600万元普通债权由新投资人全部支付完毕，141家购房者的权益得以保护，目前该房产项目正在有序复工和建设中。

常熟市隆盛置业有限公司成立于2010年4月14日，注册资本8 800万元。2014年上半年，隆盛公司出现资金链断裂，拖欠巨额工程款，无力清偿到期债务，致使施工单位全面停工，公司法定代表人张某感到房地产的"寒冬"即将来临，撂下工地和公司，避债在外。

2014年10月14日，常熟法院裁定受理江苏常熟农村商业银行股份有限公司碧溪支行对常熟市隆盛置业有限公司的破产重整申请，并在第一时间以公开遴选加摇号方式指定管理人。经审计，该公司截至2014年10月14日，所有者权益接近-3 700万元，已资不抵债。

管理人在调查隆盛公司的资产、负债之后，即刻开展招募投资人工作，在引入投资人江苏金土木建设集团有限公司后，2015年2月6日常熟法院主持召开隆盛公司第一次债权人会议，通报管理人工作的阶段性报告和下一步计划。随后管理人对申报债权进行严格审核，并提交《重整计划草案》，新投资人金土木公司预估将投入建设资金人民币1.57亿元。7月13日，常熟法院主持召开第二次债权人会议表决通过重整计划草案，9月15日，常熟法院裁定批准重整计划，这意味着这起江苏首例房地产企业破产案件在各方努力下重整成功。

2016年1月18日，管理人正式向重整投资人送达复工通知书。2月底，隆盛公司按照重整计划在复工后10日内支付了全部债务及相关破产费用，楼盘房产项目已恢复开发建设。

资料来源　吴欢，孔维瑛. 常熟首例房地产企业破产案成功重整［N］. 江苏经济报，2016-03-09（B1）.

点评：房地产企业破产重整是近年来出现的新类型破产案件。隆盛公司重整成功，依托了政府的支持和各方面的努力，更凝聚了常熟法院破产审理团队的司法智慧，重整成功不仅维护了债权人的合法权益，还为本地区房地产市场的健康发展和社会稳定护航。

6.4.2　和解

和解是指债务人在进入破产程序以后，在法院的主持下，债务人和债权人就延长债务人清偿债务的期限、减免部分债务等事项达成协议，从而中止企业破产的程序。

1）和解申请的提出

提出和解申请的主体是债务人，即不能清偿到期债务，并且资产不足以清偿全部债务或者明显缺乏清偿能力的企业法人。债务人还应当提交和解协议草案。

2）和解协议的通过和认可

和解协议草案应当经过债权人会议的讨论和通过，其通过采用表决的方式。债权人会议通过和解协议的决议，由出席会议的有表决权的债权人过半数同意，并且其所代表的债权额占无财产担保债权总额的2/3以上。

人民法院应当依照法律规定，对和解协议进行审查，认为和解协议符合法律规定的，应当裁定认可，同时终止和解程序，并予以公告。人民法院不予认可和解协议的，应当裁定终止和解程序，并宣告债务人破产。和解协议草案经债权人会议表决，没有获得通过的，人民法院应当裁定终止和解程序，并宣告债务人破产。

3）和解协议的执行与不执行

和解协议生效后，债务人应当按照和解协议规定的时间、数额、方式等履行自己的义务，向和解债权人清偿债务。债务人也因此而恢复权利能力和行为能力。债务人不能执行和解协议或不执行和解协议，人民法院经和解债权人请求，应当裁定终止和解协议，并宣告债务人破产。

课堂讨论6-2

重整计划草案包括哪些内容？

提示：重整计划草案的内容包括：（1）债务人的经营方案；（2）债权分类；（3）债

权调整方案；（4）债权受偿方案；（5）重整计划的执行期限；（6）重整计划执行的监督期限；（7）有利于债务人重整的其他方案。

6.5 破产清算

6.5.1 破产宣告及其情形

破产宣告是人民法院依法裁定债务人进入破产清算程序，清理债权、债务关系的活动。

人民法院依法宣告债务人破产的，应当自裁定作出之日起5日内送达债务人和管理人，自裁定作出之日起10日内通知已知债权人，并予以公告。

债务人具有以下情形的，人民法院依法宣告债务人破产：

（1）债务人达到破产界限。破产法规定的破产界限是：企业法人不能清偿到期债务，并且资产不足以清偿全部债务或者明显缺乏清偿能力。

（2）重整计划草案未获得通过或者未获得批准的；债务人不能执行或者不执行重整计划的。

（3）和解协议草案经债权人会议表决未获得通过或者未获得人民法院认可的；债务人不能执行或者不执行和解协议的。

6.5.2 破产财产的确认

破产财产即在破产宣告时属于债务人的财产。

1）破产财产与债务人的财产

破产财产不同于债务人的财产，债务人的财产包括破产申请受理时属于债务人的全部财产和破产申请受理后至破产程序终结前债务人取得的财产，它的时间界定是破产申请受理时；破产财产的时间界定是破产宣告时。

债务人的财产自破产申请到破产宣告这一阶段时间有可能发生合理性的变化，而能够用于破产清算的破产财产必须是破产宣告时尚属于破产人的财产，而且是破产人所有的或者经营管理的全部财产，包括应当由破产人行使的相关权利。

拓展阅读6-2

自破产申请到破产宣告这一阶段，债务人仍然可以从事某些必要的民事活动，这就存在着取得财产的可能。这些财产包括：①因破产企业债务人的清偿和财产持有人的交还而取得的财产；②因未履行合同的继续履行而取得的财产；③由破产企业享有的投资权益所产生的收益；④破产财产所生的孳息或转让所得；⑤继续营业的收益；⑥其他基于合法原因而取得的财产。

2）不属于破产财产的财产范围

下列财产不属于债务人财产：①债务人基于仓储、保管、加工承揽、委托交易、代销、借用、寄存、租赁等法律关系占有、使用的他人财产；②特定物买卖中，尚未转移占有但相对人已完全支付对价的特定物；③尚未办理产权证或者产权过户手续但已向买方交付的财产；④债务人在所有权保留买卖中尚未取得所有权的财产；⑤所有权专属于国家且不得转让的财产；⑥破产企业内的社团（主要有企业的党团组织和工会组织）的经费及其拥有的财产；⑦因无效合同取得的财产。

3）对债务人财产的特殊规定

为了维护债权人的利益，《破产法》对涉及债务人财产的某些行为作出特殊规定。

（1）别除权。债权人对破产人的特定财产享有担保权的，有权就该担保物优先受偿。即该项财产的变价款必须优先清偿别除权人的担保债权，剩余款项才能用于清偿其他的普通债权。

别除权人行使优先受偿权利未能完全受偿的，其未受偿的债权属于普通债权。如果有财产担保的债权人放弃优先受偿权利，其债权便属于普通破产债权，担保物也应计入破产财产统一分配。

（2）撤销权。人民法院受理破产申请前1年内，涉及债务人财产的下列行为，管理人有权请求人民法院予以撤销：①无偿转让财产的；②以明显不合理的价格进行交易的；③对没有财产担保的债务提供财产担保的；④对未到期的债务提前清偿的；⑤放弃债权的。

人民法院受理破产申请前6个月内，债务人具有破产情形，仍对个别债权人进行清偿的，管理人有权请求人民法院予以撤销。但是，个别清偿使债务人财产受益的除外。

（3）抵销权。债权人在破产申请受理前对债务人负有债务的，可以向管理人主张抵销。抵销权只能由债权人行使，并且有下列情形之一的，不得抵销：①债务人的债务人在破产申请受理后取得他人对债务人的债权的。②债权人已知债务人有不能清偿到期债务或者破产申请的事实，对债务人负担债务的；但是，债权人因为法律规定或者有破产申请1年前所发生的原因而负担债务的除外。③债务人的债务人已知债务人有不能清偿到期债务或者破产申请的事实，对债务人取得债权的；但是，债务人的债务人因为法律规定或者有破产申请1年前所发生的原因而取得债权的除外。

（4）无效行为。涉及债务人财产的下列行为无效：①为逃避债务而隐匿、转移财产的；②虚构债务或者承认不真实的债务的。

（5）追缴。人民法院受理破产申请后，债务人的出资人尚未完全履行出资义务的，管理人应当要求该出资人缴纳所认缴的出资，而不受出资期限的限制。

（6）追回。对于因撤销、无效行为而取得债务人财产的，管理人有权予以追回。债务人的董事、监事和高级管理人员利用职权从企业获取的非正常收入和侵占的企业财产，管理人应当追回。

（7）取回权。人民法院受理破产申请后，债务人占有的不属于债务人的财产，该财产的权利人可以通过管理人取回。但是，《破产法》另有规定的除外。

人民法院受理破产申请时，出卖人已将买卖标的物向作为买受人的债务人发运，债务人尚未收到且未付清全部价款的，出卖人可以取回在运途中的标的物。但是，管理人可以支付全部价款，请求出卖人交付标的物。

人民法院受理破产申请后，管理人可以通过清偿债务或者提供为债权人接受的担保，取回质物、留置物。

6.5.3 破产费用和共益债务

1）破产费用

破产费用是指在破产程序中为全体债权人的共同利益而支付的各项费用。破产费用包括：①破产案件的诉讼费用；②管理、变价和分配债务人财产的费用；③管理人执行职务的费用、报酬和聘用工作人员的费用。

2）共益债务

共益债务是在破产程序中为了全体债权人的共同利益而由债务人财产负担的债务。共益债务包括：①因管理人或者债务人请求对方当事人履行双方均未履行完毕的合同所产生的债务；②债务人财产受无因管理所产生的债务；③因债务人不当得利所产生的债务；④为债务人继续营业而应支付的劳动报酬和社会保险费用以及由此产生的其他债务；⑤管理人或者相关人员执行职务致人损害所产生的债务；⑥债务人财产致人损害所产生的债务。

破产费用和共益债务由债务人财产随时清偿。债务人财产不足以清偿所有破产费用和共益债务的，先行清偿破产费用。债务人财产不足以清偿所有破产费用或共益债务的，按照比例清偿。债务人财产不足以清偿破产费用的，管理人应当提请人民法院终结破产程序。人民法院应当自收到请求之日起15日内裁定终结破产程序，并予以公告。

6.5.4 破产财产的变价和分配

1）破产财产的变价

破产财产的分配以货币分配为基本方式，因而管理人应当及时拟订破产财产变价方案，提交债权人会议讨论。方案通过后，管理人应适时变价出售破产财产。

变价出售破产财产应当通过拍卖进行，但是债权人会议另有决议的除外。破产企业可以全部或者部分变价出售。企业变价出售时，可以将其中的无形资产和其他财产单独变价出售。按照国家规定不能拍卖或者限制转让的财产，应当按照国家规定的方式处理。

2）破产财产分配方案

破产财产分配是指将破产财产按照法律规定的债权清偿顺序和案件实际情况决定的受偿比例进行清偿的行为。

管理人应当及时拟订破产财产分配方案，提交债权人会议讨论通过。债权人会议通过破产财产分配方案后，由管理人将该方案提请人民法院裁定认可。经人民法院裁定认可后，破产财产分配方案由管理人执行。

3）破产财产分配顺序

破产财产在优先清偿破产费用和共益债务后，依照下列顺序清偿：①债务人所欠职工的工资和医疗、伤残补助、抚恤费用，所欠的应当划入职工个人账户的基本养老保险、基本医疗保险费用，以及法律、行政法规规定应当支付给职工的补偿金；②债务人欠缴的除前项规定以外的社会保险费用和破产人所欠税款；③普通破产债权。

破产财产不足以清偿同一顺序的清偿要求的，按照比例分配。破产企业的董事、监事和高级管理人员的工资按照企业职工的平均工资计算。

案件回放

2009年2月12日，石家庄中院召集举行了石家庄三鹿集团股份有限公司（下称三鹿集团）第一次债权人会议，法院合议庭宣读了三鹿集团破产民事裁定书，三鹿集团因不能清偿到期债务，资产不足以清偿全部债务，符合法定破产条件，依法宣布破产。随即，三鹿集团破产管理人宣读了债权登记审查报告，并通过了资产管理方案。

法院合议庭还指定石家庄发展投资有限责任公司（下称石家庄发展投资）法人代表刘爱民为债权人委员会主席，并通过了三鹿集团破产的财产变价方案。

公开资料显示，石家庄发展投资是由石家庄市政府出资设立的国有独资公司，注册资金1.55亿元，主要业务包括"接受市政府委托，负责市政府预算内建设资金、重点项目资本金的经营和管理并负责开行转贷资金管理；担当市政府向各金融机构的承贷主体"等政府金融投资事务。

因"三聚氰胺奶粉"事件，三鹿集团于2008年9月12日全面停产。根据当地政府2008年12月对外公布的数字，三鹿集团总资产为15.61亿元，总负债则达26.64亿元（包括用于支付患病婴幼儿治疗和赔偿费用的9.02亿元借款），不包括2008年10月31日后企业新发生的各种费用，净资产为-11.03亿元，已严重资不抵债。

2008年12月23日，石家庄中院向三鹿集团送达了破产清算民事裁定书，三鹿集团正式进入法定破产程序。

资料来源　王姗姗. 三鹿集团正式宣告破产［EB/OL］.［2018-02-17］. http：//www.caijing.com.cn/2009-02-12/110055555.html.

点评：根据《破产法》第111条、112条规定，管理人应当按照债权人会议通过破产财产变价方案，应当通过拍卖适时变价出售破产财产。破产企业可以全部或者部分变价出售。

6.5.5　破产程序的终结

破产程序的终结是指破产程序开始后，发生法律规定的使得破产程序继续已无必要的原因，由法院裁定终结破产程序，结束破产案件。破产程序终结的原因包括：破产人无可供分配的财产而终结；因破产财产分配完毕而终结。人民法院裁定终结破产程序后，管理人应当按照法律规定，及时向破产人的原登记机关办理注销登记。

法规链接

为规范企业破产程序，公平清理债权债务，保护债权人和债务人的合法权益，维护社会主义市场经济秩序，《中华人民共和国企业破产法》经第十届全国人民代表大会常务委员会第二十三次会议通过，自2007年6月1日起施行。

了解法规具体内容，请直接扫描二维码或访问国家法律法规数据库（网址：https://flk.npc.gov.cn），检索"中华人民共和国企业破产法"。

中华人民共和国
企业破产法

本章测试

◆ 选择题

1.提出重整计划的期限为人民法院裁定债务人重整之日起（　　　）内，特殊情况经人民法院裁定可延长3个月。

A.3个月　　　　　　B.6个月　　　　　　C.9个月　　　　　　D.1年

2.关于破产申请的提出，下列表述正确的有（　　　）。

A.没有物权担保的债权人享有破产申请权，对破产人的特定财产享有担保权的债权人同样享有破产申请权

B.税务机关和社会保险机构享有对债务人的破产清算申请权

C.商业银行、证券公司、保险公司等金融机构有法定破产原因的，国务院金融监督管理机构可以向人民法院提出对该金融机构进行重整、和解或者破产清算的申请

D.职工提出破产申请应经工会通过

3.下列人员或组织中，可以担任破产管理人的是（　　　）。

A.破产企业的债权人代表

B.依法设立的律师事务所

C.破产企业经营管理人员

D.曾被吊销执业证书的注册会计师

4.破产管理人应由人民法院指定，其指定的时间为（　　　）。

A.人民法院作出受理破产申请裁定时

B.人民法院作出受理破产申请裁定之日起15日内

C.人民法院作出破产宣告裁定时

D.人民法院作出破产宣告裁定之日起15日内

5.根据企业破产法的规定，下列选项中，不可以作为破产债权申报的是（　　　）。

A.破产宣告时尚未到期的债权

B.破产宣告时附停止条件的债权

C.破产案件受理前成立的有财产担保的债权

D.管理人决定解除破产企业未履行的合同，除实际损失之外，依合同约定应支付给对方当事人的违约金

◆判断题

1.破产案件由债务人住所地人民法院管辖。（ ）

2.管理人可以由有关部门、机构的人员组成的清算组或者依法设立的律师事务所、会计师事务所、破产清算事务所等社会中介机构担任，也可以由有关社会中介机构中具备相关专业知识并取得执业资格的人员担任。（ ）

3.只有债权人可以依照《破产法》的规定，直接向人民法院申请对债务人进行重整。（ ）

4.共益债务是在破产程序中为了全体债权人的共同利益而由债务人财产负担的债务。（ ）

◆简答题

1.破产财产的分配顺序是怎样的？

2.什么是共益债务，它具体包括哪些内容？

拓展训练

◆实施准备

1.教师组织学生仔细阅读案例，提示案例要点。

2.学生每4~6人组成一个学习小组，以小组为单位进行讨论，提倡采用"头脑风暴法"，最终形成一篇案例分析报告。

3.每个小组派出1名代表上讲台阐述小组报告的观点。

4.教师讲评案例并点评各小组报告。

◆案例内容

2016年5月5日，因A公司未能偿还对B公司的到期债务，B公司向人民法院提出对A公司进行破产清算的申请。

A公司收到人民法院通知后，于5月9日提出异议，认为本公司未达破产界限，理由是：第一，B公司对A公司之债权由C公司提供连带保证，而C公司完全有能力代为清偿该笔债务；第二，尽管A公司暂时不能清偿所欠B公司债务，但其资产总额超过负债总额，不构成资不抵债。经审查相关证据，人民法院发现：虽然A公司的账面资产总额超过负债总额，但其流动资金不足，实物资产大多不能立即变现，无法立即清偿到期债务。据此，人民法院于5月16日裁定受理B公司的破产申请，并指定了管理人。

在该破产案件中，有以下情况：

（1）A公司于2015年4月8日向E信用社借款200万元，期限1年。A公司以其所属厂房为该笔借款提供了抵押担保。2016年5月18日，经管理人同意，A公司向E信用社偿还了其所欠200万元借款本金及其利息。经查，A公司用于抵押的厂房市场价值为500万元。有其他债权人提出，A公司向E信用社的清偿行为属于破产申请受理后对个别债权人的债务清偿，故应认定为无效。

（2）2016年6月2日，F公司向管理人提出，根据其与A公司之间的合同约定，由其提供原材料，委托A公司加工了一批产品，现合同到期，要求提货。据查，该批产品价值50万元，现存于A公司仓库，F公司已于2016年2月支付了全部加工费10万元。管理人认为该批产品属于债务人财产，故不允许F公司提走。

要求：根据上述内容，分别回答下列问题：

（1）A公司以C公司为其债务提供了连带保证且有能力代为清偿为由，对破产申请提出的异议是否成立？请说明理由。

（2）人民法院以A公司现金不足，资产大多不能立即变现清偿债务为由，裁定受理破产申请，是否符合破产法律制度的规定？请说明理由。

（3）有关债权人关于A公司向E信用社清偿行为无效的主张是否成立？请说明理由。

（4）F公司是否有权提走其委托A公司加工的产品？请说明理由。

第三篇
经济行为法律制度

民法典在中国特色社会主义法律体系中具有重要地位，是一部固根本、稳预期、利长远的基础性法律，对推进全面依法治国、加快建设社会主义法治国家，对发展社会主义市场经济、巩固社会主义基本经济制度，对坚持以人民为中心的发展思想、依法维护人民权益、推动我国人权事业发展，对推进国家治理体系和治理能力现代化，都具有重大意义。

——摘自《在中央政治局第二十次集体学习时的讲话》

（习近平，2020年5月29日）

市场经济是一种契约经济，它通过合同关系把各种市场主体联系在一起，使市场运行网络化和秩序化。在我们的日常生活中，与合同有关的法规就像交通规则一样，规范着人们的交往活动，保护着人们的合法权益。本篇将围绕合同法、劳动法展开，具体内容架构如下图所示：

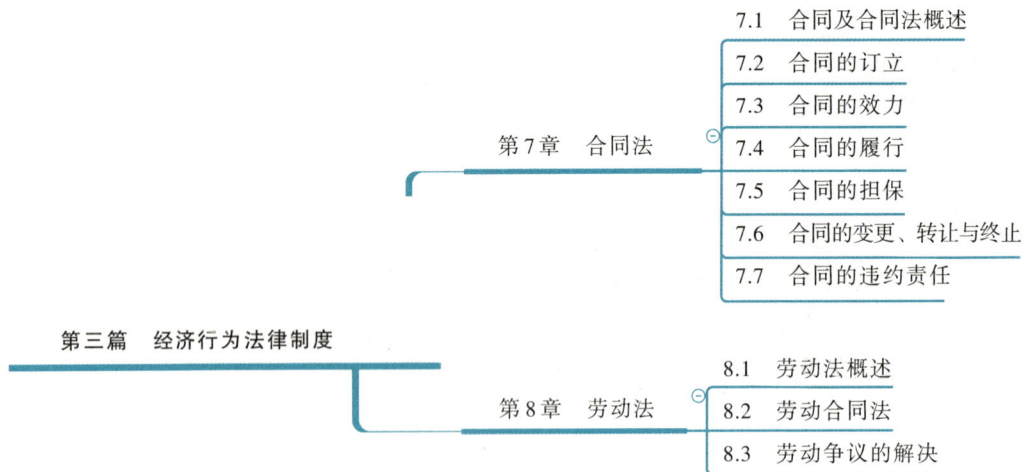

第三篇　经济行为法律制度

第7章　合同法
- 7.1　合同及合同法概述
- 7.2　合同的订立
- 7.3　合同的效力
- 7.4　合同的履行
- 7.5　合同的担保
- 7.6　合同的变更、转让与终止
- 7.7　合同的违约责任

第8章　劳动法
- 8.1　劳动法概述
- 8.2　劳动合同法
- 8.3　劳动争议的解决

第7章

合同法

学习目标

◆知识目标：了解合同的概念、特征及其分类；理解合同的签订过程、合同成立的条件和合同的效力；掌握合同的形式及内容，合同的履行、保全、变更、终止及合同的违约责任。

◆能力目标：能够运用《民法典》"合同编"的基本理论，解决现实生活中发生的合同纠纷；在自主创业过程中，能够通过明确合同条款规避合同签订风险。

图文引例　　　**装修前反悔　能否解除合同要回定金**

拿到新房钥匙后准备装修，原本是件高兴事，但几个月前与装修公司签订的一份合同却让乌市的谢女士头疼不已。原来，2015年10月份，谢女士从房产公司得知，一年前买的房子再过三个月就可以交房了。

"新房是买来结婚用的，所以我和男朋友打算拿到新房钥匙后就开始装修，我们没那么多时间找人设计、装修，就想找家装修公司全包了。"谢女士说，"我从广告中看到京智国际装修公司正在做活动，100平方米的房子装修费只要9.8万元。我的房子只有80多平方米，他们承诺装修费低于9.8万元，我就交了1万元定金，双方签了定金协议。合同约定，'定购金一经缴纳，不予退还'，同时还约定'贵1万元补1万元；绝不中途加价'等保证条款。"

签完合同后，谢女士便安心等着房子装修了。2016年1月4日，新房的钥匙拿到了，当谢女士与男朋友再次来到装修公司时，对方突然将原本的9.8万元提到了近11万元。她说："他们突然提价，包含的套餐与以前一样，我肯定不乐意，就不想让他们装修了。"

记者联系到为谢女士装修的京智国际装修公司，负责谢女士房子设计的工作人员说："首先，合同里写得很清楚，定金是不予退还的，因为咱们搞活动的名额有限，她占了名额又不装修了，我们有损失，再者，我们并没有涨价，谢女士说要卖房子不打算装修了，这是她个人原因，和我们没关系，所以定金是不退的。"

资料来源　伍梦霞. 装修前反悔　能否解除合同要回定金［N］. 新疆都市报，2016-01-12（B4）.

合同作为一种民事法律行为，是当事人协商一致的产物，是两个以上的意思表示相一致的协议。以上案例中，由于双方各执一词，谢女士与装修公司说法不一致，无法判断哪方在合同中违约在先，所以律师建议谢女士拨打12315消费者权益投诉举报电话，来维护自己的权益。我们知道，只有当事人所作出的意思表示合法，合同才具有法律约束力。但不少人在签订合同后因为各种因素反悔，那么此时该如何维护自己的合法权益？本章将就合同的订立、效力、履行问题，以及合同的变更、转让与终止、违约责任等问题进行探讨。

7.1　合同及合同法概述

7.1.1　合同的概念、特征和分类

1）合同的概念及特征

合同是指民事主体之间设立、变更、终止民事法律关系的协议。其具有以下法律特征：

（1）合同的主体具有平等的法律地位。

（2）合同以设立、变更、终止财产性民事权利义务关系为目的。

（3）合同是双方或多方当事人意思表示一致的协议。

2）合同的分类

（1）双务合同与单务合同。根据双方当事人是否互负给付义务，合同可分为双务合同和单务合同。

双务合同是指当事人双方互相承担对待给付义务的合同，如买卖合同、租赁合同等。单务合同是指只有一方当事人承担给付义务的合同，如赠与合同。

（2）诺成合同与实践合同。根据合同成立是否需要以交付标的物为标准，合同可分为诺成合同和实践合同。

诺成合同，是指以缔约当事人意思表示一致为成立要件的合同，即一旦缔约当事人的意思表示达成一致即告成立的合同。

实践合同，是指除当事人意思表示一致以外尚需交付标的物才能成立的合同。在这种合同中仅有当事人的合意，合同尚不能成立，还必须有一方实际交付标的物的行为或其他给付，才能成立合同关系。

在实践中，大多数合同均为诺成合同，实践合同仅限于法律规定的少数合同，如保管合同、自然人之间的借款合同等。

（3）要式合同与不要式合同。根据合同的成立是否须采取一定的形式为标准，合同可分为要式合同和不要式合同。

要式合同，是指法律规定必须采取一定形式的合同；反之，法律不要求采取特定形式的合同则为不要式合同。根据合同自由原则，当事人有权选择合同形式，故合同以不要式合同为常态，但对于一些重要的交易，如不动产买卖，法律常规定当事人应当采取特定的形式订立合同。

（4）有名合同与无名合同。根据法律是否设有一个特定名称为标准，将合同分为有名合同和无名合同。

有名合同又称为典型合同，是指在法律上已设有规范并赋予名称的合同。如我国《民法典》"合同编"所规定的19类合同，均为有名合同。无名合同又称非典型合同，是指在法律上尚未确立一定的名称和规则的合同。

（5）主合同与从合同。根据合同相互间的主从关系，可将合同分为主合同和从合同。

在两个关联合同中，不依赖其他合同的存在即可独立存在的合同称为主合同，以其他合同的存在为前提而存在的合同称为从合同。例如，借款合同与保证合同之间，前者为主合同，后者为从合同。

7.1.2　合同法概述

合同法是民事法律制度的重要组成部分。合同法的含义有广义和狭义之分，广义上其是指调整民事合同关系的法律规范的总称。狭义的合同法，是指2020年5月28日第十三届全国人民代表大会第三次会议通过的《民法典》"合同编"第463条所指出的，本编调整因合同产生的民事关系。对于婚姻、收养、监护等有关身份关系的协议，适用有关该身份关系的法律规定；没有规定的，可以根据其性质参照适用《民法典》"合同编"的规定。

合同法的基本原则如下：

1）平等原则

平等是指合同当事人的法律地位平等。双方对于合同产生的问题应该平等协商，任何一方不得将自己的意志强加给另一方。

2）自愿原则

自愿是指当事人在订立合同时能够根据自己的意愿决定合同的相关事宜。合同当事人有选择订立合同或不订立合同的自由，有选择对方当事人的自由，有选择何时、何地签订何种类合同的自由等。

3）公平原则

公平是指合同当事人在订立、履行合同时应该公平地确定彼此的权利义务，不得订立显失公平的合同。

4）诚实信用原则

诚实是指实事求是，信用是指说到做到。诚实信用原则要求合同当事人在订立合同时要真实陈述合同的相关事宜，不能有欺诈行为。合同订立后，应按照合同的条款全面、适当地履行各自的义务，促成合同目的的实现。

5）合法原则

合法是指合同的订立和履行必须遵守法律、行政法规的强制性规定。任何人不得利用合同从事违法活动，扰乱社会经济秩序，损害国家和社会公共利益。

7.2 合同的订立

7.2.1 合同订立的程序

当事人订立合同，采取要约、承诺方式。一般情况下，承诺生效时合同即成立。

1）要约

（1）要约的概念及构成条件。要约是希望和他人订立合同的意思表示。发出要约的人为要约人，接受要约的人为受要约人。构成要约须符合以下条件：

①要约一般是向特定的相对人发出的。要约只有向要约人希望与之订立合同的相对人即受要约人发出，才能唤起受要约人的承诺，从而订立合同。但在特殊情况下，对不特定的人（无相对人）发出的意思表示亦可能构成要约，如商业广告的内容符合要约规定的，视为要约。

②要约的内容必须具体、确定。所谓具体，是指要约的内容必须是合同成立所必需的条款。所谓确定，是指要约的内容必须明确，不能含糊不清，使相对人难明其意。

③要约必须具有订立合同的意图。要约应表明，一经受要约人承诺，要约人即受该意思表示约束，与之建立合同关系。在实践中，应根据要约所实际使用的语言、文字和其他情况判断要约人是否决定与受要约人订立合同。

拓展阅读7-1

在合同实务中，要注意要约与要约邀请的区别。要约邀请，是一方当事人邀请另一方当事人向自己发出要约。要约是以订立合同为目的具有法律意义的意思表示行为，一经发出就产生一定的法律效果。而要约邀请的目的是让对方对自己发出要约，是订立合同的一种预备行为，在性质上是一种事实行为，并不产生任何法律效果，即使对方依邀请对自己发出了要约，自己也没有承诺的义务。因此，要约邀请本身不具有法律意义。

在实际生活中，拍卖公告、招标、寄送价目表、招股说明书、商业公告、广告等，大都属于要约邀请。但商业广告和宣传的内容符合要约条件的，构成要约。

（2）要约生效的时间。要约生效的时间适用《民法典》第137条的规定。以对话方式作出的意思表示，相对人知道其内容时生效。以非对话方式作出的意思表示，到达相对人时生效。以非对话方式作出的采用数据电文形式的意思表示，相对人指定特定系统接收数据电文的，该数据电文进入该特定系统时生效；未指定特定系统的，相对人知道或者应当知道该数据电文进入其系统时生效。当事人对采用数据电文形式的意思表示的生效时间另有约定的，按照其约定。

（3）要约的撤回和撤销。要约的撤回，是指要约人在发出要约后，于要约到达受要约人之前取消其要约的行为，其撤回意思表示的通知应当在意思表示到达相对人前或者与意思表示同时到达相对人。

要约的撤销，是指在要约发生法律效力后，要约人取消要约从而使要约归于消灭的行为。撤销要约的意思表示以对话方式作出的，该意思表示的内容应当在受要约人作出承诺之前为受要约人所知道；撤销要约的意思表示以非对话方式作出的，应当在受要约人作出承诺之前到达受要约人。

《民法典》第476条的规定，要约可以撤销，但是有下列情形之一的除外：要约人以确定承诺期限或者其他形式明示要约不可撤销；受要约人有理由认为要约是不可撤销的，并已经为履行合同做了合理准备工作。

（4）要约的失效。要约的失效，即要约丧失法律拘束力。依《民法典》第478条的规定，有下列情形之一的，要约失效：要约被拒绝；要约被依法撤销；承诺期限届满，受要约人未作出承诺；受要约人对要约的内容作出实质性变更。

课堂讨论7-1

甲于5月1日向乙发出一要约，后反悔欲撤回，遂于5月3日发出撤回通知。要约于5月5日至乙处，但是因乙外出，未能拆阅。撤回通知则于5月6日到达乙处，乙于5月7日返回家中。

请问：此要约效力如何？

2）承诺

（1）承诺的概念和要件。承诺是受要约人同意要约的意思表示。承诺须具备以下要件：

①承诺必须由受要约人向要约人作出。受要约人以外的人，不具有承诺资格。

②承诺应当以通知的方式作出，但根据交易习惯或者要约表明可以通过行为作出承诺的除外。

③承诺必须在合理期限内作出。承诺应当在要约确定的期限内到达要约人。要约没有确定承诺期限的，承诺应当依照下列规定到达：要约以对话方式作出的，应当即时作出承诺；要约以非对话方式作出的，承诺应当在合理期限内到达。

④承诺的内容必须与要约的内容相一致。受要约人对要约的内容作出实质性变更

的，为新要约。有关合同标的、数量、质量、价款或者报酬、履行期限、履行地点和方式、违约责任和解决争议方法等的变更，是对要约内容的实质性变更。承诺对要约的内容作出非实质性变更的，除要约人及时表示反对或者要约表明承诺不得对要约的内容作出任何变更外，该承诺有效，合同的内容以承诺的内容为准。

（2）承诺的效力。我国合同法采取承诺到达生效的原则，即承诺通知到达要约人时生效。承诺不需要通知的，根据交易习惯或者要约的要求作出承诺的行为时生效。

（3）承诺的撤回和迟延。承诺的撤回，是指承诺人阻止承诺发生法律效力的意思表示。承诺通知到达要约人时生效，因此，在承诺未生效之前可以撤回。

迟延承诺是指受要约人超过承诺期限发出承诺。受要约人超过承诺期限发出承诺，或者在承诺期限内发出承诺，按照通常情形不能及时到达要约人的，为新要约；但是，要约人及时通知受要约人该承诺有效的除外。受要约人在承诺期限内发出承诺，按照通常情形能够及时到达要约人，但因其他原因使承诺到达要约人时超过承诺期限的，为未迟发而迟到的承诺。受要约人在承诺期限内发出承诺，按照通常情形能够及时到达要约人，但是因其他原因致使承诺到达要约人时超过承诺期限的，除要约人及时通知受要约人因承诺超过期限不接受该承诺外，该承诺有效。

课堂讨论 7-2

甲公司出售一批衬衫，每12件装一个箱，乙公司向甲公司发电报订购1 200件，甲公司回电告知单价，并说有充足现货，一个月内保证可以到货。乙公司复电："此价格可以，但请将12件一箱的包装改为10件一箱的包装。"甲公司收到乙公司的电报后没有回电。一个月后，乙公司去甲公司提货，甲公司说，双方意思表示不一致，合同没有成立，故他们没有任何责任。

请问：此合同是否成立？

7.2.2　合同订立的形式

合同可以采用书面形式、口头形式和其他形式订立，法律、行政法规规定采用书面形式或当事人约定采用书面形式的，应当采用书面形式。书面形式是指合同书、信件和数据电文（包括电报、电传、传真、电子数据交换和电子邮件）等可以有形地表现所载内容的形式。口头形式是合同当事人直接用语言（包括当面谈判和通过电话）而订立的合同。其他形式是指书面形式、口头形式以外的合同形式。

案件回放

被告冉某以急需资金为其堂哥买房，而自己存款未到期无法取出为由，于2011年12月31日晚，在参加原告郑某父亲的丧礼时，找到原告郑某借款人民币20 000元。原告因与被告夫妻相熟，了解被告的家庭情况，便从当时在场之案外人杨某江处借取1 200元后，凑齐20 000元交付被告本人。并且，考虑到借款金额不大，丧礼上宾客众多，当众拟写借据会有伤双方颜面，原告未要求被告出具书面的借条，亦未约定具体的还款时间及利息的计算标准，仅是由被告口头承诺短时期内便能偿还。时隔半年，原告见被告仍无还款意向，便多次找其催收，被告却均以各种理由搪塞。因此原告于2014年8月6日向重庆市酉阳土家族苗族自治县人民法院提起诉讼，要求被告归还借款及利息，并承担本案诉讼费用。庭审中原告方明确资金利息从借款之日一个月后开始计算至实际清偿之日止，并自愿选择该利息以当地农村商业银行贷款利率作为参考。因被告没有出庭，未能调解。

法院审理后认为，虽然双方都无直接证据，但原告提交的间接证据来源合法，内容符合客观事实，证据真实有效，且各证据之间能形成证据链，能相互印证，足以认定原、被告之间的债权债务关系。故判决由被告归还原告借款本金20 000元，并按照重庆农村商业银行同期同类贷款利率支付原告从法院受理之日起至实际清偿之日止的利息。

资料来源　最高人民法院. 郑某诉冉某民间借贷纠纷案［EB/OL］.［2017-12-04］. http://www.chinacourt.org/article/detail/2015/12/id/1762203.shtml.

点评：大量民间借贷纠纷都是发生于熟人之间，比如朋友、同事（甚至兄弟）之间，在生活当中，熟人之间出于面子、人情等因素的考虑，一般很少写借条以及其他凭证，而一旦对方违约，出借人一般很难拿出有效的直接证据来认定借款行为成立的事实，在这种情况下，法院在判决时应结合各方提供的间接证据，在证据之间能够相互印证、能够形成证据链的情况下，对借贷行为予以确认，以维护社会诚信，实现公平正义。

在生活当中，即使是熟人之间的借贷也要留有相关凭证，以免在发生纠纷时无力举证，导致败诉。

7.2.3　合同的内容

1）合同一般应具备的条款

合同的内容即合同的条款是合同中经双方当事人协商一致、规定双方当事人权利义务的具体条文。合同的内容由当事人约定，一般应当包括下列条款：

（1）当事人的姓名或者名称和住所。

（2）标的。标的是合同当事人的权利义务指向的对象。

（3）数量。在大多数的合同中，数量是必备条款，没有数量，合同是不能成立的。许多合同，只要有了标的和数量，即使对其他内容没有规定，也不妨碍合同的成立与生效。因此，数量是合同的重要条款。

（4）质量。合同中应当对质量问题尽可能地规定细致、准确和清楚。国家有强制性标准规定的，必须按照规定的标准执行。有其他质量标准的，应尽可能约定其适用的标准。

（5）价款或者报酬。价款或者报酬，是一方当事人向对方当事人所付代价的货币支付。

（6）履行期限、履行地点和方式。履行期限是指合同中规定的当事人履行自己的义务的时间界限。履行地点是指当事人履行合同义务和对方当事人接受履行的地点。履行方式是指当事人履行合同义务的具体做法。

（7）违约责任。违约责任是指当事人一方或者双方不履行合同或者不适当履行合同，依照法律的规定或者按照当事人的约定应当承担的法律责任。

（8）解决争议的方法。解决争议的方法指合同在履行过程中发生争议，通过什么样的途径解决争议。

当事人可以参照各类合同的示范文本订立合同。

2）格式条款

格式条款是当事人为了重复使用而预先拟定，并在订立合同时未与对方协商的条款。格式条款拟定方往往利用自己所处的优势地位而损害相对方的利益，因此需要对格式条款进行特殊的法律规制。我国《民法典》"合同编"对格式条款的规制主要表现在三个方面：

（1）提供格式条款的一方应当遵循公平原则确定当事人之间的权利和义务，并采取合理的方式提示对方注意免除或者减轻其责任等与对方有重大利害关系的条款，按照对方的要求，对该条款予以说明。提供格式条款的一方未履行提示或者说明义务，致使对方没有注意或者理解与其有重大利害关系的条款的，对方可以主张该条款不成为合同的内容。

（2）规定了格式条款无效的情形。有下列情形之一的，该格式条款无效：①格式条款具有《民法典》第一编第六章第三节和第506条规定的无效情形，其具体情形含有造成对方人身损害的或因故意或者重大过失造成对方财产损失的免责条款；②提供格式条款一方不合理地免除或者减轻其责任、加重对方责任、限制对方主要权利；③提供格式条款一方排除对方主要权利。

（3）确立了格式条款解释的规则。对格式条款的理解发生争议的，应当按照通常理解予以解释。对格式条款有两种以上解释的，应当作出不利于提供格式条款一方的解释。格式条款和非格式条款不一致的，应当采用非格式条款。

拓展阅读7-2

很早以前，合同被称作"书契"。《周易》记述："上古结绳而治，后世圣人易之以书契。""书"是文字，"契"是将文字刻在木板上。这种木板一分为二，称为左契和右契，以此作为凭证。"书契"就是契约。周代的合同还有种种称谓："质剂"，长的书契称"质"，购买牛马时所用，短的书契称"剂"，购买兵器以及珍异之物时所用；"傅别"，"傅"指用文字来形成约束力，"别"是分为两半，每人各持一半。"合同"即合为同一件书契，这是"合同"一词的本义。今天签订的各种合同都是在纸张上，在古代却是实物。由此看来，古今意义上的合同已不可同日而语。

我们也可从字面上的意思对"合同"一词的由来进行解释：将各方的意见集"合"起来进行协商，若达成一致，都"同"意了，由此形成"合同"，可以口头或书面形式出现。

7.2.4　缔约过失责任

缔约过失责任是指当事人在订立合同过程中，因故意或过失违反先合同义务而给对方造成损害时所应承担的赔偿责任。一般情况下，当事人根据自愿和诚实信用原则进行协商，决定是否订立合同；协商不成，也无须承担责任。但是如果当事人违背了诚实信用原则，在订立合同过程中有下列情形之一，造成对方损失，应当承担赔偿责任：

（1）假借订立合同，恶意进行磋商，即根本没有与对方签订合同的目的，以与对方谈判为借口，损害对方或第三人的利益，恶意地与对方进行谈判。

（2）故意隐瞒与订立合同有关的重要事实或者提供虚假情况。在订立合同的过程中，一方当事人已经知悉了与合同有关的重要情况，但不告诉对方，或故意提供虚假情况，继续与对方进行谈判。

（3）有其他违背诚信原则的行为。

当事人在订立合同过程中知悉的商业秘密或者其他应当保密的信息，无论合同是否成立，不得泄露或者不正当地使用；泄露、不正当地使用该商业秘密或者信息，造成对方损失的，应当承担赔偿责任。

7.3　合同的效力

合同的效力，是指已经成立的合同在当事人之间产生的法律约束力。有效合同对当事人具有法律约束力，国家法律予以保护，当事人应当按照约定履行自己的义务，不得擅自变更或者解除合同。

根据民事法律行为的有效要件，合同效力可分为有效合同、效力待定合同、可撤销合同和无效合同。

7.3.1　合同生效

依法成立的合同，自成立时生效，但是法律另有规定或者当事人另有约定的除外。

依照法律、行政法规的规定，合同应当办理批准等手续的，依照其规定。未办理批准等手续影响合同生效的，不影响合同中履行报批等义务条款以及相关条款的效力。应当办理申请批准等手续的当事人未履行义务的，对方可以请求其承担违反该义务的责任。

依照法律、行政法规的规定，合同的变更、转让、解除等情形应当办理批准等手续的，适用前款规定。

7.3.2　效力待定合同的追认

无权代理人以被代理人的名义订立合同，被代理人已经开始履行合同义务或者接受相对人履行的，视为对合同的追认。

法人的法定代表人或者非法人组织的负责人超越权限订立的合同，除相对人知道或者应当知道其超越权限外，该代表行为有效，订立的合同对法人或者非法人组织发生效力。

当事人超越经营范围订立的合同的效力，应当依照《民法典》第一编第六章第三节和第三编的有关规定确定，不得仅以超越经营范围确认合同无效。

7.4　合同的履行

7.4.1　合同履行的概念

合同的履行是指合同的当事人按照合同的约定或法律的规定，全面适当地完成各自应承担的合同义务，使债权人的权利得以实现的过程。合同履行是当事人设定合同的主要目的，当事人不仅要按照合同的约定履行给付义务，也要基于诚实信用原则履行法定义务。

7.4.2　合同履行的原则

合同生效后，当事人双方要按照合同的约定履行自己的义务，并且不得因姓名、名称的变更或者法定代表人、负责人、承办人的变动而不履行合同义务。在履行过程中要贯彻履行原则：

1）全面履行原则

全面履行原则，是指当事人按照合同规定的标的及其质量、数量，由适当的主体在适当的履行期限、履行地点，以适当的履行方式，全面完成合同义务的履行原则。

2）诚实信用原则

当事人应当遵循诚信原则，根据合同的性质、目的和交易习惯履行通知、协助、保密等义务。

3）避免浪费资源、污染环境和破坏生态原则

当事人在履行合同过程中，应当避免浪费资源、污染环境和破坏生态。

■ 案件回放

2013年11月13日，游某与鸿达公司签订机动车买卖合同，约定游某购买鸿达公司一辆欧曼牌水泥运输罐车，购车款38万元。合同对车辆配置特别约定：380W发动机、46立方米航天双龙牌水泥罐。合同签订后，游某按约支付了货款；鸿达公司将车辆及有关手续交付给游某，并为其办理了车辆上户。2014年6月3日，游某在运输过程中水泥罐出现裂纹，并发现水泥罐并非航天双龙牌。遂起诉请求鸿达公司更换水泥罐，并赔偿其误工营运损失5万元。

湖南省临澧县人民法院一审判决鸿达公司为游某将水泥罐更换为航天双龙牌水泥罐，并赔偿游某车辆换罐期间的停运损失。一审判决后，鸿达公司提出上诉。常德市中级人民法院二审判决驳回上诉，维持原判。

资料来源　最高人民法院. 游某诉鸿达公司买卖合同纠纷案〔EB/OL〕.〔2017-12-07〕. http://www.chinacourt.org/article/detail/2015/12/id/1762887.shtml.

点评：合同当事人应严守合同约定，全面、诚实履行义务。本案中，游某充分履行了付款义务，但鸿达公司并按约未向游某交付配置"航天双龙牌"水泥罐的水泥运输罐车，且未告知游某获得认可，应承担违约责任。

7.4.3　合同内容没有约定或约定不明时的处理

《民法典》第511条规定：合同生效后，当事人就质量、价款或者报酬、履行地点等内容没有约定或者约定不明确的，可以协议补充；不能达成补充协议的，按照合同相关条款或者交易习惯确定。仍不能确定的，适用下列规定：

（1）质量条款约定不明的，按照强制性国家标准履行；没有强制性国家标准的，按照推荐性国家标准履行；没有推荐性国家标准的，按照行业标准履行；没有国家标准、行业标准的，按照通常标准或者符合合同目的的特定标准履行。

（2）价款、报酬条款约定不明的，按照订立合同时履行地的市场价格履行；依法应当执行政府定价或者政府指导价的，依照规定履行。

（3）履行地点约定不明的，给付货币的，在接受货币一方所在地履行；交付不动产的，在不动产所在地履行；其他标的，在履行义务一方所在地履行。

（4）履行期限不明的，债务人可以随时履行，债权人也可以随时请求履行，但是应当给对方必要的准备时间。

（5）履行方式约定不明的，按照有利于实现合同目的的方式履行。

（6）履行费用的负担不明确的，由履行义务一方负担；因债权人原因增加的履行费用，由债权人负担。

7.4.4　政府定价或政府指导价变化时的合同履行规则

执行政府定价或者政府指导价的，在合同约定的交付期限内政府价格调整时，按照交付时的价格计价。逾期交付标的物的，遇价格上涨时，按照原价格执行；价格下降时，按照新价格执行。逾期提取标的物或者逾期付款的，遇价格上涨时，按照新价格执行；价格下降时，按照原价格执行。

7.4.5　涉及第三人的合同履行规则

1）向第三人履行的合同

向第三人履行的合同是指合同约定债务人不向债权人履行合同的义务，而向债权人指定的第三人履行。

当事人约定由债务人向第三人履行债务，债务人未向第三人履行债务或者履行债务不符合约定的，应当向债权人承担违约责任。

法律规定或者当事人约定第三人可以直接请求债务人向其履行债务，第三人未在合理期限内明确拒绝，债务人未向第三人履行债务或者履行债务不符合约定的，第三人可以请求债务人承担违约责任；债务人对债权人的抗辩，可以向第三人主张。

2）由第三人履行的合同

由第三人履行的合同是指双方当事人约定由债务人指定的第三人代替债务人向债权人履行合同的义务。

当事人约定由第三人向债权人履行债务，第三人不履行债务或者履行债务不符合约定的，债务人应当向债权人承担违约责任。

7.4.6 合同履行中的抗辩权

抗辩权是指在双务合同中，一方当事人在对方不履行或履行不符合约定时，依法对抗对方要求或否认对方权利主张的权利。《民法典》规定了同时履行抗辩权、先履行抗辩权和不安抗辩权三种抗辩权。

1）同时履行抗辩权

当事人互负债务，没有先后履行顺序的，应当同时履行。一方在对方履行之前有权拒绝其履行请求；一方在对方履行债务不符合约定时，有权拒绝其相应的履行请求。

同时履行抗辩权行使的条件：

（1）当事人基于同一双务合同互负债务。

（2）该合同未约定履行的顺序。

（3）对方当事人未履行或未适当履行合同。

（4）对方有履行的可能性。

2）先履行抗辩权

当事人互负债务，有先后履行顺序，应当先履行债务一方未履行的，后履行一方有权拒绝其履行请求。先履行一方履行债务不符合约定的，后履行一方有权拒绝其相应的履行请求。

先履行抗辩权行使的条件：

（1）当事人基于同一双务合同互负债务。

（2）当事人的履行有先后顺序。

（3）应当先履行的当事人不履行合同或不适当地履行合同。

（4）应该先履行的债务有履行的可能。

3）不安抗辩权

当事人互负债务，有先后履行顺序的，先履行的一方有确切证据证明另一方丧失履行债务能力的，在对方没有履行或者没有提供担保之前，有权拒绝先履行。

《民法典》规定，应当先履行债务的当事人，有确切证据证明对方有下列情形之一的，可以中止履行：

（1）经营状况严重恶化。

（2）转移财产、抽逃资金，以逃避债务。

（3）丧失商业信誉。

（4）有丧失或者可能丧失履行债务能力的其他情形。

先履行合同义务的当事人应当有证据证明对方不能履行合同或者有不能履行合同的

可能性。当事人没有确切证据造成对方损失的，应当承担违约责任。

当事人中止履行的，应当及时通知对方，以免给对方造成损害，也便于对方在接到通知后，提供相应的担保，使合同得以履行。如果对方当事人恢复了履行能力或提供了相应的担保后，先履行一方当事人"不安"的原因消除，应当恢复合同的履行。如果对方在合理期限内未恢复履行能力并且未提供适当担保的，中止履行合同的一方可以解除合同并可以请求对方承担违约责任。

7.4.7　合同履行中的保全措施

债务人的总财产直接影响着债权人的债权能否最终实现。为防止因债务人的财产不当减少而给债权人的债权带来危害，法律允许债权人为保全其债权的实现而采取的法律措施称作合同的保全措施。保全措施包括代位权和撤销权两种。

1）代位权

因债务人怠于行使其债权或者与该债权有关的从权利，影响债权人的到期债权实现的，债权人依法可以向人民法院请求以自己的名义代位行使债务人对相对人的权利，称为代位权。但该债权专属于债务人自身的除外。

代位权行使的条件是：

（1）债务人对第三人享有债权或者与该债权有关的从权利，并且是非专属于债务人自身的权利，如果债务人没有对外的债权，就无所谓代位权。

（2）债务人怠于行使其债权，如果债务人已经行使了权利，即使不尽如人意，债权人也不能行使代位权。

（3）因债务人怠于行使权利已害及债权人的债权。

（4）债务人与债权人的合同关系已到期，债务人已陷于迟延履行，如果债务人的债务未到履行期或履行期限未届满的，债权人不能行使代位权。

代位权行使的主体为债权人，并由债权人以自己的名义行使。债权人有数人，一人行使代位权能够保全其他债权人的债权的，其他债权人不能再就同一债权重复行使代位权。代位权的行使以债权人的债权为限，债权人行使代位权的费用，由债务人负担。债权人向次债务人提起的代位权诉讼经人民法院审理后认定代位权成立的，由次债务人向债权人履行清偿义务，债权人与债务人、债务人与次债务人之间相应的债权债务关系即消灭。在债权人代位行使债务人对次债务人的权利时，次债务人对抗债务人的一切抗辩事由，可以向债权人主张。

2）撤销权

所谓撤销权，是指因债务人放弃其到期债权或者无偿转让财产，或者债务人以明显不合理的低价转让财产，对债权人造成损害，并且受让人知道该情形的，债权人可以请求人民法院撤销债务人的行为的权利。

（1）债务人无偿处分财产的撤销权。债务人以放弃其债权、放弃债权担保、无偿转让财产等方式无偿处分财产权益，或者恶意延长其到期债权的履行期限，影响债权人的债权实现的，债权人可以请求人民法院撤销债务人的行为。

（2）债务人不合理价格交易的撤销权。债务人以明显不合理的低价转让财产、以明显不合理的高价受让他人财产或者为他人的债务提供担保，影响债权人的债权实现，债务人的相对人知道或者应当知道该情形的，债权人可以请求人民法院撤销债务人的行为。

撤销权由债权人以自己的名义通过诉讼的形式行使。债务人、第三人的行为被依法撤销的，其行为自始无效。

撤销权的行使范围以债权人的债权为限。债权人行使撤销权的必要费用，由债务人负担。撤销权自债权人知道或者应当知道撤销事由之日起1年内行使。自债务人的行为发生之日起5年内没有行使撤销权的，该撤销权消灭。

7.5 合同的担保

7.5.1 合同担保概述

1）担保的概念与特征

担保是指法律规定或者当事人约定的，保证合同履行、保障债权人利益实现的法律措施。我国目前规范担保问题的法律、法规主要有《民法典》"物权编"和"合同编"及最高人民法院关于担保若干问题的解释。

担保具有从属性。担保合同是主合同的从合同。主合同消灭，担保合同消灭。主合同无效，担保合同无效。但是这种从属性并不是绝对的，对于担保合同与主合同的关系，《民法典》规定，担保合同中当事人另有约定的，按照约定。

担保具有补充性。担保对债权人权利的实现仅具有补充作用，在主债务关系因适当履行而正常终止时，担保人并不实际履行担保义务。只有在主债务不能得到履行时，补充的义务才需要履行，使主债权得以实现，因此，担保具有补充性。

2）担保的方式

《民法典》规定了保证、抵押、质押、留置和定金5种担保方式。其中，保证属于人的担保，定金属于金钱担保，其余为物的担保。第三人为债务人向债权人提供担保的，可以要求提供反担保。反担保人可以是债务人，也可以是债务人以外的其他人。反担保方式可以是债务人提供的抵押或者质押，也可以是其他人提供的保证、抵押或者质押。

3）担保合同的无效与责任承担

（1）担保合同必须合法方才有效。根据有关法律和司法解释的规定，下列担保合同无效：

①国家机关和以公益为目的的事业单位、社会团体违法提供的担保，担保合同无效。

②公司董事、高级管理人员违反公司章程的规定，未经股东（大）会或者董事会同意，以公司财产为他人提供担保的，担保合同无效。

③以法律、法规禁止流通的财产或者不可转让的财产设定担保的，担保合同无效。

（2）担保合同被确认无效时，债务人、担保人、债权人有过错的，应当根据其过错各自承担相应的民事责任。

①主合同有效而担保合同无效，债权人无过错的，担保人与债务人对主合同债权人的经济损失，承担连带赔偿责任；债权人、担保人有过错的，担保人承担民事责任的部分，不应超过债务人不能清偿部分的1/2。

②主合同无效而导致担保合同无效，担保人无过错的，担保人不承担民事责任；担保人有过错的，担保人承担民事责任的部分，不应超过债务人不能清偿部分的1/3。

③担保人因无效担保合同向债权人承担赔偿责任后，可以向债务人追偿，或者在承担赔偿责任的范围内，要求有过错的反担保人承担赔偿责任。担保人可以根据承担赔偿责任的事实对债务人或者反担保人另行提起诉讼。

为了保证债权人的利益，主合同解除后，担保人对债务人应当承担的民事责任仍应承担担保责任。但是，担保合同另有约定的除外。法人或者其他组织的法定代表人、负责人超越权限订立的担保合同，除相对人知道或者应当知道其超越权限的以外，该代表行为有效。

7.5.2 保证

1）保证的概念

保证是为保障债权的实现，保证人和债权人约定，当债务人不履行到期债务或者发生当事人约定的情形时，保证人履行债务或者承担责任的合同。担保合同履行的第三人为保证人，被担保履行合同义务的一方当事人为被保证人。

2）保证人资格

保证人必须是具有代为清偿债务能力的法人、其他组织或者公民。法律规定下列组织不能作为保证人：

（1）机关法人不得为保证人，但是经国务院批准使用外国政府或者国际经济组织贷款进行转贷的除外。

（2）以公益为目的的非营利法人、非法人组织不得为保证人。

3）保证合同

保证合同应当以书面形式订立。保证合同可以是单独订立的书面合同，也可以是主债权债务合同中的保证条款。第三人单方以书面形式向债权人作出保证，债权人接收且未提出异议的，保证合同成立。

保证合同一般包括以下内容：被保证的主债权的种类、数额，债务人履行债务的期限，保证的方式、范围和期间等条款。

4）保证的方式

保证的方式包括一般保证和连带责任保证。当事人在保证合同中约定，债务人不能履行债务时，由保证人承担保证责任的，为一般保证。一般保证的保证人在主合同纠纷未经审判或者仲裁，并就债务人财产依法强制执行仍不能履行债务前，有权拒绝向债权人承担保证责任。

当事人在保证合同中约定保证人和债务人对债务承担连带责任的，为连带责任保证。连带责任保证的债务人不履行债务或者发生当事人约定的情形时，债权人可以请求债务人履行债务，也可以请求保证人在其保证范围内承担保证责任。

当事人对保证方式没有约定或者约定不明确的，保证人按照一般保证承担保证责任。

5）保证期间

保证期间是指确定保证人承担保证责任的期间，不发生中止、中断和延长。一般保证的债权人未在保证期间对债务人提起诉讼或者申请仲裁的，保证人不再承担保证责任。连带责任保证的债权人未在保证期间请求保证人承担保证责任的，保证人不再承担保证责任。可见，保证期间经过构成债权人请求保证人承担保证责任的担保权利消灭的法律后果。

债权人与保证人可以约定保证期间，但是约定的保证期间早于主债务履行期限或者与主债务履行期限同时届满的，视为没有约定；没有约定或者约定不明确的，保证期间为主债务履行期限届满之日起6个月。债权人与债务人对主债务履行期限没有约定或者约定不明确的，保证期间自债权人请求债务人履行债务的宽限期届满之日起计算。

6）保证责任

（1）保证的范围。保证范围包括主债权及其利息、违约金、损害赔偿金和实现债权的费用。当事人另有约定的，按照其约定。

（2）保证债务诉讼时效。一般保证的债权人在保证期间届满前对债务人提起诉讼或者申请仲裁的，从保证人拒绝承担保证责任的权利消灭之日起，开始计算保证债务的诉讼时效。

连带责任保证的债权人在保证期间届满前请求保证人承担保证责任的，从债权人请求保证人承担保证责任之日起，开始计算保证债务的诉讼时效。

（3）合同变更对保证责任的影响。债权人和债务人未经保证人书面同意，协商变更主债权债务合同内容，减轻债务的，保证人仍对变更后的债务承担保证责任；加重债务的，保证人对加重的部分不承担保证责任。债权人和债务人变更主债权债务合同的履行期限，未经保证人书面同意的，保证期间不受影响。

债权人转让全部或者部分债权，未通知保证人的，该转让对保证人不发生效力。保证人与债权人约定禁止债权转让，债权人未经保证人书面同意转让债权的，保证人对受让人不再承担保证责任。债权人未经保证人书面同意，允许债务人转移全部或者部分债务，保证人对未经其同意转移的债务不再承担保证责任，但是债权人和保证人另有约定的除外。

第三人加入债务的，保证人的保证责任不受影响。

（4）共同保证。同一债务有两个以上保证人的，保证人应当按照保证合同约定的保证份额，承担保证责任。没有约定保证份额的，债权人可以请求任何一个保证人在其保证范围内承担保证责任。

保证人承担保证责任后，除当事人另有约定外，有权在其承担保证责任的范围内向债务人追偿，享有债权人对债务人的权利，但是不得损害债权人的利益。

课堂讨论 7-3

张某于 2016 年 3 月 5 日向王某借款 5 万元，由谢某作为连带责任保证人。三方约定：张某应于 2017 年 3 月 5 日之前偿还该借款。若本案中的当事人约定保证期间截止于 2017 年 2 月 1 日，则谢某承担保证责任的期间应截止于什么时间？

拓展阅读 7-3

按照 2021 年 1 月 1 日起施行的《最高人民法院关于适用〈中华人民共和国民法典〉时间效力的若干规定》的司法解释的规定，《民法典》施行前成立的保证合同，当事人对保证期间约定不明确，主债务履行期限届满至《民法典》施行之日不满 2 年，当事人主张保证期间为主债务履行期限届满之日起 2 年的，人民法院依法予以支持；当事人对保证期间没有约定，主债务履行期限届满至《民法典》施行之日不满 6 个月，当事人主张保证期间为主债务履行期限届满之日起 6 个月的，人民法院依法予以支持。

7.5.3 抵押

抵押是指债务人或者第三人不转移对特定财产的占有，将该财产作为债权的担保，当债务人不履行到期债务或者发生当事人约定的实现抵押权的情形时，债权人有权就该财产优先受偿的担保方式。该债务人或者第三人为抵押人；债权人为抵押权人，享有的权利为抵押权；提供抵押担保的财产为抵押财产。

1）抵押财产

抵押财产指提供抵押担保的财产。《民法典》对抵押财产作了细分。

（1）可以抵押的财产。债务人或者第三人有权处分的下列财产可以抵押：①建筑物和其他土地附着物；②建设用地使用权；③海域使用权；④生产设备、原材料、半成品、产品；⑤正在建造的建筑物、船舶、航空器；⑥交通运输工具；⑦法律、行政法规未禁止抵押的其他财产。

以可以抵押的财产中的①、②、③项规定的财产或者正在建造的建筑物作抵押的需要办理抵押财产登记。当事人以法律规定的需要办理抵押财产登记的财产作抵押的，抵押权自登记时设立。以动产作抵押的，可以自愿办理抵押财产登记，抵押权自抵押合同生效时设立；未经登记的，不得对抗善意第三人。

（2）动产浮动抵押。企业、个体工商户、农业生产经营者可以将现有的以及将有的生产设备、原材料、半成品、产品抵押，债务人不履行到期债务或者发生当事人约定的实现抵押权的情形，债权人有权就抵押财产确定时的动产优先受偿。

浮动抵押的，抵押财产自下列情形之一发生时确定：①债务履行期限届满，债权未实现；②抵押人被宣告破产或者解散；③当事人约定的实现抵押权的情形；④严重影响债权实现的其他情形。

（3）建筑物、建设用地使用权抵押。以建筑物抵押的，该建筑物占用范围内的建设用地使用权一并抵押。以建设用地使用权抵押的，该土地上的建筑物一并抵押。

乡镇、村企业的建设用地使用权不得单独抵押。以乡镇、村企业的厂房等建筑物抵押的，其占用范围内的建设用地使用权一并抵押。

（4）不得抵押的财产。下列财产不得抵押：①土地所有权；②宅基地、自留地、自留山等集体所有的土地使用权，但法律规定可以抵押的除外；③学校、幼儿园、医疗机构等为公益目的成立的非营利法人的教育设施、医疗卫生设施和其他公益设施；④所有权、使用权不明或者有争议的财产；⑤依法被查封、扣押、监管的财产；⑥法律法规规定不得抵押的其他财产。

课堂讨论 7-4

什么是不得对抗第三人？

提示：不得对抗第三人，就是在抵押权存续期间，如果抵押人出卖、转让抵押财产使其为第三人占有时，抵押权人只能要求抵押人重新提供担保，或者要求债务人及时清偿债权，不得直接向第三人主张实现抵押权。

2）抵押合同

抵押合同指债权人与抵押人订立的、确定他们之间担保权利与义务关系的书面协议。

设立抵押权当事人应当采用书面形式订立抵押合同，合同的条款一般包括以下内容：①被担保的债权的种类、数额；②债务人履行债务的期限；③抵押财产的名称、数量等情况；④担保的范围。

抵押权人在债务履行期限届满前，与抵押人约定债务人不履行到期债务时抵押财产归债权人所有的，当发生实现抵押权情形时，债权人只能依法就抵押财产优先受偿，而不能直接取得抵押财产的所有权。

3）抵押的效力

（1）抵押担保的范围。除非合同另有约定，抵押担保的范围包括主债权及利息、违约金、损害赔偿金和实现抵押权的费用。

（2）抵押权对租赁的影响。抵押权设立前，抵押人已将抵押财产出租并转移占有的，原租赁关系不受该抵押权的影响，即原租赁关系继续有效。

（3）对抵押期间转让抵押财产的规定。在抵押期间，抵押人对抵押财产仍享有依法处分的权利，为了防止因抵押财产的转让而损害债权人的利益，《民法典》对转让行为作出详细规定：

①抵押期间，抵押人可以转让抵押财产。当事人另有约定的，按照其约定。抵押财产转让的，不影响抵押权的效力。也就是说，已经抵押的财产可以转让，转让后债权人就抵押财产享有的抵押权依然存在，只不过抵押人有了更改。

②抵押人转让抵押财产的，应当及时通知抵押权人。转让抵押财产的，抵押人应当及时通知抵押权人，以便抵押权人知道该转让事实和新的抵押人。

③转让价款多少的规定。抵押权人能够证明抵押财产转让可能损害抵押权的，可以请求抵押人将转让所得的价款向抵押权人提前清偿债务或者提存。转让的价款超过债权数额的部分归抵押人所有，不足部分由债务人清偿。

抵押权不得与债权分离而单独转让或者作为其他债权的担保。债权转让的，担保该债权的抵押权一并转让，但是法律另有规定或者当事人另有约定的除外。

（4）抵押财产价值减少时的补救。抵押担保设立后，抵押权人并不占有抵押财产，该财产仍由抵押人占有、使用。这样，在抵押期间很有可能出现抵押财产价值减少，危及抵押权实现的情况。为了防止由于抵押财产价值的减少给抵押权人造成的损害，保护抵押权人的合法权益，《民法典》规定：由于抵押人的行为（如擅自拆除抵押的房屋或者对抵押的房屋不进行必要的修缮），足以使抵押财产价值减少的，抵押权人有权请求抵押人停止其行为；抵押财产价值减少的，抵押权人有权请求抵押人恢复抵押财产的价值，或者提供与减少的价值相应的担保。抵押人不恢复抵押财产的价值也不提供担保的，抵押权人有权请求债务人提前清偿债务。

（5）抵押权对抵押财产孳息的效力。抵押财产孳息是指由抵押财产产生的收益，可分为天然孳息和法定孳息两类。一般情况下，抵押权的效力不及于孳息。但当债务人不履行到期债务或者发生当事人约定的实现抵押权的情形，致使抵押财产被人民法院依法扣押的，自扣押之日起抵押权人有权收取由抵押财产产生的天然孳息或者法定孳息。抵押权人未将扣押抵押财产的事实通知应当清偿法定孳息的义务人的，抵押权的效力不及于该孳息。

抵押权人收取的孳息应当先充抵收取孳息的费用。

4）抵押权的实现

（1）抵押权实现的方式。债务人于债务履行期届满后未履行债务或者发生当事人约定的实现抵押权的情形时，抵押权人可依法处分抵押财产以实现自己的债权。就如何处理抵押财产，抵押权人可以与抵押人达成协议，按协议的方式实现抵押权。若协议不成，抵押权人可以请求人民法院拍卖、变卖抵押财产。

抵押权人处分抵押财产的方式为折价、拍卖、变卖三种。折价是指在债务履行期届满，债务人不能履行债务以后，抵押权人与抵押人协议，把抵押财产的所有权由抵押人转移给抵押权人，从而使债权得以实现。拍卖是指以公开竞价的方法把抵押财产卖给出价最高的买者。变卖则是以拍卖以外的、生活中一般的买卖形式将抵押财产出售。

抵押财产折价或者变卖的，应当参照市场价格。

抵押财产折价或者拍卖、变卖后所得价款，抵押权人可优先受偿。其价款超过债权数额的部分归抵押人所有，不足部分由债务人清偿。

建设用地使用权抵押后，该土地上新增的建筑物不属于抵押财产。以该建设用地使用权实现抵押权时，应当将该土地上新增的建筑物与建设用地使用权一并处分。但是，新增建筑物所得的价款，抵押权人无权优先受偿。

（2）抵押财产清偿顺序。同一财产向两个以上债权人抵押的，拍卖、变卖抵押财产所得价款按照下列规定清偿：①抵押权已登记的，按照登记的时间先后确定清偿顺序；

②抵押财产已登记的先于未登记的受偿；③抵押权未登记的，按照债权比例清偿。

同一财产既设立抵押权又设立质权的，拍卖、变卖该财产所得的价款按照登记、交付的时间先后确定清偿顺序。

7.5.4 质押

质押指债务人或第三人将其财产或者权利凭证移交债权人占有或者办理出质登记，以此作为债权的担保，债务人不履行到期债务或者发生当事人约定的实现质权的情形时，债权人有权以处分该财产或者权利的价款优先受偿的担保方式。这里的债务人或者第三人是出质人；债权人是质权人，为此而享有的权利为质权；移交的动产或权利凭证为质押财产或质押权利。

质权人实现质权后，作为出质人的第三人有权向债务人追偿。

按照质押财产的不同，质押可分为动产质押、不动产质押和权利质押。

权利质权适用权利质押的有关规定，没有规定的适用动产质押的有关规定。

1）动产质押

动产质押是指债务人或第三人将其动产移交债权人占有，作为债权的担保，债务人不履行到期债务或者发生当事人约定的实现质权的情形时，债权人可依法以该动产折价或者以拍卖、变卖该动产的价款优先受偿的担保方式。

法律、行政法规禁止转让的动产不得出质。

（1）动产质押合同。动产质押应以书面形式订立质押合同，质押合同一般包括下列条款：①被担保债权的种类、数额；②债务人履行债务的期限；③质押财产的名称、数量等情况；④担保的范围；⑤质押财产移交的时间、方式。

质权自出质人交付质押财产时设立。

质权人在债务履行期届满前，与出质人约定债务人不履行到期债务时质押财产归债权人所有的，只能就质押财产优先受偿。

（2）动产质押的效力。

①动产质押担保的范围。其包括主债权及利息、违约金、损害赔偿金、质押财产保管费用和实现质权的费用。合同另有约定的，从其约定。

②对质押财产孳息的效力。质押财产孳息是指由质押财产产生的收益，可分为天然孳息和法定孳息两类。质权人有权收取质押财产的孳息，但是合同另有约定的除外。如果当事人双方对质权人是否可以收取孳息未作约定或者约定不明确，质权人亦有权收取质押财产的孳息。质权人收取的孳息应当首先充抵收取孳息的费用，其剩余部分再用来充抵主债权利息和主债权。

③质押财产的保管。在占有质押财产期间，质权人负有妥善保管质押财产的义务；因保管不善致使质押财产毁损或者灭失的，质权人应当承担民事责任。质权人的行为可能使质押财产毁损或者灭失的，出质人可以请求质权人将质押财产提存，或者请求提前清偿债权并返还质押财产。

质权人在质权存续期间，未经出质人同意，擅自使用、处分质押财产，造成出质人损害的，应当承担赔偿责任。质权人在质权存续期间，未经出质人同意转质，造成质押财产毁损、灭失的，应当承担赔偿责任。

④质权人的物上代位权。质押财产有毁损或价值明显减少的可能，足以危害质权人的权利，而这种情形不是由质权人的原因造成的，则质权人有权请求出质人提供相应的担保；出质人不提供的，质权人可以拍卖或者变卖质押财产，并与出质人协议将拍卖或变卖所得的价款用于提前清偿所担保的债权或者向与出质人约定的第三人提存。

（3）质权的实现。债务人不履行到期债务或者发生当事人约定的实现质权的情形，质权人可以与出质人协议以质押财产折价，也可以就拍卖、变卖质押财产所得的价款优先受偿。受偿后有余额的，余额归出质人。所卖价款不足抵偿的，不足部分仍由债务人清偿。

质权人可以放弃质权。债务人以自己的财产出质，质权人放弃该质权的，其他担保人在质权人丧失优先受偿权益的范围内免除担保责任，但是其他担保人承诺仍然提供担保的除外。

债务人履行债务或者出质人提前清偿所担保的债权的，质权人应当返还质押财产。

出质人可以请求质权人在债务履行期限届满后及时行使质权；质权人不行使的，出质人可以请求人民法院拍卖、变卖质押财产。

出质人请求质权人及时行使质权，因质权人怠于行使权利造成出质人损害的，由质权人承担赔偿责任。

2）权利质押

权利质押是债务人或者第三人以其有权处分的财产权作为质权标的的担保方式。与动产质押不同，权利质押的标的是权利，其对质押财产的占有权，主要表现在质权人对出质人行使已出质的权利的控制上。

（1）可质押的权利范围。可质押的权利包括：①汇票、支票、本票；②债券、存款单；③仓单、提单；④可以转让的基金份额、股权；⑤可以转让的注册商标专用权、专利权、著作权等知识产权中的财产权；⑥现有的以及将有的应收账款；⑦法律、行政法规规定可以出质的其他财产权利。

（2）质押权的设立。不同情形的权利质押，质权成立的时间和方式不同。

①以汇票、支票、本票、债券、存款单、仓单、提单出质的，出质人应在约定的期限内将权利凭证交付质权人，质权自交付凭证时设立；没有权利凭证的，质权自有关部门办理出质登记时设立。法律另有规定的，依照其规定。

②以基金份额、股权出质的，质权自办理出质登记时设立。

③以注册商标专用权、专利权、著作权等知识产权中的财产权出质的，质权自办理出质登记时设立。

④以应收账款出质的，质权自办理出质登记时设立。应收账款是指权利人因提供一定的货物、服务或设施而获得的要求义务人付款的权利以及依法享有的其他付款请求权，包括现有的和未来的金钱债权，但不包括因票据或其他有价证券而产生的付款请求权，以及法律、行政法规禁止转让的付款请求权。

拓展阅读7-4

按照2019年9月18日中国人民银行2019年第1次行务会议审议通过，自2020年1月1日起施行的《应收账款质押登记办法》第4条的规定，中国人民银行征信中心是应收账款质押的登记机构。

2020年12月14日国务院总理李克强主持召开国务院常务会议，会议决定从2021年1月1日起，对动产和权利担保在全国实行统一登记。原由市场监督管理总局承担的生产设备、原材料、半成品、产品抵押登记和人民银行承担的应收账款质押登记，以及存款单质押、融资租赁、保理等登记，改由人民银行统一承担，提供基于互联网的7×24小时全天候服务。

（3）对被质押权利的限制。

①以汇票、本票、支票、债券、存款单、仓单、提单出质的，单据的兑现日期或者提货日期先于主债权到期的，质权人可以兑现或者提货，并与出质人协议将兑现的价款或者提取的货物提前清偿债务或者提存。

②以基金份额、股权出质的，出质后不得转让，但是出质人与质权人协商同意的除外。出质人转让基金份额、股权所得的价款，应当向质权人提前清偿债务或者提存。

③以知识产权中的财产权出质的，出质后出质人不得转让或者许可他人使用，但是出质人与质权人协商同意的除外。出质人转让或者许可他人使用出质的知识产权中的财产权所得的价款，应当向质权人提前清偿债务或者提存。

④以应收账款出质的，出质后不得转让，但是出质人与质权人协商同意的除外。出质人转让应收账款所得的价款，应当向质权人提前清偿债务或者提存。

课堂讨论7-5

甲乙订立借款合同，约定如下：甲借给乙5万元，乙交付甲一个金手镯作担保，1年后乙归还本金，甲归还该饰品；如乙无力还款，则该饰品归甲所有。

请思考，以下说法是否正确：

（1）甲乙之间关于"如乙无力还款，则该饰品归甲所有"的约定无效。

（2）因甲乙之间关于"如乙无力还款，则该饰品归甲所有"的约定无效，故担保合同无效。

（3）因甲乙之间的担保合同无效，故其借款合同无效。

（4）担保合同的全部条款有效。

7.5.5　留置

留置权指债务人不履行到期债务时，债权人可以留置已经合法占有的债务人的动产，并以该财产折价或者以拍卖、变卖该财产的价款优先受偿的担保方式。这里的债权人为留置权人，占有的动产为留置财产。

1）留置权的成立条件

留置权成立必须具备如下条件：

（1）债权人已经合法占有债务人的动产。

（2）债权人留置的动产，应当与债权属于同一法律关系，但企业之间留置的除外。

（3）债务人不履行到期债务。

法律规定或者当事人约定不得留置的动产，不得留置。

留置财产为可分物的，留置的价值应相当于债务的金额。

2）留置的效力

（1）留置担保的范围。留置担保的范围包括主债权及利息、违约金、损害赔偿金、留置财产保管费用和实现留置权的费用。

（2）留置权人对留置财产的保管。在留置期间，留置权人对留置财产负有妥善保管的义务；因保管不善致使留置财产毁损、灭失的，留置权人应当承担赔偿责任。留置权人未经债务人同意，不得使用留置财产，为了保管上的必要使用的除外。

（3）留置财产孳息的收取。留置权人有权收取留置财产的孳息，所收孳息应当先充抵收取孳息的费用。

3）留置权的实现

与抵押权和质权的实现不同，当债务人不履行到期债务时，留置权人不得立即实现留置权，而应当给债务人一定的宽限期。过了宽限期债务人仍不履行债务时，留置权人方可实现留置权。《民法典》规定，留置权人与债务人应当约定留置财产后的债务履行期限；没有约定或者约定不明确的，留置权人应当给债务人60日以上履行债务的期限，但是鲜活易腐等不易保管的动产除外。债务人逾期未履行的，留置权人可以与债务人协议以留置财产折价，也可以就拍卖、变卖留置财产所得的价款优先受偿。

留置财产折价或者变卖的，应当参照市场价格。留置财产折价或者拍卖、变卖后，其价款超过债权数额的部分归债务人所有，不足部分由债务人清偿。

4）留置权的消灭

留置权人对留置财产丧失占有或者留置权人接受债务人另行提供担保的，留置权消灭。

债务人可以请求留置权人在债务履行期限届满后行使留置权；留置权人不行使的，债务人可以请求人民法院拍卖、变卖留置财产。

同一动产上已经设立抵押权或者质权，该动产又被留置的，留置权人优先受偿。

7.5.6 定金

定金担保是指为了确保合同的履行，当事人一方按照合同金额的一定比例预先给付对方当事人一定数额的货币的担保形式。定金担保一般针对支付金钱的债务合同设定。

定金是一种预先给付，在合同履行后该给付的金额可以抵作价款或者收回。出现违约时，也可以按照定金罚则要求违约方承担违约责任。

1）定金的设立

定金是当事人之间的约定，据此形成的定金合同是主合同的从合同，因而它以主合同的成立、有效为前提。其可以单独订立，也可作为主合同中的担保条款。一般来说，定金往往以主合同中的担保条款的形式出现。

定金合同自实际交付定金时成立。

2）定金的数额

定金的数额由当事人自行约定，但不得超过主合同标的额的20%，超过部分不产生定金的效力。实际交付的定金数额多于或者少于约定数额的，视为变更约定的定金数额。

3）定金的效力

定金的效力主要表现在对不履行合同债务的当事人一方所进行的制裁，即适用定金罚则。我国法律规定，给付定金的一方不履行债务或者履行债务不符合约定，致使不能实现合同目的的，无权请求返还定金；收受定金的一方不履行债务或者履行债务不符合约定，致使不能实现合同目的的，应当双倍返还定金。

定金不足以弥补一方违约造成的损失的，对方可以请求赔偿超过定金数额的损失。

课堂讨论7-6

定金是否等同于预付款？

提示：定金同单纯的预付款在性质和作用上是不同的。单纯的预付款一般是属于协作支援性质的，不具有担保的作用，当合同没有履行时，不会产生像定金担保那样的法律后果。交付和接受预付款的一方不履行合同的，不发生丧失或者双倍返还已付款项的后果。

7.6 合同的变更、转让与终止

7.6.1 合同的变更

合同的变更是指在合同成立后至未履行或者未完全履行之前，当事人经过协商对合同的内容进行修改或补充。合同的变更是对合同内容的调整，不是合同当事人的更换，也不是合同整体效力的解除。

合同的变更要坚持协商一致的原则。协商一致是合同变更的必备条件，既包括变更合同的意向，也包括合同新内容的确定。只有当事人双方都同意变更合同，并且对合同的新条款达成一致意见时，合同才能得以变更。当事人对合同变更的内容约定不明确的，推定为未变更合同。

合同的变更形式由当事人协商确定，一般要与原合同的形式相一致，法律、行政法规规定变更合同应当办理批准、登记等手续的，应依照其规定办理。

7.6.2　合同的转让

合同的转让是指合同的一方当事人将合同的全部或者部分权利或义务转让给第三人的行为。合同的转让不是合同内容的变更，而是合同主体发生的变化。经转让，第三人成为合同的当事人之一，享有合同当事人相应的权利，或履行合同当事人相应的义务。

合同的转让包括合同权利的转让、合同义务的转移、合同权利和义务一并转让三种类型。不同类型的合同转让对合同当事人有不同的法律要求。

1）合同权利的转让

合同权利的转让又称债权转让或债权让与，指合同债权人通过协议将其债权全部或者部分转让给第三人的行为。原债权人称为让与人，新债权人称为受让人。

债权人可以将债权的全部或部分转让给第三人，但有下列情形之一的除外：

（1）根据债权性质不得转让的。这类不得转让的债权包括：①基于特定身份关系而发生的债权，如抚养费、赡养费的请求权；②基于信赖关系而发生的债权，如委托人对于受托人之债权。

（2）按照当事人约定不得转让的。

（3）依照法律规定不得转让的。如企业被宣告破产后，破产企业不得将其债权转让给第三人，以免损害其债权人的利益。

债权人转让权利，不需要经债务人同意，但应当通知债务人。未经通知，该转让对债务人不发生效力。债务人接到债权转让通知后，债权让与行为就生效。债务人对让与人的抗辩，可以向受让人主张。债权人转让权利的通知不得撤销，但经受让人同意的除外。

债权转让时，债权人的从权利随之转移，但从权利专属于债权人自身的除外。

当事人约定非金钱债权不得转让的，应当遵守约定。债权人一旦转让非金钱债权，原则上是无效的，但这种约定不得对抗善意第三人，如果受让债权的第三人是善意的，即对合同当事人约定的非金钱债权不得转让不知情，且无过错，第三人主张转让有效的，发生债权转让的效果。

当事人约定金钱债权不得转让的，不得对抗第三人。

因债权转让增加的履行费用，由让与人负担。

2）合同义务的转移

合同义务的转移，指债务人将债务的全部或部分转移给第三人的行为。合同义务的转移应当经债权人同意，否则，转让无效。这是因为合同的签订基于合同双方当事人之间的信任，债务人将义务转移给第三人，使得第三人成为合同当事人，新的义务人必须取得合同债权人的信任，才能使合同关系得以继续维系。

债务人或者第三人可以催告债权人在合理期限内予以同意，债权人未作表示的，视为不同意。

债务人转移义务的，新债务人可以主张原债务人对债权人的抗辩；原债务人对债权人享有债权的，新债务人不得向债权人主张抵销。债务人转移义务的，新债务人应当承担与债务相关的从债务，但该从债务专属于原债务人自身的除外。

第三人与债务人约定加入债务并通知债权人，或者第三人向债权人表示愿意加入债务，债权人未在合理期限内明确拒绝的，债权人可以请求第三人在其愿意承担的债务范围内和债务人承担连带债务。

3）合同权利和义务一并转让

合同权利和义务一并转让又称作合同承受，是指当事人一方将自己在合同中的权利和义务一并转让给第三人，由第三人取代自己在合同中的地位，承受合同中的权利和义务。《民法典》规定：当事人一方经对方同意，可以将自己在合同中的权利义务一并转让给第三人。

合同的权利和义务一并转让的，适用债权转让、债务转移的双重规定。

7.6.3　合同的终止

合同的终止是指合同权利义务的终止，合同法律关系消灭。《民法典》规定，有下列情形之一的，合同的权利义务终止：①债务已经按照约定履行；②债务互相抵销；③债务人依法将标的物提存；④债权人免除债务；⑤债权债务同归于一人；⑥法律规定或者当事人约定终止的其他情形。

合同解除的，该合同的权利义务关系终止。

合同的权利义务终止后，当事人应当遵循诚信等原则，根据交易习惯履行通知、协助、保密、旧物回收等义务。

债权债务终止时，债权的从权利同时消灭，但是法律另有规定或者当事人另有约定的除外。

合同的权利义务终止，不影响合同中结算和清理条款的效力。

7.6.4　合同的解除

合同的解除是指在合同有效成立之后，尚未履行或者尚未完全履行完毕之前，当事人双方协商一致或一方当事人行使解除权而使合同关系提前消灭的行为。

合同解除后，尚未履行的，终止履行；已经履行的，根据履行情况和合同性质，当事人可以请求恢复原状或采取其他补救措施，并有权请求赔偿损失。

合同解除有三种情况：一是协议解除；二是约定解除；三是法定解除。

1）协议解除

协议解除也叫合意解除，是当事人双方通过协商达成合意，消灭合同效力的行为。

2）约定解除

约定解除是指当出现约定事由时，当事人行使解除权，使合同效力归于消灭的行为。解除合同的法定事由由当事人通过合同条款或另外签订的协议约定，当约定的事项发生时，合同当事人就享有解除权，可以解除合同。

协议解除、约定解除都体现了当事人双方解除合同的意愿，可以视为双方解除合同。

拓展阅读7-5

法律规定或者当事人约定了解除权行使期限的，期限届满当事人不行使的，该权利消灭。

法律没有规定或者当事人没有约定解除权行使期限，自解除权人知道或者应当知道解除事由之日起1年内不行使，或者经对方催告后在合理期限内不行使的，该权利消灭。

按照2021年1月1日开始施行的《最高人民法院关于适用〈中华人民共和国民法典〉时间效力的若干规定》的司法解释的精神，《民法典》施行前成立的合同，当时的法律、司法解释没有规定且当事人没有约定解除权行使期限，对方当事人也未催告的，解除权人在《民法典》施行前知道或者应当知道解除事由，自《民法典》施行之日起1年内不行使解除权的，该解除权消灭；解除权人在《民法典》施行后知道或者应当知道解除事由的，适用以上关于解除权行使期限的规定。

3）法定解除

法定解除是指合同在有效成立后尚未履行或未完全履行完毕前，当事人一方依据出现的法定事由提出解除合同，使合同效力消灭的行为。

（1）法定解除合同的情形。有下列情形之一的，当事人可以解除合同：①因不可抗力致使不能实现合同的目的；②在履行期限届满之前，当事人一方明确表示或者以自己的行为表明不履行主要债务；③当事人迟延履行主要债务，经催告后在合理期限内仍未履行；④当事人一方迟延履行债务或者有其他违约行为致使不能实现合同的目的；⑤法律规定的其他情形。

以持续履行的债务为内容的不定期合同，当事人可以随时解除合同，但是应当在合理期限之前通知对方。

（2）法定解除合同的方式。①当事人一方依法主张解除合同的，应当通知对方。合同自通知到达对方时解除；通知载明债务人在一定期限内不履行债务则合同自动解除，债务人在该期限内未履行债务的，合同自通知载明的期限届满时解除。对方对解除合同有异议的，任何一方当事人均可以请求人民法院或者仲裁机构确认解除行为的效力。②当事人一方未通知对方，直接以提起诉讼或者申请仲裁的方式依法主张解除合同，人民法院或者仲裁机构确认该主张的，合同自起诉状副本或者仲裁申请书副本送达对方时解除。

合同的权利义务关系终止，不影响合同中结算和清理条款的效力，当事人仍然依照合同中的规定进行结算或清理。

合同变更、转让、解除等情形依照法律、行政法规规定应当办理批准等手续的，依照其规定。

7.7　合同的违约责任

7.7.1　违约责任的概念

违约责任是指合同当事人一方不履行合同义务或者履行合同义务不符合约定时，依照法律规定或者合同约定所承担的法律责任。依法订立的有效合同，对当事人各方来说，都具有法律约束力。如果不履行或者履行义务不符合约定，就要承担违约责任。

在实践中，违约形式可分实际违约和预期违约。一般来说，在合同履行期限届满时，债务人没有履行合同或履行义务不符合约定就是实际违约。在合同生效后，履行期限届满前，当事人一方明确表示或者以自己的行为表明不履行合同义务的就是预期违约。当事人一方明确表示或者以自己的行为表明不履行合同义务的，对方可以在履行期限届满之前要求其承担违约责任。

7.7.2　承担违约责任的主要形式

当事人一方不履行合同义务或者履行合同义务不符合约定的，应当承担继续履行、采取补救措施或者赔偿损失等违约责任。违约的当事人承担违约责任的主要形式有继续履行、采取补救措施、赔偿损失、支付违约金和定金责任等。

1）继续履行

继续履行也称实际履行，是当事人一方不履行合同义务或者履行合同义务不符合约定时，另一方当事人有权请求法院强制违约方按照合同规定的主要条件继续履行义务，而不得以支付违约金和赔偿金的方式代替履行。继续履行既是为了实现合同目的，又是一种违约责任。

当事人一方未支付价款、报酬、租金、利息，或者不履行其他金钱债务的，对方可以请求其支付。

当事人一方不履行非金钱债务或者履行非金钱债务不符合约定的，对方可以请求履行，但是有下列情形之一的除外：

（1）法律上或者事实上不能履行。

（2）债务的标的不适于强制履行或者履行费用过高。

（3）债权人在合理期限内未请求履行。

有前述规定的除外情形之一，致使不能实现合同目的的，人民法院或者仲裁机构可以根据当事人的请求终止合同权利义务关系，但是不影响违约责任的承担。

2）采取补救措施

履行质量不符合约定的，应当按照当事人的约定承担违约责任。受损害方可以根据标的的性质以及损失的大小，合理选择要求对方承担修理、更换、重作、退货、减少价款或者报酬等补救措施。

3）赔偿损失

当事人一方不履行合同义务或者履行合同义务不符合约定的，在继续履行或者采取补救措施后，对方还有其他损失的，应当赔偿损失。损失赔偿额应相当于因违约所造成的损失，包括合同履行后可以获得的利益，但不得超过违反合同一方在订立合同时预见到或者应当预见到的因违反合同可能造成的损失。当事人可以在合同中约定因违约产生损失赔偿额的计算方法。

4）支付违约金

违约金是指合同当事人一方由于不履行合同或者履行合同不符合约定时，按照合同的约定，向对方支付的一定数额的货币。违约金是对不能履行或者不能完全履行合同行为的一种带有惩罚性质的经济补偿手段，不论违约的当事人一方是否已给对方造成损失，都应当支付。

约定的违约金低于造成的损失的，当事人可以请求人民法院或者仲裁机构予以增加；约定的违约金过分高于造成的损失的，当事人可以请求人民法院或者仲裁机构予以适当减少。当事人就迟延履行约定违约金的，违约方支付违约金后，还应当履行债务。

5）定金责任

定金是合同当事人一方为了担保合同的履行而预先向对方支付的一定数额的金钱。当事人可以向对方给付定金作为债权的担保。债务人履行债务后，定金应当抵作价款或者收回。给付定金的一方不履行约定债务的，无权要求返还定金；收受定金的一方不履行约定债务的，应当双倍返还定金。

当事人既约定违约金，又约定定金的，一方违约时，对方可以选择适用违约金或者定金条款。选择违约金，则不能再主张赔偿损失，其违约金与实际损失的差额只能通过违约金的调整来实现。选择定金的，则还可以另行主张赔偿损失。

7.7.3 违约责任的免除

违约责任的免除，是指没有履行合同或者履行合同不符合约定的当事人，依法可以免除承担违约责任。当事人一方因不可抗力不能履行合同的，根据不可抗力的影响，部分或者全部免除责任，但是法律另有规定的除外。因不可抗力不能履行合同的，应当及时通知对方，以减轻可能给对方造成的损失，并应当在合理期限内提供证明。当事人迟延履行后发生不可抗力的，不能免除责任。

案件回放

原告田某、周某与被告中原信托有限公司于2017年9月签订贷款合同，约定原告向被告借款600万元，贷款期限为8年，贷款利率具体以"还款计划表"为准，平均年利率为11.88%。还款方式为分次还款，"还款计划表"载明每月还款本息额和剩余本金额。

根据合同约定，田某、周某按期归还了15期本息。随后，田某、周某提前还款，实际支付本息740余万元。田某、周某认为实际利率高达20.94%，远高于合同约定的11.88%，遂向法院提起诉讼，要求中原信托退还多收的利息及相关损失。

一审法院审理认为，"还款计划表"列明每一期还款的本息合计金额及剩余本金，亦由借款人签字确认，故不存在隐瞒利率的事实，判决驳回田某、周某的诉讼请求。田某、周某不服，向上海金融法院提起上诉。

上海金融法院经审理认为，根据《民法典》相关规定，格式条款提供者应当采取合理方式提示对方注意与其有重大利害关系的条款，并明确未履行该义务时的法律后果。本案中，"还款计划表"仅载明每期还款本息额和剩余本金额，既未载明实际利率，也未载明利息总额或其计算方式。"还款计划表"不足以揭示借款合同的实际利率。

借款合同首部载明平均年利率11.88%，同时载明还款方式为分次还款。借款人主张以11.88%为利率，以剩余本金为基数计算利息，符合一般理性人的通常理解，也符合交易习惯和诚信原则，应予支持。上海金融法院作出终审判决，撤销原审判决，改判中原信托返还田某、周某多收取的利息84万余元。

资料来源　程威. 体现以人民为中心的法治思想　透视各地民法典第一案［EB/OL］.［2021-03-24］. http://www.npc.gov.cn/npc/c30834/202101/6fd63dc5f5254c1bae53d31dc4195466.shtml.

点评：近年来，我国零售贷款业务快速增长，2019年仅消费贷款规模即超过13万亿元。零售贷款的借款人均为自然人，多为普通消费者、小微企业主。实践中，一些贷款机构利用与借款人在专业知识上的不对称，通过只展示较低的表面利率等方式，掩盖较高的实际利率。近年来，我国对金融消费者权益的保护力度不断加大，本案依据《民法典》第496条等规定，认定贷款人负有明确披露实际利率的义务，对规范贷款业务，促进金融机构落实金融服务实体经济政策要求具有积极作用。

🔗 法规链接

为了保护民事主体的合法权益，调整民事关系，维护社会和经济秩序，适应中国特色社会主义发展要求，弘扬社会主义核心价值观，根据宪法，《中华人民共和国民法典》经第十三届全国人民代表大会第三次会议通过，自2021年1月1日起施行。

中华人民共和国民法典

了解法规具体内容，请直接扫描二维码或访问国家法律法规数据库（网址：https://flk.npc.gov.cn），检索"中华人民共和国民法典"。

■ 本章测试

◆ 选择题

1.《民法典》"合同法编"不适用于（　　　）。

A.出版合同　　　　　　　　　　B.收养合同

C.土地使用权合同　　　　　　　D.质押合同

2.在下列（　　　）情形中，在当事人之间产生合同法律关系。

A.甲拾得乙遗失的一块手表

B.甲邀请乙看球赛，乙因为有事没有前去赴约

C.甲因放暑假，将一台电脑放入乙家

D.甲鱼塘之鱼跳入乙鱼塘

3.租赁合同是（　　　）。

A.双务合同　　　　　　　　　　　B.无偿合同

C.无名合同　　　　　　　　　　　D.为第三人利益订立的合同

4.下列情形中属于效力待定合同的有（　　　）。

A.10周岁的少年出售劳力士金表给40岁的李某

B.5周岁的儿童因发明创造而接受奖金

C.成年人甲误将本为复制品的油画当成真品购买

D.出租车司机借抢救重病人急需租车之机将车价提高10倍

5.甲和乙合作开办了天都干洗店，丙将一件皮衣拿到干洗店清洗，交给正在营业中的甲，并向甲交付清洗费100元。该合同关系的主体是（　　　）。

A.甲和丙　　　　　　　　　　　　B.乙和丙

C.甲、乙和丙　　　　　　　　　　D.天都干洗店和丙

◆ 判断题

1.当事人订立合同，应当具有相应的民事行为能力。 （　　　）

2.无论是有效合同还是无效合同，都会发生违约责任问题。 （　　　）

3.债务人将合同的义务全部或部分转移给第三人的，应当经债权人同意。 （　　　）

4.无权代理人以他人名义订立的合同为效力待定合同。 （　　　）

◆ 简答题

1.合同履行有哪些基本原则？

2.合同履行的抗辩权有哪些？它们各自的适用条件是什么？

拓展训练

◆ 实施准备

1.教师组织学生仔细阅读案例，提示案例要点。

2.学生每4~6人组成一个学习小组，以小组为单位进行讨论，提倡采用"头脑风暴法"，最终形成一篇案例分析报告。

3.每个小组派出1名代表上讲台阐述小组报告的观点。

4.教师讲评案例并点评各小组报告。

◆ 案例内容

河北某县的马某系养牛专业户，为了引进良种乳牛，与该县的畜牧站签订了良种乳牛引进合同。合同约定，良种乳牛款共10万元，马某预付定金2万元，违约金按照合同总额的10%计算。合同没有明确约定合同的履行地点。后马某从畜牧站将良种乳牛拉回，为此支付运费1 000元。马某拉回乳牛后，在饲养中发生了不可抗力，导致乳牛无法产奶，马某预计的收入落空，无法及时偿还购牛款。畜牧站遂诉至法院。

请问：

（1）马某要求畜牧站支付运费，该请求能否得到法院支持？为什么？

（2）针对畜牧站要求付款的请求，马某以不可抗力要求免责，能否成立？为什么？

（3）如果马某的行为构成违约，合同中规定的定金与违约金条款能否同时适用？为什么？

第8章

劳动法

学习目标

◆知识目标：了解劳动法的适用范围、劳动合同的内容；理解劳动者的基本权利、劳动者的基本义务、无效劳动合同的法律后果、劳动合同解除的方式及解除劳动合同的经济补偿和经济赔偿、工作时间、休息休假、工资、劳动安全卫生和特殊劳动保护等方面的法律规定；掌握订立劳动合同的原则、解除劳动合同的限制以及解决劳动争议的原则和方式等内容。

◆能力目标：能够较好地运用所掌握的法学理论，解决大学生兼职、就业以及自主创业过程中存在的劳动关系问题。

图文引例　　　稀释劳动者最低工资是一种"黑心算计"

漫画/陈彬

　　我国建立最低工资制度，旨在以法律形式干预工资分配并保障低收入劳动者的基本生活，也是调节经济活动、保障劳动者权益、促进收入公平的重要手段。《劳动法》第48条规定，用人单位支付劳动者的工资不得低于当地最低工资标准。2004年3月正式施行的《最低工资规定》要求劳动者在法定工作时间或依法签订的劳动合同约定的工作时间内提供了正常劳动的前提下，用人单位应依法支付最低劳动报酬。

大多数低收入劳动者都是该制度的受益者，但也有少数人未能受益。主要原因是，部分企业利用延长工时、剔除福利待遇、钻制度漏洞等方式，变相稀释了劳动者最低工资。从表面上看，这类企业开出的工资水平高于地方的最低工资标准，但实际上，劳动者获得的收入达不到标准。

以沈阳某企业为例，招聘启事显示"招保洁，月薪1850元。早9：00至晚5：00，周休一天"，其中月薪1850元，高于辽宁省最低工资标准（1810元）40元。该企业以延长工时的方式稀释最低工资，试图逃避制度规定。

有的企业用各种手法稀释劳动者的最低工资，是一种典型的"黑心算计"。这些企业利用低收入劳动者文化程度不高、对相关法律规定不了解、缺乏维权能力等弱点，通过让劳动者多干活的方式，试图逃避支付法定的最低劳动报酬的限制。

一些劳动者虽然受过教育，同样难逃企业"黑心算计"。因为《最低工资规定》明确，劳动者按劳动合同约定，在法定工作时间或按合同约定时间从事劳动，用人单位应支付最低劳动报酬。但由于在校大学生和60岁以上劳动者不具备签订劳动合同的主体资格，被个别企业明目张胆地排除在外。

企业违法成本低、劳动者维权成本高，在一定程度上纵容了企业的"黑心算计"。依照最低工资规定，用人单位支付低于最低工资标准，劳动保障行政部门应责令其限期补发所欠劳动者工资，并按所欠工资的1至5倍支付劳动者赔偿金。

这意味着，企业一旦违规只需补上差额，支付相应赔偿，违规成本相对较低。而且，企业支付赔偿的一个重要条件是有劳动者依法投诉，而低收入劳动者要想通过劳动仲裁和司法渠道维权，请假损失、交通费等成本加起来相对较高。

部分低收入劳动者为了保住"饭碗"，不愿或者不敢去维权，这也是企业敢于稀释劳动者最低工资的原因之一。作为一项保障劳动者权益的兜底公共政策，最低工资标准旨在为劳动者提供基本生活保障，最低工资标准不能任由个别企业变相稀释。有关方面须对部分企业的种种"黑心算计"采取相应对策，给弱势劳动者"撑腰"。

资料来源 冯海宁.稀释劳动者最低工资是一种"黑心算计"［N］.北京青年报，2021-03-26（A2）.

向劳动者普及相关法律知识，是应对企业"黑心算计"的关键措施。一些劳动者正是因为对相关法律不清楚、不理解，才被企业"哄骗"。特别是，工资低于"最低工资标准"的招聘启事，低收入劳动者很难发现其中的问题。有关方面应加强对低收入劳动者针对性普法，让他们能自觉运用法律武器对抗"黑心算计"。

8.1　劳动法概述

8.1.1　劳动法的概念和调整对象

1）劳动法的概念

劳动法意义上的劳动是指劳动者为获取劳动报酬而从事的、履行劳动法律义务的社会劳动。

狭义上的劳动法，一般指国家最高立法机构制定颁布的全国性、综合性的劳动法，即法典式的劳动法。在我国是指 1994 年 7 月 5 日全国人民代表大会常务委员会第八次会议通过，并于 1995 年 1 月 1 日实施的《中华人民共和国劳动法》（以下简称《劳动法》）。《劳动法》在 2009 年和 2018 年经过两次修正。

广义上的劳动法，是指调整劳动关系以及与劳动关系有密切联系的其他社会关系的法律规范的总称。

劳动法学上的研究范围是广义上的劳动法。

2）劳动法的调整对象

劳动法的调整对象是劳动关系和与劳动关系密切联系的其他社会关系。

（1）劳动关系。劳动关系是指劳动者在运用劳动能力、实现社会劳动的过程中与用人单位之间发生的社会关系。劳动关系具有如下特征：

①劳动关系的当事人是特定的。劳动者是自然人，包括在法定劳动年龄内具有劳动能力的我国公民、外国人、无国籍人。用人单位是指使用和管理劳动者并支付劳动报酬的单位，为依法成立的企业、个体经济组织、国家机关、事业组织、社会团体、民办非事业单位等组织。劳动关系是在实现劳动过程中发生的社会关系，是在职业劳动、集体劳动、工业劳动过程中发生的社会关系。私人雇佣劳动关系和农业劳动关系、家庭成员的共同劳动关系等不用劳动法调整。

②劳动关系具有人身、财产关系的属性。劳动力是劳动者生理机能的表现，离不开劳动者人身的生理活动，故劳动力与劳动者人身须臾不可分离，特定的劳动力与特定的劳动者相联系，具有专属的人身性。这种劳动力的专属性，也就是劳动者主体的专属性，特定的劳动力意味着特定的劳动者；只要劳动过程中劳动力不发生变更，那么劳动者也就不会也不允许发生变更。劳动者提供劳动是有偿的，用人单位应向劳动者支付劳动报酬，所以劳动关系具有财产性质。不具有财产关系属性的无偿、义务、慈善性劳动关系不由劳动法调整。

③劳动关系具有平等性、隶属性。在市场经济条件下，劳动合同关系的平等性主要体现在以下两个方面：第一，管理方和劳动者双方都是劳动力市场的主体，双方都要遵循平等自愿协商的原则订立劳动合同，缔结劳动关系。任何一方在单方决定与对方解除劳动关系时，都要遵循一定的法律规定。第二，双方各自遵守自己的权利与义务，发生争议时法律地位平等。劳动合同关系具有人身让渡的特征，劳动者同用人单位签订劳动

合同，缔结劳动关系之后，就有义务在工作场所接受用人单位的管理和监督，按照用人单位所规定的纪律或要求付出劳动。企业依法制定的规章制度和劳动纪律，劳动者应当遵守和执行，这就形成了所谓的隶属性，也就是不平等性。实践中，企业内部规章制度和劳动纪律往往是其行使隶属管理权的主要工具之一。因此依法制定出好的规章制度是企业对员工进行管理所必需的。

（2）与劳动关系密切联系的其他社会关系。这些关系主要有：劳动行政管理部门管理劳动工作方面的关系；社会保险方面的关系；调处劳动争议方面的关系；工会组织因履行职责、维护劳动者合法权益与用人单位或劳动者发生的关系；监督劳动执法方面的关系等。

3）劳动法的基本原则

劳动法的基本原则，是指包含在整个劳动法体系之中，集中体现劳动法的本质和基本精神，贯穿于各项劳动法律制度之中，贯穿于劳动法的立法、执法、司法的全过程的总的指导思想和基本准则。

（1）劳动权利义务相统一原则。《宪法》第42条规定："中华人民共和国公民有劳动的权利和义务。"这一规定被确立为《劳动法》的一项基本原则。它表明，有劳动能力的公民从事劳动，既是行使法律赋予的权利，又是履行对国家和社会所承担的义务。

（2）保护劳动者合法权益原则。这一原则体现在《宪法》第二章"公民的权利和义务"的一系列规定中，而《劳动法》更是在第1条就明确了"保护劳动者的合法权益"的宗旨。

（3）劳动法主体利益平衡原则。劳动法主体主要包括国家、用人单位和劳动者，相应的，劳动法主体利益包括国家的利益、用人单位的利益和劳动者的利益。劳动法主体利益平衡就是要求尽量实现这三方利益的平衡。劳动法的立法宗旨从根本上说就是为了实现劳动法主体三方权益的平衡，劳动法的具体条文也是在充分考虑、衡量了主体三方利益之后确定的。

8.1.2 劳动法的适用范围

劳动法对人的适用范围是指劳动法对哪些人发生效力。《劳动法》第2条第1款规定："在中华人民共和国境内的企业、个体经济组织（以下统称用人单位）和与之形成劳动关系的劳动者，适用本法。"这里的"企业"是指从事产品生产、流通或服务性活动等实行独立经济核算的经济单位，包括各种所有制类型的企业。《劳动法》第2条第2款规定："国家机关、事业单位、社会团体和与之建立劳动合同关系的劳动者，依照本法执行。"这一款中的劳动者包括三个方面：

（1）国家机关、事业组织、社会团体的工勤人员；

（2）实行企业化管理的事业组织的非工勤人员；

（3）其他通过劳动合同（包括聘用合同）与国家机关、事业单位、社会团体建立劳动关系的劳动者。

《劳动法》的适用范围排除了公务员和比照实行公务员制度的事业组织和社会的工

作人员，以及农业劳动者、现役军人和家庭保姆等。

8.1.3　劳动者的权利和义务

1）劳动者的权利

劳动者享有平等就业和选择职业的权利、取得劳动报酬的权利、休息休假的权利、获得劳动安全卫生保护的权利、接受职业技能培训的权利、享受社会保险和福利的权利、提请劳动争议处理的权利以及法律规定的其他劳动权利。

"法律规定的其他劳动权利"是指，劳动者依法享有参加和组织工会的权利，参加职工民主管理的权利，参加社会义务劳动的权利，参加劳动竞赛的权利，提出合理化建议的权利，从事科学研究、技术革新、发明创造的权利，依法解除劳动合同的权利，对用人单位管理人员违章指挥、强令冒险作业有拒绝执行的权利，对危害生命安全和身体健康的行为提出批评、检举和控告的权利，对违反劳动法的行为进行监督的权利等。

2）劳动者的义务

劳动者应当完成劳动任务，提高职业技能，执行劳动安全卫生规程，遵守劳动纪律和职业道德。

课堂讨论 8-1

正式工和聘用工同工不同酬反映了用人单位侵害了劳动者哪方面的权利？

8.2　劳动合同法

8.2.1　劳动合同的概念和种类

1）劳动合同的概念

劳动合同亦称劳动契约，是劳动者与用人单位确立劳动关系、明确双方权利和义务的书面协议。劳动合同是确立劳动关系的基本形式，是用人单位与劳动者履行权利义务的法律依据。

2）劳动合同的种类

劳动合同分为固定期限劳动合同、无固定期限劳动合同和以完成一定工作任务为期限的劳动合同。

（1）固定期限劳动合同。固定期限劳动合同，是指用人单位与劳动者约定合同终止时间的劳动合同。用人单位与劳动者协商一致，可以订立固定期限劳动合同。

（2）无固定期限劳动合同。无固定期限劳动合同，是指用人单位与劳动者约定无确定终止时间的劳动合同。用人单位与劳动者协商一致，可以订立无固定期限劳动合同。

有下列情形之一，劳动者提出或者同意续订、订立劳动合同的，除劳动者提出订立固定期限劳动合同外，应当订立无固定期限劳动合同：

①劳动者在该用人单位连续工作满10年的。

②用人单位初次实行劳动合同制度或者国有企业改制重新订立劳动合同时，劳动者在该用人单位连续工作满10年且距法定退休年龄不足10年的。

③连续订立两次固定期限劳动合同，且劳动者没有下述情形，续订劳动合同的：严重违反用人单位的规章制度的；严重失职，营私舞弊，给用人单位造成重大损害的；劳动者同时与其他用人单位建立劳动关系，对完成本单位的工作任务造成严重影响，或者经用人单位提出，拒不改正的；以欺诈、胁迫的手段或者乘人之危，使用人单位在违背真实意思的情况下订立或者变更劳动合同，致使劳动合同无效的；被依法追究刑事责任的；劳动者患病或者非因工负伤，在规定的医疗期满后不能从事原工作，也不能从事由用人单位另行安排的工作的；劳动者不能胜任工作，经过培训或者调整工作岗位，仍不能胜任工作的。

用人单位自用工之日起满1年不与劳动者订立书面劳动合同的，视为用人单位与劳动者已订立无固定期限劳动合同。

（3）以完成一定工作任务为期限的劳动合同。以完成一定工作任务为期限的劳动合同，是指用人单位与劳动者约定以某项工作的完成为合同期限的劳动合同。用人单位与劳动者协商一致，可以订立以完成一定工作任务为期限的劳动合同。

8.2.2 劳动合同的订立

1）劳动合同的形式

（1）书面形式。用人单位与劳动者建立劳动关系，应当订立书面劳动合同。已建立劳动关系，未同时订立书面劳动合同的，应当自用工之日起1个月内订立书面劳动合同。用人单位与劳动者在用工前订立劳动合同的，劳动关系自用工之日起建立。劳动合同文本由用人单位和劳动者各执一份。

自用工之日起1个月内，经用人单位书面通知后，劳动者不与用人单位订立书面劳动合同的，用人单位应当书面通知劳动者终止劳动关系，无须向劳动者支付经济补偿，但是应当依法向劳动者支付其实际工作时间的劳动报酬。用人单位自用工之日起超过1个月不满1年未与劳动者订立书面劳动合同的，应当依照《中华人民共和国劳动合同法》（以下简称《劳动合同法》）的规定向劳动者每月支付2倍的工资，并与劳动者补订书面劳动合同，每月支付2倍工资的起算时间为用工之日起满1个月的次日，截止时间为补订书面劳动合同的前1日。用人单位自用工之日起满1年未与劳动者订立书面劳动合同的，自用工之日起满1个月的次日至满1年的前一日应当依照《劳动合同法》的规定向劳动者每月支付2倍的工资，并视为自用工之日起满1年的当日已经与劳动者订立无固定期限劳动合同，应当立即与劳动者补订书面劳动合同。

用人单位招用劳动者，不得扣押劳动者的居民身份证和其他证件，不得要求劳动者提供担保或者以其他名义向劳动者收取财物。用人单位扣押劳动者居民身份证等证件的，由劳动行政部门责令限期退还劳动者本人，并依照有关法律规定给予处罚。用人单位以担保或者其他名义向劳动者收取财物的，由劳动行政部门责令限期退还劳动者本人，并以每人500元以上2000元以下的标准处以罚款；给劳动者造成损害的，应当承担赔偿责任。

课堂讨论8-2

2019年7月5日，王某到甲公司上班，但甲公司未与其签订书面合同。甲公司该行为法律后果的表述中，正确的有哪些？

（1）甲公司和王某之间尚未建立劳动关系。

（2）甲公司应于2019年8月5日前与王某签订书面劳动合同。

（3）若甲公司在2019年10月5日与王某补签了书面劳动合同，王某有权要求甲公司向其支付2个月的双倍工资。

（4）若甲公司在2020年10月5日与王某补订了书面劳动合同，王某有权要求甲公司向其支付11个月的双倍工资。

（2）口头形式（非全日制用工）。非全日制用工双方当事人可以订立口头协议。非全日制用工，是指以小时计酬为主，劳动者在同一用人单位一般平均每日工作时间不超过4小时，每周工作时间累计不超过24小时的用工形式。

从事非全日制用工的劳动者可以与一个或者一个以上用人单位订立劳动合同；但是，后订立的劳动合同不得影响先订立的劳动合同的履行。

非全日制用工双方当事人不得约定试用期。

非全日制用工双方当事人任何一方都可以随时通知对方终止用工。终止用工，用人单位不向劳动者支付经济补偿。

非全日制用工小时计酬标准不得低于用人单位所在地人民政府规定的最低小时工资标准。

非全日制用工劳动报酬结算支付周期最长不得超过15日。

2）劳动合同的必备条款

劳动合同必备条款是指劳动合同依法必须具备的内容。劳动合同必备以下条款：

（1）用人单位的名称、住所和法定代表人或者主要负责人。

（2）劳动者的姓名、住址和居民身份证或其他有效身份证件号码。

（3）劳动合同期限。

（4）工作内容和工作地点。

（5）工作时间和休息休假。

工作时间通常是指劳动者每天应工作的时数或每周应工作的天数。目前我国实行的工时制度主要有标准工时制、不定时工作制和综合计算工时制三种类型。

标准工时制，也称标准工作日，是指法律统一规定的劳动者从事工作或劳动的时间。国家实行劳动者每日工作时间8小时、每周工作40小时的工时制度。有些企业因工作性质和生产特点不能实行标准工时制，应保证劳动者每天工作不超过8小时，每周工作不超过40小时，每周至少休息1天。

用人单位由于生产经营需要，经与工会和劳动者协商后可以延长工作时间，一般每日不得超过1小时；因特殊原因需要延长工作时间的，在保障劳动者身体健康的条件下延长工作时间每日不得超过 3 小时，但是每月不得超过 36 小时。

不定时工作制，又称无定时工作制、不定时工作日。是指没有固定工作时间限制的工作制度，主要适用于一些工作性质或工作条件不受标准工作时间限制的工作岗位。

综合计算工时制，也称综合计算工作日，是指用人单位根据生产和工作特点，分别以周、月、季、年等为周期，综合计算劳动者工作时间，但其平均日工作时间和平均周工作时间仍与法定标准工作时间基本相同的一种工时形式。

休息是劳动者在任职期间，在国家的法定工作时间以外，无须履行劳动义务而自行支配的时间，包括工作日内的间歇时间、工作日之间的休息时间和公休假日。

休假是指劳动者无须履行劳动义务且一般有工资保障的法定休息时间。如：①法定假日，包括元旦、春节、清明节、劳动节、端午节、中秋节、国庆节等。②年休假。指职工工作满一定年限，每年可享受的保留工作岗位、带薪连续休息的时间。

《职工带薪年休假条例》规定，机关、团体、企业、事业单位、民办非企业单位、有雇工的个体工商户等单位的职工连续工作 1 年以上的，享受带薪年休假（以下简称年休假）。单位应当保证职工享受年休假。职工在年休假期间享受与正常工作期间相同的工资收入。职工累计工作已满 1 年不满 10 年的，年休假 5 天；已满 10 年不满 20 年的，年休假 10 天；已满 20 年的，年休假 15 天。国家法定休假日、休息日不计入年休假的假期。单位根据生产、工作的具体情况，并考虑职工本人意愿，统筹安排职工年休假。年休假在 1 个年度内可以集中安排，也可以分段安排，一般不跨年度安排。单位因生产、工作特点确有必要跨年度安排职工年休假的，可以跨 1 个年度安排。

职工有下列情形之一的，不享受当年的年休假：①职工依法享受寒暑假，其休假天数多于年休假天数的；②职工请事假累计 20 天以上且单位按照规定不扣工资的；③累计工作满 1 年不满 10 年的职工，请病假累计 2 个月以上的；④累计工作满 10 年不满 20 年的职工，请病假累计 3 个月以上的；⑤累计工作满 20 年以上的职工，请病假累计 4 个月以上的。

（6）劳动报酬。劳动报酬是指用人单位根据劳动者劳动的数量和质量，以货币形式支付给劳动者的工资。

工资应当以法定货币支付，不得以实物及有价证券代替货币支付。

工资必须在用人单位与劳动者约定的日期支付，如遇节假日或休息日，则应提前在最近的工作日支付。

工资至少每月支付一次，实行周、日、小时工作制的可按周、日、小时支付工资。对完成一次性临时劳动或某项具体工作的劳动者，用人单位应按有关协议或合同规定在其完成劳动任务后即支付工资。

用人单位应当依法支付劳动者在法定休假日和婚丧假期间以及依法参加社会活动期间的工资。在部分公民放假的节日期间（妇女节、青年节），对参加社会活动或单位组织庆祝活动和照常工作的职工，单位应支付工资报酬，但不支付加班工资。

用人单位安排劳动者在法定标准工作时间以外工作的，应当支付高于劳动者正常工作时间工资的工资报酬。加班费用相关规定见表 8-1。

表8-1　　　　　　　　　　　　加班费用相关规定

加班时段	补休	加班费用
工作日加班	无论是否补休	本人小时工资标准的150%
休息日（周末）加班	不安排补休	本人日或小时工资标准的200%
节假日加班	无论是否补休	本人日或小时工资标准的300%

国家实行最低工资保障制度。用人单位支付劳动者的工资不得低于当地最低工资标准。最低工资的具体标准由省、自治区、直辖市人民政府规定，报国务院备案。最低工资不包括延长工作时间的工资报酬，中班、夜班、高温、低温、井下、有毒有害等特殊工作环境、条件下的津贴，以货币形式支付的住房和用人单位支付的伙食补贴，国家法律、法规、规章规定的社会保险福利待遇。

因劳动者本人原因给用人单位造成经济损失的，用人单位可按照劳动合同的约定要求其赔偿经济损失。经济损失的赔偿，可从劳动者本人工资中扣除，但每月扣除的部分不得超过劳动者当月工资的20%。若扣除后剩余工资部分低于当地月最低工资标准，则按最低工资标准支付。

（7）社会保险。

（8）劳动保护、劳动条件和职业危害防护。

（9）法律、法规规定应当纳入劳动合同的其他事项。

3）劳动合同的可选条款

可选条款，即劳动合同的约定条款，是指除法定必备条款外劳动合同当事人可约定，也可以不约定的条款。约定条款不得违反法律、法规的规定。劳动合同的约定条款一般包括以下内容：

（1）试用期条款。劳动合同期限3个月以上不满1年的，试用期不得超过1个月；劳动合同期限1年以上不满3年的，试用期不得超过2个月；3年以上固定期限和无固定期限的劳动合同，试用期不得超过6个月。同一用人单位与同一劳动者只能约定一次试用期。以完成一定工作任务为期限的劳动合同或者劳动合同期限不满3个月的，不得约定试用期。试用期包含在劳动合同期限内。劳动合同仅约定试用期的，试用期不成立，该期限为劳动合同期限。劳动者在试用期的工资不得低于本单位相同岗位最低档工资或者劳动合同约定工资的80%，并不得低于用人单位所在地的最低工资标准。在试用期内，除劳动者不符合录用条件，劳动者有违规、违纪、违法行为，劳动者不能胜任工作等情形外，用人单位不得解除劳动合同。用人单位在试用期解除劳动合同的，应当向劳动者说明理由。

（2）服务期限协议。用人单位为劳动者提供专项培训费用，对其进行专业技术培训的，可以与该劳动者订立协议，约定服务期。劳动者违反服务期约定的，应当按照约定向用人单位支付违约金。违约金的数额不得超过用人单位提供的培训费用。用人单位要求劳动者支付的违约金不得超过服务期尚未履行部分所应分摊的培训费用。用人单位与劳动者约定服务期的，不影响按照正常的工资调整机制提高劳动者在服务期间的劳动报酬。

（3）保守商业秘密和竞业限制。用人单位与劳动者可以在劳动合同中约定保守用人单位的商业秘密和与知识产权相关的保密事项。对负有保密义务的劳动者，用人单位可以在劳动合同或者保密协议中与劳动者约定竞业限制条款，并约定在解除或者终止劳动合同后，在竞业限制期限内按月给予劳动者经济补偿。劳动者违反竞业限制约定的，应当按照约定向用人单位支付违约金。

竞业限制的人员限于用人单位的高级管理人员、高级技术人员和其他负有保密义务的人员。竞业限制的范围、地域、期限由用人单位与劳动者约定，竞业限制的约定不得违反法律、法规的规定。在解除或者终止劳动合同后，前款规定的人员到与本单位生产或者经营同类产品、从事同类业务的有竞争关系的其他用人单位，或者自己开业生产或者经营同类产品、从事同类业务的竞业限制期限，不得超过2年。《最高人民法院关于审理劳动争议案件适用法律若干问题的解释（四）》对于竞业限制作了如下规定：

当事人在劳动合同或者保密协议中约定了竞业限制，但未约定解除或者终止劳动合同后给予劳动者经济补偿，劳动者履行了竞业限制义务，要求用人单位按照劳动者在劳动合同解除或者终止前12个月平均工资的30%按月支付经济补偿的，人民法院应予支持。前述规定的月平均工资的30%低于劳动合同履行地最低工资标准的，按照劳动合同履行地最低工资标准支付。

当事人在劳动合同或者保密协议中约定了竞业限制和经济补偿，当事人解除劳动合同时，除另有约定外，用人单位要求劳动者履行竞业限制义务，或者劳动者履行了竞业限制义务后要求用人单位支付经济补偿的，人民法院应予支持。

当事人在劳动合同或者保密协议中约定了竞业限制和经济补偿，劳动合同解除或者终止后，因用人单位的原因导致3个月未支付经济补偿，劳动者请求解除竞业限制约定的，人民法院应予支持。

在竞业限制期限内，用人单位请求解除竞业限制协议时，人民法院应予支持。在解除竞业限制协议时，劳动者请求用人单位额外支付劳动者3个月的竞业限制经济补偿的，人民法院应予支持。

劳动者违反竞业限制约定，向用人单位支付违约金后，用人单位要求劳动者按照约定继续履行竞业限制义务的，人民法院应予支持。

4）劳动合同的无效

劳动合同由用人单位与劳动者协商一致，并经用人单位与劳动者在劳动合同文本上签字或者盖章生效。劳动合同文本由用人单位和劳动者各执一份。

下列劳动合同无效或者部分无效：

（1）以欺诈、胁迫的手段或者乘人之危，使对方在违背真实意思的情况下订立或者变更劳动合同的；

（2）用人单位免除自己的法定责任、排除劳动者权利的；

（3）违反法律、行政法规强制性规定的。

对劳动合同的无效或者部分无效有争议的，由劳动争议仲裁机构或者人民法院确认。劳动合同部分无效，不影响其他部分效力的，其他部分仍然有效。劳动合同被确认无效，劳动者已付出劳动的，用人单位应当向劳动者支付劳动报酬。劳动报酬的数额，参照本单位相同或者相近岗位劳动者的劳动报酬确定。

劳动合同被确认无效，给对方造成损害的，有过错的一方应当承担赔偿责任。

8.2.3　劳动合同的履行

用人单位与劳动者应当按照劳动合同的约定，全面履行各自的义务。用人单位应当按照劳动合同约定和国家规定，向劳动者及时足额支付劳动报酬。用人单位拖欠或者未足额支付劳动报酬的，劳动者可以依法向当地人民法院申请支付令，人民法院应当依法发出支付令。用人单位应当严格执行劳动定额标准，不得强迫或者变相强迫劳动者加班。用人单位安排加班的，应当按照国家有关规定向劳动者支付加班费。

劳动者拒绝用人单位管理人员违章指挥、强令冒险作业的，不视为违反劳动合同。劳动者对危害生命安全和身体健康的劳动条件，有权对用人单位提出批评、检举和控告。用人单位变更名称、法定代表人、主要负责人或者投资人等事项，不影响劳动合同的履行。用人单位发生合并或者分立等情况，原劳动合同继续有效，劳动合同由承继其权利和义务的用人单位继续履行。

用人单位应当将直接涉及劳动者切身利益的规章制度和重大事项决定公示，或者告知劳动者。如果用人单位的规章制度未经公示或者未对劳动者告知，该规章制度对劳动者不生效。公示或告知可以采取张贴通告、员工手册送达、会议精神传达等方式。

8.2.4　劳动合同的变更

劳动合同的变更是指在劳动合同开始履行但尚未履行完毕之前，因订立合同的主客观条件发生了变化，当事人依照法律规定的条件和程序，对原合同中的某些条款进行修改、补充的法律行为。

用人单位与劳动者协商一致，可以变更劳动合同约定的内容。变更劳动合同，应当采用书面形式。变更后的劳动合同文本由用人单位和劳动者各执一份。

变更劳动合同未采取书面形式，但已经实际履行了口头劳动合同超过1个月，且变更后的劳动合同内容不违反法律、行政法规、国家政策以及公序良俗，当事人以未采用书面形式为由主张劳动合同变更无效的，人民法院不予支持。

8.2.5　劳动合同的解除

劳动合同的解除，是指在劳动合同依法订立后，尚未履行完毕之前，由双方或一方当事人依法提前终止劳动合同法律效力的行为。根据提出劳动合同解除的主体不同，劳动合同的解除分为以下三类。

1）双方协商解除劳动合同

《劳动合同法》第36条规定："用人单位与劳动者协商一致，可以解除劳动合同。"由用人单位提出解除劳动合同，且与劳动者协商一致的，必须依法向劳动者支付经济补偿。由劳动者主动辞职，且与用人单位协商一致解除劳动合同的，用人单位无须向劳动者支付经济补偿。

2) 劳动者单方解除劳动合同

劳动者单方解除劳动合同的情形见表8-2。

表8-2　　　　　　　　　　　　劳动者单方解除劳动合同的情形

类型	具体规定
提前通知	①劳动者提前30日以书面形式通知用人单位，可以解除劳动合同； ②劳动者在试用期内提前3日通知用人单位，可以解除劳动合同
可随时通知	①用人单位未按照劳动合同约定提供劳动保护或者劳动条件的； ②用人单位未及时足额支付劳动报酬的； ③用人单位的规章制度违反法律、法规的规定，损害劳动者权益的； ④用人单位以欺诈、胁迫的手段或乘人之危，使劳动者在违背真实意思的情况下订立或者变更劳动合同，而致使劳动合同无效的； ⑤用人单位免除自己的法定责任、排除劳动者权利，而致使劳动合同无效的； ⑥违反法律、行政法规强制性规定，而致使劳动合同无效的； ⑦法律、行政法规规定劳动者可以解除劳动合同的其他情形
不需事先通知	①用人单位以暴力、威胁或者非法限制人身自由的手段强迫劳动者劳动的； ②用人单位违章指挥、强令冒险作业危及劳动者人身安全的

3) 用人单位单方解除劳动合同

用人单位单方解除劳动合同的情形见表8-3。

表8-3　　　　　　　　　　　　用人单位单方解除劳动合同的情形

类型	具体规定
提前通知（无过失性辞退）	有下列情形之一的，用人单位提前30日以书面形式通知劳动者本人或者额外支付劳动者1个月工资后，可以解除劳动合同： ①劳动者患病或者非因工负伤，在规定的医疗期满后不能从事原工作，也不能从事由用人单位另行安排的工作的； ②劳动者不能胜任工作，经过培训或者调整工作岗位，仍不能胜任工作的； ③劳动合同订立时所依据的客观情况发生重大变化，致使劳动合同无法履行，经用人单位与劳动者协商，未能就变更劳动合同内容达成协议的
随时通知	①在试用期间被证明不符合录用条件的； ②严重违反用人单位的规章制度的； ③严重失职，营私舞弊，给用人单位造成重大损害的； ④劳动者同时与其他用人单位建立劳动关系，对完成本单位的工作任务造成严重影响，或者经用人单位提出，拒不改正的； ⑤劳动者以欺诈、胁迫的手段或者乘人之危，使用人单位在违背真实意思的情况下订立或者变更劳动合同，致使劳动合同无效的； ⑥被依法追究刑事责任的
裁减人员（经济性裁员）	有下列情形之一，需要裁减20人以上或者裁减不足20人但占企业职工总数10%以上的，用人单位提前30日向工会或者全体职工说明情况，听取工会或者职工的意见后，裁减人员方案经向劳动行政部门报告，可以裁减人员： ①依照企业破产法规定进行重整的； ②生产经营发生严重困难的； ③企业转产、重大技术革新或者经营方式调整，经变更劳动合同后，仍需裁减人员的； ④其他因劳动合同订立时所依据的客观经济情况发生重大变化，致使劳动合同无法履行的

📽️ 案件回放

2018年6月，某网络公司发布招聘启事，招聘计算机工程专业大学本科以上学历的网络技术人员1名。赵某为销售专业大专学历，但其向该网络公司提交了计算机工程专业大学本科学历的学历证书、个人履历等材料。后赵某与网络公司签订了劳动合同，进入网络公司从事网络技术工作。2018年9月初，网络公司偶然获悉赵某的实际学历为大专，并向赵某询问。赵某承认自己为应聘而提供虚假学历证书、个人履历的事实。网络公司认为，赵某提供虚假学历证书、个人履历属欺诈行为，严重违背诚实信用原则，根据《劳动合同法》第26条、第39条规定解除了与赵某的劳动合同。赵某不服，向劳动人事争议仲裁委员会（以下简称仲裁委员会）申请仲裁。

申请人请求裁决网络公司继续履行劳动合同。

处理结果：仲裁委员会裁决驳回赵某的仲裁请求。

资料来源　摘自《人力资源社会保障部 最高人民法院关于联合发布第一批劳动人事争议典型案例的通知》（人社部函〔2020〕62号）。

点评：本案的争议焦点是赵某提供虚假学历证书、个人履历是否导致劳动合同无效。

《劳动合同法》第8条规定："用人单位招用劳动者时，应当如实告知劳动者工作内容、工作条件、工作地点、职业危害、安全生产状况、劳动报酬，以及劳动者要求了解的其他情况；用人单位有权了解劳动者与劳动合同直接相关的基本情况，劳动者应当如实说明。"第26条第1款规定："下列劳动合同无效或者部分无效：（一）以欺诈、胁迫的手段或者乘人之危，使对方在违背真实意思的情况下订立或者变更劳动合同的……"第39条规定："劳动者有下列情形之一的，用人单位可以解除劳动合同……（五）因本法第26条第1款第1项规定的情形致使劳动合同无效的……"从上述条款可知，劳动合同是用人单位与劳动者双方协商一致达成的协议，相关信息对于是否签订劳动合同、建立劳动关系的真实意思表示具有重要影响。《劳动合同法》第8条既规定了用人单位的告知义务，也规定了劳动者的告知义务。如果劳动者违反诚实信用原则，隐瞒或者虚构与劳动合同直接相关的基本情况，根据《劳动合同法》第26条第1款规定属于劳动合同无效或部分无效的情形。用人单位可以根据《劳动合同法》第39条规定解除劳动合同并不支付经济补偿。此外，应当注意的是，《劳动合同法》第8条"劳动者应当如实说明"应仅限于"与劳动合同直接相关的基本情况"，如履行劳动合同所必需的知识技能、学历、学位、职业资格、工作经历等，用人单位无权要求劳动者提供婚姻状况、生育情况等涉及个人隐私的信息，也即不能任意扩大用人单位知情权及劳动者告知义务的外延。

本案中，"计算机工程专业""大学本科学历"等情况与网络公司招聘的网络技术人员岗位职责、工作完成效果有密切关联性，属于"与劳动合同直接相关的基本情况"。赵某在应聘时故意提供虚假学历证书、个人履历，致使网络公司在违背真实意思的情况下与其签订了劳动合同。因此，根据《劳动合同法》第26条第1款规定，双方签订的劳动合同无效。网络公司根据《劳动合同法》第39条第5项规定，解除与赵某的劳动合同符合法律规定，故依法驳回赵某的仲裁请求。

典型意义：《劳动合同法》第3条规定："订立劳动合同，应当遵循合法、公平、平等自愿、协商一致、诚实信用的原则。"第26条规定以欺诈、胁迫的手段或者乘人之危，使对方在违背真实意思的情况下订立或者变更劳动合同的劳动合同无效或部分无效；第39条有关以欺诈手段订立的劳动合同无效、可以单方解除的规定，进一步体现了诚实信用原则。诚实信用既是《劳动合同法》的基本原则之一，也是社会基本道德之一。用人单位与劳动者订立劳动合同时都必须遵循诚实信用原则，建立合法、诚信、和谐的劳动关系。

8.2.6　劳动合同的终止

劳动合同的终止指劳动合同的法律效力依法消灭，亦即劳动合同所确立的劳动关系由于一定法律事实的出现而终结，劳动者与用人单位之间原有的权利和义务不复存在。

1）劳动合同终止的情形

根据《劳动合同法》的规定，有下列情形之一的，劳动合同终止：

（1）劳动合同期满的；

（2）劳动者开始依法享受基本养老保险待遇的；

（3）劳动者死亡，或者被人民法院宣告死亡或者宣告失踪的；

（4）用人单位被依法宣告破产的；

（5）用人单位被吊销营业执照、责令关闭、撤销或者用人单位决定提前解散的；

（6）法律、行政法规规定的其他情形。

用人单位与劳动者不得约定上述情形之外的其他劳动合同终止条件。

2）劳动合同终止的限制性规定

劳动者有下列情形之一的，用人单位不得解除劳动合同：

（1）从事接触职业病危害作业的劳动者未进行离岗前职业健康检查，或者疑似职业病病人在诊断或者医学观察期间的；

（2）在本单位患职业病或者因工负伤并被确认丧失或者部分丧失劳动能力的；

（3）患病或者非因工负伤，在规定的医疗期内的；

（4）女职工在孕期、产期、哺乳期的；

（5）在本单位连续工作满15年，且距法定退休年龄不足5年的；

（6）法律、行政法规规定的其他情形。

8.2.7　劳动合同解除和终止的经济补偿金

1）经济补偿金、违约金与赔偿金

经济补偿金是在劳动者无过错的情况下，用人单位解除或终止劳动合同时，给予劳动者的一次性货币补偿。经济补偿相关规定见表8-4。

表8-4 经济补偿相关规定

项 目	适用条件	性质	支付主体
经济补偿金	（1）劳动关系的解除和终止 （2）劳动者无过错	法定	用人单位
违约金	劳动者违反了服务期和竞业限制的规定（单位不得约定其他违约金）	约定	劳动者
赔偿金	用人单位和劳动者由于自己的过错给对方造成损害	法定	两者之一

2）补偿标准

经济补偿按劳动者在本单位工作的年限，每满1年支付1个月工资的标准向劳动者支付。6个月以上不满1年的，按1年计算；不满6个月的，向劳动者支付半个月工资的经济补偿。劳动者月工资高于用人单位所在直辖市、设区的市级人民政府公布的本地区上年度职工月平均工资3倍的，向其支付经济补偿的标准按职工月平均工资3倍的数额支付，向其支付经济补偿的年限最高不超过12年。

3）支付经济补偿金的法定情形

（1）由用人单位单方提出解除劳动合同并与劳动者协商一致而解除劳动合同的。

（2）劳动者符合随时通知解除和不需要事先通知即可解除劳动合同规定情形而解除劳动合同的。

（3）用人单位符合提前30日以书面形式通知劳动者本人或者额外支付劳动者1个月工资后，可以解除劳动合同规定情形而解除合同的。

（4）用人单位以裁员的方式解除与劳动者劳动合同的，用人单位应向劳动者支付经济补偿金。

（5）除用人单位维持或者提高劳动合同约定条件续订劳动合同，劳动者不同意续订的情形外，在劳动合同期满时用人单位以低于原劳动合同约定的条件要求与劳动者续订劳动合同，而劳动者不同意续订的，用人单位应向劳动者支付经济补偿金。

（6）用人单位被依法宣告破产的，被吊销营业执照、责令关闭、撤销或者用人单位决定提前解散而终止劳动合同的，用人单位应向劳动者支付经济补偿金。

（7）以完成一定工作任务为期限的劳动合同因任务完成而终止的，用人单位应当依法向劳动者支付经济补偿。

（8）法律、行政法规规定的其他情形。

8.2.8 劳动合同解除和终止的法律后果及双方义务

劳动合同解除和终止后，用人单位和劳动者双方不再履行劳动合同，劳动关系消灭。劳动者应当按照双方约定办理工作交接。

解除或者终止劳动合同，用人单位应当在解除或者终止劳动合同时出具解除或者终止劳动合同的证明，并在15日内为劳动者办理档案和社会保险关系转移手续。用人单位出具的解除、终止劳动合同的证明，应当写明劳动合同期限、解除或者终止劳动合同的日期、工作岗位、在本单位的工作年限。

用人单位应当在解除或者终止劳动合同时向劳动者支付经济补偿的，在办结工作交接时支付。

用人单位违反本法规定解除或者终止劳动合同，劳动者要求继续履行劳动合同的，用人单位应当继续履行；劳动者不要求继续履行劳动合同或者劳动合同已经不能继续履行的，用人单位应当依照《劳动合同法》规定的经济补偿金标准的2倍支付赔偿金。用人单位支付了赔偿金的，不再支付经济补偿金。

劳动者违反《劳动合同法》规定解除或者终止劳动合同，给用人单位造成损失的，应当承担赔偿责任。

8.2.9　集体合同与劳务派遣

1）集体合同

集体合同是工会代表企业职工一方与用人单位订立的以劳动报酬、工作时间、休息休假、劳动安全卫生、保险福利等为主要内容的书面协议。尚未建立工会的用人单位，由上级工会指导劳动者推举的代表与用人单位订立集体合同。

企业职工一方与用人单位可以订立劳动安全卫生、女职工权益保护、工资调整机制等专项集体合同。

在县级以下区域内，建筑业、采矿业、餐饮服务业等行业可以由工会与企业方面代表订立行业性集体合同，或者订立区域性集体合同。

集体合同内容由用人单位和职工各自派出集体协商代表通过集体协商的方式协商确定，集体协商双方的代表人数应当对等，每方至少3人，并各确定1名首席代表。

经双方协商一致的集体合同草案或专项集体合同草案应当提交职工代表大会或者全体职工大会讨论。职工代表大会或者全体职工大会讨论集体合同草案，应当有2/3以上职工代表或者职工出席，且须经全体职工代表半数以上或者全体职工半数以上同意，方获得通过。集体合同草案或专项集体合同草案经职工代表大会或者全体职工大会后，由集体协商双方首席代表签字。

集体合同订立后，应当报送劳动行政部门；劳动行政部门自收到集体合同文本之日起15日内未提出异议的，集体合同即行生效。

集体合同中劳动报酬和劳动条件等标准不得低于当地人民政府规定的最低标准；用人单位与劳动者订立的劳动合同中劳动报酬和劳动条件等标准不得低于集体合同规定的标准。

依法订立的集体合同对用人单位和劳动者具有约束力。行业性、区域性集体合同对当地本行业、本区域的用人单位和劳动者具有约束力。

用人单位违反集体合同，侵犯职工劳动权益的，工会可以依法要求用人单位承担责任；因履行集体合同发生争议，经协商解决不成的，工会可以依法申请仲裁、提起诉讼。

2）劳务派遣

劳务派遣是指劳务派遣单位与劳动者订立劳动合同，与用人单位订立劳务派遣协议，将被派遣劳动者派往用人单位给付劳务。劳动合同关系存在于劳务派遣单位与被派遣劳动者之间，但劳动力给付的事实则发生于被派遣员工与用人单位之间，即劳动力的雇佣与劳动力使用分离，被派遣劳动者不与用人单位签订劳动合同、发生劳动关系，而是与派遣单位存在劳动关系。

劳务派遣用工是补充形式，只能在临时性、辅助性或者替代性的工作岗位上实施。

用人单位应当严格控制劳务派遣用工数量，使用的被派遣劳动者数量不得超过其用工总量的10%。

用人单位不得设立劳务派遣单位向本单位或者所属单位派遣劳动者。用人单位不得将被派遣劳动者再派遣到其他用人单位。

劳务派遣单位是用人单位，应当履行用人单位对劳动者的义务。劳务派遣单位应当依法与被派遣劳动者订立2年以上的固定期限书面劳动合同。按月支付劳动报酬；被派遣劳动者在无工作期间，劳务派遣单位应当按照所在地人民政府规定的最低工资标准，向其按月支付报酬。

接受以劳务派遣形式用工的单位是用人单位。劳务派遣单位应当与用人单位订立劳务派遣协议。用人单位应当根据工作岗位的实际需要与劳务派遣单位确定派遣期限，不得将连续用工期限分割订立数个短期劳务派遣协议。

劳务派遣单位应当将劳务派遣协议的内容告知被派遣劳动者，不得克扣用人单位按照劳务派遣协议支付给被派遣劳动者的劳动报酬。劳务派遣单位和用人单位不得向被派遣劳动者收取费用。

被派遣劳动者享有与用人单位的劳动者同工同酬的权利。

8.3　劳动争议的解决

8.3.1　劳动争议概述

1）劳动争议的概念

劳动争议是指劳动关系当事人之间因劳动的权利与义务发生分歧而引起的争议，又称劳动纠纷。其中有的属于既定权利的争议，即因适用劳动法和劳动合同、集体合同的既定内容而发生的争议；有的属于要求新的权利而出现的争议，是因制定或变更劳动条件而发生的争议。主要包括：

（1）因确认劳动关系发生的争议；

（2）因订立、履行、变更解除和终止劳动合同发生的争议；

（3）因除名、辞退和辞职、离职发生的争议；

（4）因工作时间、休息休假、社会保险、福利、培训以及劳动保护发生的争议；

（5）因劳动报酬、工伤医疗费、经济补偿或赔偿金等发生的争议；

（6）法律法规规定的其他劳动争议。

2）劳动争议解决的方法

劳动争议解决的方法有协商、调解、仲裁和诉讼。发生劳动争议，劳动者可以与用人单位协商，也可以请工会或者第三方共同与用人单位协商，达成和解协议；当事人不愿协商、协商不成或达成和解协议后不履行的，可向调解组织申请调解；不愿调解、调解不成或达成调解协议后不履行的，可以向劳动争议仲裁机构申请仲裁；对仲裁裁决不服的，除《劳动争议调解仲裁法》另有规定的以外，可以向人民法院提起诉讼。

发生劳动争议，当事人对自己提出的主张，有责任提供证据。与争议事项有关的证据属于用人单位掌握管理的，用人单位应当提供；用人单位不提供的，应当承担不利后果。

8.3.2 劳动调解

发生劳动争议，当事人可以到下列调解组织申请调解：

（1）企业劳动争议调解委员会。企业劳动争议调解委员会由职工代表和企业代表组成。职工代表由工会成员担任或者由全体职工推举产生，企业代表由企业负责人指定。企业劳动争议调解委员会主任由工会成员或者双方推举的人员担任。

（2）依法设立的基层人民调解组织。

（3）在乡镇街道设立的具有劳动争议调解职能的组织。

自劳动争议调解组织收到调解申请之日起15日内未达成调解协议的，当事人可以依法申请仲裁。

达成调解协议后，一方当事人在协议约定期限内不履行调解协议的，另一方当事人可以依法申请仲裁。

因支付拖欠劳动报酬、工伤医疗费、经济补偿或者赔偿金事项达成调解协议，用人单位在协议约定期限内不履行的，劳动者可以持调解协议书依法向人民法院申请支付令。人民法院应当依法发出支付令。

8.3.3 劳动仲裁

劳动仲裁是指由劳动争议仲裁委员会对当事人申请仲裁的劳动争议居中公断与裁决。在我国，劳动仲裁是劳动争议当事人向人民法院提起诉讼的必经程序。

1）劳动仲裁机构、劳动仲裁参加人和劳动仲裁管辖

（1）劳动仲裁机构。劳动仲裁机构是劳动人事仲裁争议仲裁委员会（简称仲裁委员会）。仲裁委员会按照统筹规划、合理布局和适应实际需要的原则设立。仲裁委员会不按行政区划层层设立。劳动争议仲裁委员会下设办事机构，负责办理劳动争议仲裁委员会的日常工作。

劳动争议仲裁不收费。仲裁委员会的经费由财政予以保证。

（2）劳动仲裁参加人。

①当事人。发生劳动争议的劳动者和用人单位为劳动争议仲裁案件的双方当事人。劳务派遣单位或者用人单位与劳动者发生劳动争议的，劳务派遣单位和用人单位为共同

当事人。

②当事人代表。发生争议的劳动者一方在10人以上，并有共同请求的，劳动者可以推举3至5名代表人参加仲裁活动。

代表人参加仲裁的行为对其所代表的当事人发生效力，但代表人变更、放弃仲裁请求或者承认对方当事人的仲裁请求，进行和解，必须经被代表的当事人同意。

③第三人。与劳动争议案件的处理结果有利害关系的第三人，可以申请参加仲裁活动或者由劳动争议仲裁委员会通知其参加仲裁活动。

④代理人。当事人可以委托代理人参加仲裁活动。委托他人参加仲裁活动，应当向劳动争议仲裁委员会提交有委托人签名或者盖章的委托书，委托书应当载明委托事项和权限。

丧失或者部分丧失民事行为能力的劳动者，由其法定代理人代为参加仲裁活动；无法定代理人的，由劳动争议仲裁委员会为其指定代理人。劳动者死亡的，由其近亲属或者代理人参加仲裁活动。

（3）劳动争议仲裁案件的管辖。仲裁委员会负责管辖本区域内发生的劳动争议。劳动争议由劳动合同履行地或者用人单位所在地的劳动争议仲裁委员会管辖。双方当事人分别向劳动合同履行地和用人单位所在地的劳动争议仲裁委员会申请仲裁的，由劳动合同履行地的劳动争议仲裁委员会管辖。有多个劳动合同履行地的，由最先受理的仲裁委员会管辖。劳动合同履行地不明确的，由用人单位所在地的仲裁委员会管辖。

2）申请和受理

（1）仲裁时效。劳动争议申请仲裁的时效期间为1年。仲裁时效期间从当事人知道或者应当知道其权利被侵害之日起计算。劳动关系存续期间因拖欠劳动报酬发生争议的，劳动者申请仲裁不受1年仲裁时效期间的限制；但是，劳动关系终止的，应当自劳动关系终止之日起1年内提出。

劳动仲裁时效，因当事人一方向对方当事人主张权利，或者向有关部门请求权利救济，或者对方当事人同意履行义务而中断。从中断时起，仲裁时效期间重新计算。

因不可抗力或者有其他正当理由，当事人不能在仲裁时效期间申请仲裁的，仲裁时效中止。从中止时效的原因消除之日起，仲裁时效期间继续计算。

（2）仲裁申请。申请人申请仲裁应当提交书面仲裁申请，并按照被申请人人数提交副本。书写仲裁申请确有困难的，可以口头申请，由劳动争议仲裁委员会记入笔录，并告知对方当事人。

（3）仲裁受理。劳动争议仲裁委员会收到仲裁申请之日起5日内，认为符合受理条件的，应当受理，并通知申请人；认为不符合受理条件的，应当书面通知申请人不予受理，并说明理由。

3）开庭和裁决

（1）仲裁基本制度。

①公开原则。劳动争议仲裁公开进行，但当事人协议不公开进行或者涉及国家秘密、商业秘密和个人隐私的除外。

②仲裁庭制。劳动争议仲裁委员会裁决劳动争议案件实行仲裁庭制。仲裁庭由3名仲裁员组成，设首席仲裁员。简单劳动争议案件可以由1名仲裁员独任仲裁。

③回避制度。仲裁员有下列情形之一的，应当回避，当事人也有权以口头或者书面方式提出回避申请：是本案当事人或者当事人、代理人的近亲属的；与本案有利害关系的；与本案当事人、代理人有其他关系，可能影响公正裁决的；私自会见当事人、代理人，或者接受当事人、代理人的请客送礼的。

④先行调解制度。仲裁庭在作出裁决前，应当先行调解。调解达成协议的，仲裁庭应当制作调解书。调解书经双方当事人签收后，发生法律效力。

（2）仲裁开庭程序。劳动争议仲裁委员会应当在受理仲裁申请之日起5日内将仲裁庭的组成情况书面通知当事人。仲裁庭应当在开庭5日前，将开庭日期、地点书面通知双方当事人。当事人有正当理由的，可以在开庭3日前请求延期开庭。是否延期，由劳动争议仲裁委员会决定。

申请人收到书面通知，无正当理由拒不到庭或者未经仲裁庭同意中途退庭的，可以视为撤回仲裁申请。被申请人收到书面通知，无正当理由拒不到庭或者未经仲裁庭同意中途退庭的，可以缺席裁决。

开庭审理中，仲裁员应当听取申请人的陈述和被申请人的答辩，主持庭审调查、质证和辩论、征询当事人最后意见，并进行调解。

仲裁庭裁决劳动争议案件，应当自劳动争议仲裁委员会受理仲裁申请之日起45日内结束。案情复杂需要延期的，经劳动争议仲裁委员会主任批准，可以延期并书面通知当事人，但是延长期限不得超过15日。逾期未作出仲裁裁决的，当事人可以就该劳动争议事项向人民法院提起诉讼。

（3）仲裁裁决。裁决应当按照多数仲裁员的意见作出，少数仲裁员的不同意见应当记入笔录。仲裁庭不能形成多数意见时，裁决应当按照首席仲裁员的意见作出。裁决书应当载明仲裁请求、争议事实、裁决理由、裁决结果和裁决日期。裁决书由仲裁员签名，加盖劳动争议仲裁委员会印章。对裁决持不同意见的仲裁员，可以签名，也可以不签名。

仲裁庭裁决劳动争议案件时，其中一部分事实已经清楚，可以就该部分先行裁决。

下列劳动争议，除《劳动争议调解仲裁法》另有规定的外，仲裁裁决为终局裁决，裁决书自作出之日起发生法律效力：①追索劳动报酬、工伤医疗费、经济补偿或者赔偿金，不超过当地月最低工资标准12个月金额的争议；②因执行国家的劳动标准在工作时间、休息休假、社会保险等方面发生的争议。

4）执行

仲裁庭对追索劳动报酬、工伤医疗费、经济补偿或者赔偿金的案件，根据当事人的申请，可以裁决先予执行，移送人民法院执行。

仲裁庭裁决先予执行的，应当符合下列条件：①当事人之间权利义务关系明确；②不先予执行将严重影响申请人的生活。劳动者申请先予执行的，可以不提供担保。

当事人对发生法律效力的调解书、裁决书，应当依照规定的期限履行。一方当事人逾期不履行的，另一方当事人可以依照民事诉讼法的有关规定向人民法院申请执行。受理申请的人民法院应当依法执行。

案件回放

丁某就职于某机械公司，劳动合同约定其月工资为6 000元；机械公司于每月15日发放上月10日至本月9日的工资。2020年春节前，丁某返回外省家乡过节。春节延长假期间，机械公司所属地区人民政府发布通知，延迟复工时间至2月9日。2月底，机械公司复工复产，而丁某未能返岗或远程办公。机械公司线上发布通知，告知未返岗职工保留职位，将参照国家有关停工停产规定发放工资。丁某回复："收到，谢谢公司理解。"机械公司正常发放了丁某1月1日至2月9日工资。但3月15日，丁某仅收到2月工资1 540元。人事经理解释，因公司停工，2月9日停工后的第一个工资支付周期已经结束，根据国家及所属省有关规定，自2月10日起对未返岗职工发放生活费。丁某以公司未及时足额支付工资为由提出了解除劳动关系，并向劳动人事争议仲裁委员会（以下简称仲裁委员会）申请仲裁。

申请人请求裁决机械公司支付2月10日至3月9日的工资差额4 460元和解除劳动合同的经济补偿6 000元。

经调解，机械公司当庭支付丁某2020年2月10日至3月9日的工资待遇差额3 227.8元。丁某撤回仲裁申请。

资料来源　摘自《人力资源社会保障部　最高人民法院关于联合发布第一批劳动人事争议典型案例的通知》（人社部函〔2020〕62号）。

点评：本案的争议焦点是如何理解"一个工资支付周期"。《工资支付暂行规定》（劳部发〔1994〕489号）第12条及人力资源社会保障部《关于妥善处理新型冠状病毒感染的肺炎疫情防控期间劳动关系问题的通知》（人社厅明电〔2020〕5号）均涉及"一个工资支付周期"，该周期的性质应属缓冲期，主要目的是体现风险共担和疫情期间对劳动者基本权益的保护，只有理解为一个时间长度，才符合相关规定的内涵。如果将"超过一个工资支付周期"理解为"跨越当前支付周期截止时间点"，则易引发用人单位停工时间相同，却仅因工资支付周期起算时间不同，而承担不同工资支付责任的问题。

本案中，机械公司实行按月支付工资的制度，工资支付周期为1个月。机械公司因疫情原因未复工，停工停产期间从2020年春节延长假期结束的次日（2月3日）起计算，2月底机械公司复工后丁某未返岗，经双方协商，丁某未返岗期间工资待遇参照停工停产标准支付，未返岗期间与机械公司停工期间应连续计算。因此，2020年2月3日至3月2日为丁某未返岗的第一个工资支付周期，2020年3月3日至3月9日则超过一个工资支付周期。故对于丁某2月10日至3月9日期间的工资待遇，应采取分段核算的方法，扣减机械公司已支付金额后，机械公司应支付工资待遇差额3 227.8元（6 000元÷21.75天×16天+1 540元÷21.75天×5天-1 540元）。经向双方释明"一个工资支付周期"的内涵，机械公司当庭支付丁某3 227.8元工资待遇差额，双方协商同意丁某回公司继续工作，丁某也撤回了仲裁申请。

典型意义：新冠肺炎疫情期间，企业出现停工停产，劳动者也存在不能及时返岗的困难。准确理解和适用"一个工资支付周期"，有利于疫情期间工资待遇支付标准的贯彻执行，在保障劳动者疫情期间基本权益的同时，也有利于促使用人单位承担起必要的社会责任，实现劳动关系双方共担风险、共渡难关。需要注意的是，有关部门应始终坚持协商和调解优先的柔性争议处理思路，发挥其当事人主导、社会成本低、程序效率高的优势，力争争议处理的最佳社会效果和法律效果。

课堂讨论 8-3

小赵是两年前毕业的高职生，2015年7月应聘在一家种子公司工作。2016年6月公司效益不好，此后一直未发放工资。2016年9月小赵辞去公司工作另谋出路，双方解除了劳动合同，直到2017年7月小赵才向公司追要拖欠的3个月工资，该公司拒绝支付，小赵申请劳动争议仲裁。

请问：

（1）劳动争议仲裁机构是否会支持小赵的请求？为什么？

（2）小赵可否直接向人民法院起诉？为什么？

8.3.4　劳动诉讼

1）劳动诉讼的提起

对仲裁委员会不受理或者逾期未作出决定的，申请人可以就该劳动争议事项向人民法院提起诉讼。

劳动者对劳动争议的终局裁决不服的，可以自收到仲裁裁决书之日起15日内向人民法院提起诉讼。

当事人对终局裁决情形以外的其他劳动争议案件的仲裁裁决不服的，可以自收到仲裁裁决书之日起15日内向人民法院提起诉讼。

终局裁决被人民法院裁定撤销的，当事人可以自收到裁定书之日起15日内就该劳动争议事项向人民法院提起诉讼。

2）劳动诉讼程序

劳动诉讼程序按照《中华人民共和国民事诉讼法》的规定执行。

🔗 法规链接

为了保护劳动者的合法权益，调整劳动关系，建立和维护适应社会主义市场经济的劳动制度，促进经济发展和社会进步，制定《中华人民共和国劳动法》，自1995年10月1日起施行。根据第十三届全国人民代表大会常务委员会第七次会议第二次修正。

为了完善劳动合同制度，明确劳动合同双方当事人的权利和义务，保护劳动者的合法权益，构建和发展和谐稳定的劳动关系，制定《中华人民共和国劳动合同法》，自2008年1月1日起施行。根据第十一届全国人民代表大会常务委员会第三十次会议修正。

了解法规具体内容，请直接扫描二维码或访问国家法律法规数据库（网址：https://flk.npc.gov.cn），检索"中华人民共和国劳动法"或"中华人民共和国劳动合同法"。

中华人民共和国劳动法

中华人民共和国劳动合同法

本章测试

◆ 选择题

1.《劳动合同法》的立法宗旨是：完善劳动合同制度，明确劳动合同双方当事人的权利和义务，保护（　　）的合法权益，构建和发展和谐稳定的劳动关系。

A.企业　　　　　　　　　　　　B.用人单位

C.劳动者　　　　　　　　　　　D.用人单位和劳动者

2.订立劳动合同，应当遵守合法、（　　）、平等自愿、协商一致、诚实信用原则。

A.公道　　　　　　B.公认　　　　　　C.公开　　　　　　D.公平

3.用人单位在制定、修改或者决定有关劳动报酬、工作时间、休息休假、劳动安全卫生、保险福利、职工培训、劳动纪律以及劳动定额管理等直接涉及劳动者切身利益的规章制度或者重大事项时，应当经职工代表大会或者全体职工讨论，提出方案和意见，与（　　）或者职工代表平等协商确定。

A.董事会　　　　　　B.监事会　　　　　　C.工会　　　　　　D.职工代表大会

4.《劳动合同法》调整的劳动关系是一种（　　）。

A.人身关系

B.财产关系

C.人身关系和财产关系相结合的社会关系

D.经济关系

5.用人单位与劳动者建立劳动关系的起算日期是（　　）。

A.用工之日起　　　　　　　　　　B.劳动合同订立之日起

C.试用期满之日起　　　　　　　　D.自用工之日起1个月后

◆ 判断题

1.安排劳动者延长劳动时间的，用人单位应支付不低于劳动者正常工作时间工资的200%的工资报酬。（　　）

2.用人单位与劳动者在订立劳动合同时，必须约定试用期。（　　）

3.无民事行为能力人、限制民事行为能力人接受奖励、赠与，他人不得以行为人无民事行为能力、限制民事行为能力为由，主张上述行为无效。（　　）

4.安排劳动者延长劳动时间的，用人单位应支付不低于劳动者正常工作时间工资的300%的工资报酬。（　　）

5.医疗期内遇劳动合同期满的,则劳动合同必须延至医疗期满,职工在此期间仍然享受医疗待遇。 （　　　）

◆ 简答题

1.简述劳动者的基本权利和义务。

2.简述订立劳动合同的原则。

3.劳动合同必备的条款有哪些?

拓展训练

◆ 实施准备

1.教师组织学生仔细阅读案例,提示案例要点。

2.学生每4~6人组成一个学习小组,以小组为单位进行讨论,提倡采用"头脑风暴法",最终形成一篇案例分析报告。

3.每个小组派出1名代表上讲台阐述小组报告的观点。

4.教师讲评案例并点评各小组报告。

◆ 案例内容

贾某于2016年6月与上海万隆饭店签订了为期5年的劳动合同。合同明确规定其责任是负责饭店大堂的接待等工作,试用期8个月,月工资3 000元。8个月试用期后万隆饭店表示满意,合同正式履行。2017年4月,因饭店餐饮部门负责人调离,饭店主管又认为大堂经理最好以女性为宜,于是在未与贾某协商的情况下,便安排贾某将大堂工作移交,接手餐饮部的工作。对此,贾某表示不同意,认为原合同规定是做大堂部经理工作。饭店认为贾某与饭店已签了劳动合同,贾某已成为本饭店的职员,就应当服从饭店的安排,仍坚持由贾某去做餐饮部工作。贾某坚决不同意,并仍到大堂部上班。

请问:

（1）贾某与上海万隆饭店签订的合同有什么错误?

（2）上海万隆饭店强行安排贾某去餐饮部工作的做法是否正确?为什么?

（3）如果上海万隆饭店欲以甲不服从工作安排为由解雇贾某,是否符合法律规定?为什么?

第四篇

市场管理法律制度

营造公平竞争环境。要打破各种各样的"卷帘门""玻璃门""旋转门"，在市场准入、审批许可、经营运行、招投标、军民融合等方面，为民营企业打造公平竞争环境，给民营企业发展创造充足市场空间。要鼓励民营企业参与国有企业改革。要推进产业政策由差异化、选择性向普惠化、功能性转变，清理违反公平、开放、透明市场规则的政策文件，推进反垄断、反不正当竞争执法。

——摘自《在民营企业座谈会上的讲话》

（习近平，2018年11月1日）

垄断与竞争天生是一对矛盾，由于缺少竞争压力和发展动力，加之缺乏有力的外部制约监督机制，垄断性行业的服务质量往往难以令人满意，经常会违背市场法则、侵犯消费者公平交易权和选择权。而不正当竞争则会扰乱市场经济秩序，造成竞争秩序混乱，削弱和窒息了市场经济竞争机制的应有的活力和作用，对其他合法经营者和消费者的合法权益造成损害，严重阻碍了技术进步和社会生产力的发展。反垄断、反不正当竞争，是完善社会主义市场经济体制、推动高质量发展的内在要求。本篇将围绕反不正当竞争法、反垄断法、消费者权益保护法、电子商务法展开，具体内容架构如下图所示：

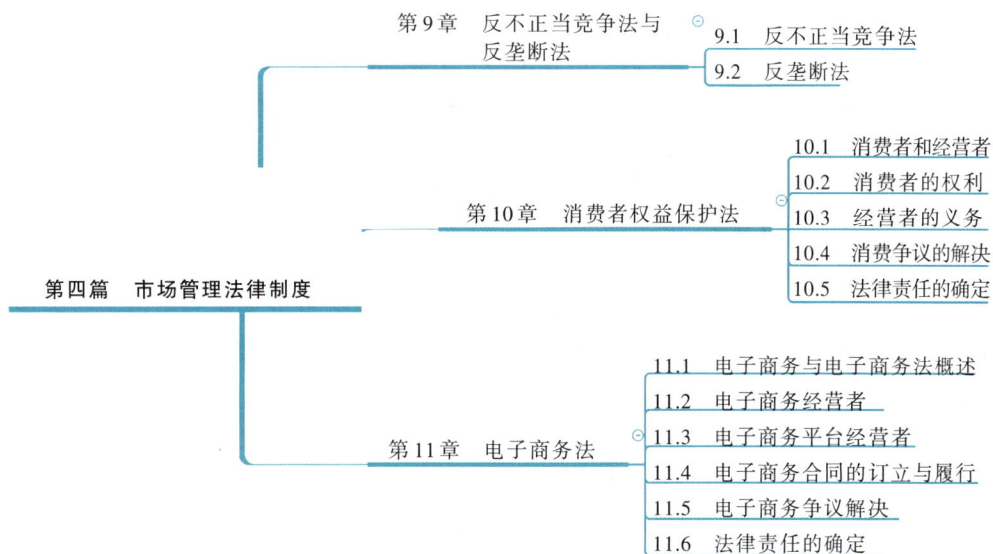

第9章　反不正当竞争法与反垄断法
- 9.1　反不正当竞争法
- 9.2　反垄断法

第10章　消费者权益保护法
- 10.1　消费者和经营者
- 10.2　消费者的权利
- 10.3　经营者的义务
- 10.4　消费争议的解决
- 10.5　法律责任的确定

第四篇　市场管理法律制度

第11章　电子商务法
- 11.1　电子商务与电子商务法概述
- 11.2　电子商务经营者
- 11.3　电子商务平台经营者
- 11.4　电子商务合同的订立与履行
- 11.5　电子商务争议解决
- 11.6　法律责任的确定

第9章

反不正当竞争法与反垄断法

◆ 知识目标：了解反不正当竞争法和反垄断法的立法状况；理解反不正当竞争法的基本原则和作用；理解并掌握不正当竞争行为和垄断行为的概念和特征；掌握不正当竞争行为及垄断行为的表现及其法律责任。

◆ 能力目标：能够准确判断哪些行为属于不正当竞争行为或垄断行为；能够正确区分回扣与折扣、佣金的法律性质。

图文引例　　阿里巴巴"二选一"垄断案被罚 182.28 亿元

2020 年 12 月，国家市场监管总局依据《反垄断法》对阿里巴巴集团控股有限公司（以下简称"阿里巴巴集团"）在中国境内网络零售平台服务市场滥用市场支配地位行为立案调查。

经查，阿里巴巴集团在中国境内网络零售平台服务市场具有支配地位。自 2015 年以来，阿里巴巴集团滥用该市场支配地位，对平台内商家提出"二选一"要求，禁止平台内商家在其他竞争性平台开店或参加促销活动，并借助市场力量、平台规则和数据、算法等技术手段，采取多种奖惩措施保障"二选一"要求执行，维持、增强自身市场力量，获取不正当竞争优势。

调查表明，阿里巴巴集团实施"二选一"行为排除、限制了中国境内网络零售平台服务市场的竞争，妨碍了商品服务和资源要素自由流通，影响了平台经济创新发展，侵害了平台内商家的合法权益，损害了消费者利益，构成《反垄断法》第17条第1款第4项禁止"没有正当理由，限定交易相对人只能与其进行交易"的滥用市场支配地位行为。

根据《反垄断法》第47条、第49条规定，综合考虑阿里巴巴集团违法行为的性质、程度和持续时间等因素，2021年4月10日，市场监管总局依法作出行政处罚决定，责令阿里巴巴集团停止违法行为，并处以其2019年中国境内销售额4 557.12亿元4%的罚款，计182.28亿元。同时，按照《行政处罚法》坚持处罚与教育相结合的原则，向阿里巴巴集团发出《行政指导书》，要求其围绕严格落实平台企业主体责任、加强内控合规管理、维护公平竞争、保护平台内商家和消费者合法权益等方面进行全面整改，并连续三年向市场监管总局提交自查合规报告。

资料来源 国家市场监督管理总局.市场监管总局依法对阿里巴巴集团控股有限公司在中国境内网络零售平台服务市场实施"二选一"垄断行为作出行政处罚［EB/OL］.［2021-04-12］. http://www.samr.gov.cn/xw/zj/202104/t20210410_327702.html.

点评：回顾整个案件，无论是违法行为的认定，还是罚款金额的确定，都体现了依法治国的基本要求，于法有据、于理应当。2015年以来，阿里巴巴集团为阻碍其他竞争性平台发展，维持、巩固自身市场地位，获取不当竞争优势，实施"二选一"垄断行为，限定商家只能与其进行交易，违反了《反垄断法》关于"没有正当理由，限定交易相对人只能与其进行交易"的规定，构成滥用市场支配地位行为。监管部门综合考虑阿里巴巴集团违法行为的性质、程度和持续时间等因素，对其处以2019年销售额4%的罚款，有力维护了法律的权威，是对平台内商家和广大消费者合法权益的切实保护，也是对平台经济发展秩序的有效规范。

垄断是市场经济的大敌，平台经济的规范健康持续发展，尤其离不开公平竞争的环境。滥用市场支配地位的垄断行为，排除、限制了相关市场竞争，侵害了平台内商家的合法权益，阻碍了平台经济创新发展和生产要素自由流动，损害了消费者权益。没有公平竞争的良好生态，平台经济就会失去创新发展的强大活力。

与市场垄断行为类似，不正当竞争行为同样会导致对公平竞争的破坏，导致对知名企业或名牌产品利益的损害。在本章我们将共同学习反不正当竞争法及反垄断法的相关知识。

9.1 反不正当竞争法

9.1.1 不正当竞争行为与反不正当竞争法

竞争是商品经济的必然现象，是市场经济运行的基本机制。在整个竞争过程中，每个商品生产者和经营者，都不可避免地要接受市场竞争的选择，优胜劣汰。在竞争推动市场经济发展的同时，一些置商业道德和消费者利益于不顾的不正当竞争行为，也相继伴随而来。因此，制止不正当竞争，维护公平交易的法律也就应运而生。

1) 不正当竞争行为的概念及特征

不正当竞争行为，是指经营者在生产经营活动中，违反法律规定，扰乱市场竞争秩序，损害其他经营者或者消费者的合法权益的行为。这里所说的经营者，是指从事商品生产、经营或者提供服务（以下所称商品包括服务）的自然人、法人和非法人组织。

不正当竞争行为的特征如下：

（1）主体的特定性。实施不正当竞争行为的主体是参与市场竞争的经营者。只要经营者从事的行业或产品存在竞争就有可能产生不正当竞争。

（2）主观的故意性。实施不正当竞争行为的行为者属于明知故犯，通过各种不正当手段，获取在正当竞争条件下难以取得的利益，损害竞争对手的利益，如通过制假、贩假牟利。

（3）行为的违法性。经营者实施了一种违反法律、法规和商业道德的行为，破坏了社会良好的经济秩序，阻碍了市场经济的发展。

（4）结果的危害性。不正当竞争行为不但会对竞争对手的利益造成损害，而且可能给消费者的合法权益带来危害，在破坏生产者、经营者之间有序竞争秩序的同时，给消费者造成人身、财产的损害。

2) 反不正当竞争法

反不正当竞争法，是指调整在维护公平竞争，制止不正当竞争行为过程中发生的社会关系的法律规范的总称。在我国的现实经济生活中，不正当竞争行为已不是个别的偶发现象，有些不正当竞争行为，如制造、销售假冒伪劣商品，已成为一大社会公害，严重扰乱了社会经济秩序，损害了其他经营者和消费者的合法权益。为了促进社会主义市场经济健康发展，鼓励和保护公平竞争，制止不正当竞争行为，保护经营者和消费者的合法权益，第八届全国人大常委会第三次会议于1993年9月2日通过了《中华人民共和国反不正当竞争法》（以下简称《反不正当竞争法》），从1993年12月1日起施行。2017年11月4日，第十二届全国人民代表大会常务委员会第三十次会议修订了《反不正当竞争法》，自2018年1月1日起正式实施。《反不正当竞争法》根据2019年4月23日第十三届全国人民代表大会常务委员会第十次会议《关于修改〈中华人民共和国建筑法〉等八部法律的决定》修正。

反不正当竞争法调整在制止不正当竞争过程中发生的社会关系，具体包括以下几个方面：

（1）市场主体之间发生的竞争关系。

（2）不正当竞争行为的受害人与不正当竞争行为人之间发生的请求赔偿和赔偿关系。

（3）各级人民政府在保护公平竞争，制止不正当竞争行为过程中的权责关系。

（4）不正当竞争行为监督检查机关在行使查处不正当竞争行为职权时与不正当竞争行为人之间所发生的关系。

（5）监督检查不正当竞争行为的国家机关工作人员的权责关系。

9.1.2　不正当竞争行为的表现形式

不正当竞争行为的表现形式多种多样，我国《反不正当竞争法》列举了以下几种不正当竞争行为：

1）混淆行为

混淆行为是指经营者实施引人误认为是他人商品或者与他人存在特定联系的行为。它表现为：

（1）擅自使用与他人有一定影响的商品名称、包装、装潢等相同或者近似的标识。

（2）擅自使用他人有一定影响的企业名称（包括简称、字号等）、社会组织名称（包括简称等）、姓名（包括笔名、艺名、译名等）。

（3）擅自使用他人有一定影响的域名主体部分、网站名称、网页等。

（4）其他足以引人误认为是他人商品或者与他人存在特定联系的混淆行为。

2）商业贿赂行为

商业贿赂行为是指经营者采用财物或者其他手段贿赂下列单位或者个人，以谋取交易机会或者竞争优势。

（1）交易相对方的工作人员。

（2）受交易相对方委托办理相关事务的单位或者个人。

（3）利用职权或者影响力影响交易的单位或者个人。

3）虚假宣传行为

经营者不得对其商品的性能、功能、质量、销售状况、用户评价、曾获荣誉等作虚假或者引人误解的商业宣传，欺骗、误导消费者。经营者不得通过组织虚假交易等方式，帮助其他经营者进行虚假或者引人误解的商业宣传。

课堂讨论 9 -1

某商厦业务经理许某与甲制衣有限公司洽谈订购一批西装，双方签订了一个意向合同，其中约定，双方于该年9月签订正式合同。许某返回单位的途中，与乙制衣厂业务经理张某相遇，张某得知许某的意向后，许诺给许某个人5%的回扣，给商厦8%的折扣，并保证其成衣在面料、款式、交货时间上都优于甲公司。张某带许某参观了其所在的制衣厂，许某觉得比较满意。之后，许某验收了该厂按要求制作的一件西装样品，觉得质量很好，便于8月与该厂正式签订了合同。

许某回商厦后，向负责人汇报了事情的经过。但隐瞒了张某答应给自己5%回扣的情节。

甲公司得知商厦改变进货渠道后，感到很突然。后经调查得知乙厂抢走了其生意，且知道了乙厂通过给付回扣的方法来达到商业目的。甲公司以乙厂进行不正当竞争为由将乙厂告上法庭，要求赔偿经济损失。

法院受理案件后查明，被告给予商厦的折扣，在双方的账册中都有记载；而给予许某的回扣，在双方的账册中都无记载。

请问：法院应如何判决此案？

4）侵犯商业秘密行为

商业秘密，是指不为公众所知悉、具有商业价值并经权利人采取相应保密措施的技术信息和经营信息。经营者不得实施下列侵犯商业秘密的行为：

（1）以盗窃、贿赂、欺诈、胁迫或者其他不正当手段获取权利人的商业秘密。

（2）披露、使用或者允许他人使用以前项手段获取的权利人的商业秘密。

（3）违反约定或者违反权利人有关保守商业秘密的要求，披露、使用或者允许他人使用其所掌握的商业秘密。

第三人明知或者应知商业秘密权利人的员工、前员工或者其他单位、个人实施前款所列违法行为，仍获取、披露、使用或者允许他人使用该商业秘密的，视为侵犯商业秘密。

5）不当有奖销售行为

（1）所设奖的种类、兑奖条件、奖金金额或者奖品等有奖销售信息不明确，影响兑奖。

（2）采用谎称有奖或者故意让内定人员中奖的欺骗方式进行有奖销售。

（3）抽奖式的有奖销售，最高奖的金额超过5万元。

课堂讨论9-2

沅陵县某房地产公司为推动销售其在沅陵县城南车站旁的某楼盘房源，在其售楼部外搭建临时舞台，进行抽奖销售活动。该公司抽奖活动的奖项设置为：特等奖1名，奖品为雪佛兰赛欧1.2L手动时尚版轿车1辆；一等奖2名，奖品为创维彩电50E550E液晶电视机1台；二等奖4名，奖品为小天鹅8kg滚筒洗衣机1台；三等奖8名，奖品为格力1.7P挂式空调1台；四等奖69名，奖品为苏泊尔电饭煲1台。其所设特等奖价值53 800元，且在活动现场所有奖项全部抽奖开出，奖品兑现完毕。

请问：该促销活动是不是不正当竞争行为？

6）诋毁商誉行为

诋毁商誉行为，是指经营者编造、传播虚假信息或者误导性信息，损害竞争对手的商业信誉、商品声誉的行为。

7）利用技术手段妨碍、破坏其他经营者合法提供网络产品或者服务正常运行的行为

经营者不得利用技术手段，通过影响用户选择或者其他方式，实施下列妨碍、破坏其他经营者合法提供的网络产品或者服务正常运行的行为：

（1）未经其他经营者同意，在其合法提供的网络产品或者服务中，插入链接、强制进行目标跳转。

（2）误导、欺骗、强迫用户修改、关闭、卸载其他经营者合法提供的网络产品或者服务。

（3）恶意对其他经营者合法提供的网络产品或者服务实施不兼容。

（4）其他妨碍、破坏其他经营者合法提供的网络产品或者服务正常运行的行为。

课堂讨论 9-3

某地区发生虫灾，菜农心急如焚，争相购买农药用来灭虫，以确保今年的收成。某农药公司见农药紧俏，便规定从本公司购买一箱农药，必须同时购买喷雾器一台。因菜农大多家里都有喷雾器，有的拒绝购买，并指责公司的这种搭售行为。公司销售人员说："这是公司的规定，买不买随便，又不是强行推销。"由于急需农药，许多菜农只得忍气吞声，在购买农药的同时购买了喷雾器。

请问：农药公司的行为构不构成不正当竞争？

案件回放

2016年3月，阳泉市工商局接市民刘女士举报，称阳泉市某公交公司（以下简称公交公司）在办理公交月票卡时，强制要求其先到中国农业银行阳泉市某分行营业网点（以下简称农行）办理"阳泉一卡通"，再到公交公司发卡中心充值，并交纳押金后方可使用。阳泉市工商局执法人员随即对该举报进行了核查。

经查证，公交公司在2013年11月至2016年4月期间，与农行以惠民服务山城百姓的名义签订合作协议：由农行投资约185万元，购买了武汉市公用电子工程有限责任公司开发研制的金融公交IC卡一卡通设备及软件；投资268.06万元，购买了珠海金邦达有限公司研制的阳泉一卡通借记卡26万张，双方按照农行提供的技术标准进行对接；由武汉公用电子工程有限责任公司担任系统集成商，为公交公司500台公交车辆安装了IC卡读写器，并为公交公司IC卡中心安装了系统后台和服务器。从2013年11月至2016年4月期间，公交公司对于需要办理公交月票的消费者统一要求必须先行办理农行"阳泉一卡通"，然后再到公交公司IC卡中心充值。在全部费用由农行承担的情况下，公交公司仍要求消费者交纳20元押金后方能刷卡乘车，截至2016年4月底，共收取IC卡押金约40余万元。对于每个消费者的20元押金，公交公司按照每月1元的标准收取折旧费记入消费者账户，至案发已收折旧费121 420元。

阳泉市工商局认为，公交公司强制要求消费者办理农行"阳泉一卡通"方能刷卡乘车，并收取消费者押金并按每月1元标准收取折旧费的行为，违反了《反不正当竞争法》及《关于禁止公用企业限制竞争行为的若干规定》第6条第（六）项"对不接受其不合理条件的用户、消费者拒绝、中断或者削减供应相关商品，或者滥收费用"之规定。因此，阳泉市工商局根据《反不正当竞争法》以及《关于禁止公用企业限制竞争行为的若干规定》，对公交公司作出责令停止违法行为，罚款6万元的行政处罚。

资料来源　李琳．案情　阳泉市某公交公司限制竞争案［N］．山西市场导报，2017-03-02（B2）．

点评：阳泉某公交公司作为向社会提供公共交通服务的企业，系涉及公用事业的经营者。其先是限定消费者必须办理农行"阳泉一卡通"方能乘车，后又借给消费者办理"阳泉一卡通"之机，向消费者收取押金并按月扣除折旧费，违反了《反不正当竞争法》及《关于禁止公用企业限制竞争行为的若干规定》的相关规定。阳泉市工商局通过先期大量工作，固定了完整的证据链，本案事实认定清楚，法律适用准确。

9.1.3　对不正当竞争行为的监督检查

我国《反不正当竞争法》不仅在总则中对有关不正当竞争行为的监督检查作了原则性规定，而且在第三章中专门对不正当竞争行为的监督检查作了较为具体的规定。

《反不正当竞争法》第3条规定："各级人民政府应当采取措施，制止不正当竞争行为，为公平竞争创造良好的环境和条件。"第5条还规定："国家鼓励、支持和保护一切组织和个人对不正当竞争行为进行社会监督。国家机关及其工作人员不得支持、包庇不正当竞争行为。行业组织应当加强行业自律，引导、规范会员依法竞争，维护市场竞争秩序。"

从以上规定可以看出，在我国，对不正当竞争行为进行的监督检查，既包括专门机构的监督检查，也包括其他组织和公民个人进行的社会监督。

9.1.4　不正当竞争行为的法律责任

经营者违反《反不正当竞争法》规定，给他人造成损害的，应当依法承担民事责任。经营者的合法权益受到不正当竞争行为损害的，可以向人民法院提起诉讼。因不正当竞争行为受到损害的经营者的赔偿数额，按照其因被侵权所受到的实际损失确定；实际损失难以计算的，按照侵权人因侵权所获得的利益确定。赔偿数额还应当包括经营者为制止侵权行为所支付的合理开支。《反不正当竞争法》对不正当竞争行为的法律责任规定如下：

（1）经营者违反本法第6条、第9条规定，权利人因被侵权所受到的实际损失、侵权人因侵权所获得的利益难以确定的，由人民法院根据侵权行为的情节判决给予权利人500万元以下的赔偿。

（2）经营者违反本法第6条规定实施混淆行为的，由监督检查部门责令停止违法行为，没收违法商品。违法经营额5万元以上的，可以并处违法经营额5倍以下的罚款；没有违法经营额或者违法经营额不足5万元的，可以并处25万元以下的罚款。情节严重的，吊销营业执照。

经营者登记的企业名称违反本法第6条规定的，应当及时办理名称变更登记；名称变更前，由原企业登记机关以统一社会信用代码代替其名称。

（3）经营者违反本法第7条规定贿赂他人的，由监督检查部门没收违法所得，处10万元以上300万元以下的罚款。情节严重的，吊销营业执照。

（4）经营者违反本法第8条规定对其商品作虚假或者引人误解的商业宣传，或者通过组织虚假交易等方式帮助其他经营者进行虚假或者引人误解的商业宣传的，由监督检查部门责令停止违法行为，处20万元以上100万元以下的罚款；情节严重的，处100万元以上200万元以下的罚款，可以吊销营业执照。

经营者违反本法第8条规定，属于发布虚假广告的，依照《中华人民共和国广告法》的规定处罚。

（5）经营者违反本法第9条规定侵犯商业秘密的，由监督检查部门责令停止违法行为，处10万元以上100万元以下的罚款；情节严重的，处50万元以上500万元以下的罚款。

（6）经营者违反本法第10条规定进行有奖销售的，由监督检查部门责令停止违法行为，处5万元以上50万元以下的罚款。

（7）经营者违反本法第11条规定损害竞争对手商业信誉、商品声誉的，由监督检查部门责令停止违法行为、消除影响，处10万元以上50万元以下的罚款；情节严重的，处50万元以上300万元以下的罚款。

（8）经营者违反本法第12条规定妨碍、破坏其他经营者合法提供的网络产品或者服务正常运行的，由监督检查部门责令停止违法行为，处10万元以上50万元以下的罚款；情节严重的，处50万元以上300万元以下的罚款。

（9）经营者违反本法规定从事不正当竞争，有主动消除或者减轻违法行为危害后果等法定情形的，依法从轻或者减轻行政处罚；违法行为轻微并及时纠正，没有造成危害后果的，不予行政处罚。

（10）经营者违反本法规定从事不正当竞争，受到行政处罚的，由监督检查部门记入信用记录，并依照有关法律、行政法规的规定予以公示。

（11）经营者违反本法规定，应当承担民事责任、行政责任和刑事责任，其财产不足以支付的，优先用于承担民事责任。

（12）妨害监督检查部门依照本法履行职责，拒绝、阻碍调查的，由监督检查部门责令改正，对个人可以处5 000元以下的罚款，对单位可以处5万元以下的罚款，并可以由公安机关依法给予治安管理处罚。

（13）当事人对监督检查部门作出的决定不服的，可以依法申请行政复议或者提起行政诉讼。

（14）监督检查部门的工作人员滥用职权、玩忽职守、徇私舞弊或者泄露调查过程中知悉的商业秘密的，依法给予处分。

（15）违反本法规定，构成犯罪的，依法追究刑事责任。

（16）在侵犯商业秘密的民事审判程序中，商业秘密权利人提供初步证据，证明其已经对所主张的商业秘密采取保密措施，且合理表明商业秘密被侵犯，涉嫌侵权人应当证明权利人所主张的商业秘密不属于本法规定的商业秘密。

商业秘密权利人提供初步证据合理表明商业秘密被侵犯，且提供以下证据之一的，涉嫌侵权人应当证明其不存在侵犯商业秘密的行为：①有证据表明涉嫌侵权人有渠道或者机会获取商业秘密，且其使用的信息与该商业秘密实质上相同；②有证据表明商业秘密已经被涉嫌侵权人披露、使用或者有被披露、使用的风险；③有其他证据表明商业秘密被涉嫌侵权人侵犯。

案件回放

2020年4月，常州国家高新区（新北区）市场监管局接到上级线索交办，称当事人在天猫开设的店铺中所经营的黑猪肉和散养土鸭的用户评价异常，随后展开调查。经查，当事人原在天猫平台开设店铺经营销售野生动物（持有林业部门的许可文件），后根据市场监管总局、农业农村部、国家林草局三部委《关于禁止野生动物交易的公告》的要求，停止野生动物交易，并于2020年3月20日前后分别在原野猪肉和原绿头鸭的网址链接上面直接修改图片等信息内容，售卖黑猪肉和散养土鸭。在天猫平台的协助下查明，截至2020年4月9日，当事人共销售一笔黑猪肉，与637条用户评价严重不符；截至2020年4月27日，当事人共销售散养土鸭63笔，与740条评价严重不符。当事人利用之前销售产品的用户评价和商品评分进行宣传和推广新上架产品，构成了欺骗、误导消费者的行为，违反了《中华人民共和国反不正当竞争法》第8条的规定，2020年9月，常州国家高新区（新北区）市场监管局依据《中华人民共和国反不正当竞争法》第20条的规定对当事人作出了罚款20万元的行政处罚。

资料来源　江苏省市场监管局.权威发布！江苏发布2020年全省网络市场监管工作情况及典型案例［EB/OL］.［2021-03-26］. http://news.jstv.com/a/20210226/1614329049715.shtml.

点评：一些商家为使自己的商品在平台搜索时排在前列，同时有较多的用户进行正面评价，贸然通过刷单等方式，虚增商品的销量和好评量，进而提高消费者的信任度和认同感。这些"假评论"和"假销量"一定程度上对消费者起到了误导作用，影响了消费者对商品的判断和选择。本案中，当事人将已下架的商品通过修改图片、品名等商品信息，重新上架销售新商品，并将已下架商品的用户评价套用至新商品上，既欺骗误导了消费者，又损害了其他经营者的利益，理应受到处罚。

课堂讨论9-4

新修订的《反不正当竞争法》颁布后，惩治刷单和虚假宣传有法可依，"网络水军"等不法经营者将受到严厉的处罚。除了对经营者自己产品的虚假宣传外，帮助他人进行刷单、炒信、删除差评、虚构交易、虚假荣誉等行为，也将受到严厉查处。近年来，网络电信诈骗案件持续高发，其中就有大学生在网上找"刷单兼职"时上当受骗。对此，你怎么看？

🔗 法规链接

为了促进社会主义市场经济健康发展，鼓励和保护公平竞争，制止不正当竞争行为，保护经营者和消费者的合法权益，《中华人民共和国反不正当竞争法》经第八届全国人民代表大会常务委员会第三次会议通过。根据2017 年 11 月 4 日第十二届全国人民代表大会常务委员会第三十次会议修订。根据2019 年 4 月 23 日第十三届全国人民代表大会常务委员会第十次会议《关于修改〈中华人民共和国建筑法〉等八部法律的决定》修正。

中华人民共和国反不正当竞争法

了解法规具体内容，请直接扫描二维码或访问国家法律法规数据库（网址：https://flk.npc.gov.cn），检索"中华人民共和国反不正当竞争法"。

9.2　反垄断法

9.2.1　垄断行为与反垄断法

1）垄断行为的概念和特征

垄断行为通常是指获取市场支配力的经营者在一定的交易市场中故意实施的限制、排斥竞争的行为。根据我国《反垄断法》第 3 条的规定，垄断行为一般指三种经济垄断，具体包括：垄断协议；滥用市场支配地位；具有或者可能具有排除、限制竞争效果的经营者集中。

2）反垄断法

反垄断法是指通过规范市场经营主体的垄断和限制竞争行为来调整市场经营主体之间的竞争关系的法律规范的总称。为了预防和制止垄断行为，保护市场公平竞争，提高经济运行效率，维护消费者利益和社会公共利益，促进社会主义市场经济健康发展，第十届全国人民代表大会常务委员会第二十九次会议于 2007 年 8 月 30 日通过了《中华人民共和国反垄断法》（以下简称《反垄断法》），自 2008 年 8 月 1 日起施行。

《反垄断法》自颁布以来，有关部门不断通过各种行政法规和部门规章来对其法律体系进行阐释和完善。原国家工商行政管理总局在 2011 年至 2015 年先后颁布实施了《工商行政管理机关禁止垄断协议行为的规定》《工商行政管理机关禁止滥用市场支配地位行为的规定》《关于禁止滥用知识产权排除、限制竞争行为的规定》，商务部在 2015 年发布实例了《关于经营者集中附加限制性条件的规定（试行）》，分别对垄断协议、滥用市场支配地位及滥用知识产权排除、限制竞争行为进行了界定，明确了行为的认定方式及相应处罚方式。国家发改委在 2015 年也牵头启动了《关于滥用知识产权的反垄断指南》和《汽车反垄断指南》的起草工作。2016 年 2 月，国家发改委发布《反垄断案件经营者承诺指南》和《横向垄断协议案件宽大制度适用指南》的征求意见稿，面向社会公开征求意见。

《反垄断法》调整的主要是具有竞争关系的经营者之间的法律关系。同时，结合我国实际，延续反不正当竞争法的思路，该法将具有行政垄断性质的反竞争行为纳入调整范围。例如，该法规定，行政机关和法律、法规授权的具有管理公共事务职能的组织不得滥用行政权力，排除、限制竞争。

《反垄断法》作为内国法，适用于在中华人民共和国境内经济活动中从事的垄断行为自不待言，但考虑到随着经济全球化的发展，经济活动（特别是大型企业的垄断行为）的影响并不限于一国境内，该法进一步明确："中华人民共和国境外的垄断行为，对境内市场竞争产生排除、限制影响的，适用本法。"这一规定是在参考了许多国家的竞争法之后作出的、符合国际惯例的选择。

9.2.2　垄断行为的表现形式

我国《反垄断法》将垄断行为的表现形式划分为四种：协议垄断；滥用市场支配地位；经营者集中；滥用行政权力排除、限制竞争。

1）协议垄断

协议垄断是指市场经营主体之间通过协议、合同等方式对同类或者可替代性商品达成一致，共同划分市场、限制商品价格和数量等，进而排除或限制竞争的行为。协议垄断依据其形态的不同，可分为横向垄断和纵向垄断。

（1）横向垄断。《反垄断法》禁止具有竞争关系的经营者达成下列垄断协议：①固定或者变更商品价格；②限制商品的生产数量或者销售数量；③分割销售市场或者原材料采购市场；④限制购买新技术、新设备或者限制开发新技术、新产品；⑤联合抵制交易；⑥国务院反垄断执法机构认定的其他垄断协议。

（2）纵向垄断。《反垄断法》禁止经营者与交易相对人达成下列垄断协议：①固定向第三人转售商品的价格；②限定向第三人转售商品的最低价格；③国务院反垄断执法机构认定的其他垄断协议。

经营者能够证明所达成的协议属于下列情形之一的，不适用以上关于横向垄断和纵向垄断的认定：①为改进技术、研究开发新产品的；②为提高产品质量、降低成本、增进效率，统一产品规格、标准或者实行专业化分工的；③为提高中小经营者经营效率，增强中小经营者竞争力的；④为实现节约能源、保护环境、救灾救助等社会公共利益的；⑤因经济不景气，为缓解销售量严重下降或者生产明显过剩的；⑥为保障对外贸易和对外经济合作中的正当利益的；⑦法律和国务院规定的其他情形。

📽 **案件回放**

2015年12月，国家发改委历经1年多的调查，对日本邮船株式会社、川崎汽船株式会社、株式会社商船三井、威克滚装船务有限公司、华轮威尔森物流有限公司、智利南美轮船有限公司、日本东车轮船有限公司、智利航运滚装船务有限公司8家滚装货物国际海运企业达成并实施串通投标价格垄断协议的行为依法作出处罚，分别处以2014年度与中国市场相关的滚装货物国际海运服务销售额4%至9%不等的罚款，合计罚款

4.07亿元。

资料来源 朱剑红. 国家发改委打击垄断出重拳 八家国际海运企业被罚4.07亿元［N］. 人民日报（海外版），2015-12-29.

点评：提振外贸出口是我国政府的工作重点，国务院会议中也多次提到要切实减轻外贸企业的出口费用负担。发改委对于本案的调查可以说就是在这一大背景下展开的。海运运输市场存在一定的特殊性，具有很强的专业技术性和地域分割性，在不同的航线上都可能形成特定的相关市场。同时，不同的海运企业之间为更有效地利用航运资源，往往形成各式各样的班轮公会，以便相互协调合作，这也容易成为滋生垄断行为的温床。本案的调查，意味着发改委已经将海运行业纳入自己的执法视野。同时，也说明发改委已经具备了在更加复杂多样的市场环境下进行调查的能力。

2）滥用市场支配地位

市场支配地位，是指经营者在相关市场内具有能够控制商品价格、数量或者其他交易条件，或者能够阻碍、影响其他经营者进入相关市场能力的市场地位。

认定经营者具有市场支配地位，应当依据下列因素：①该经营者在相关市场的市场份额，以及相关市场的竞争状况；②该经营者控制销售市场或者原材料采购市场的能力；③该经营者的财力和技术条件；④其他经营者对该经营者在交易上的依赖程度；⑤其他经营者进入相关市场的难易程度；⑥与认定该经营者市场支配地位有关的其他因素。

有下列情形之一的，可以推定经营者具有市场支配地位：①一个经营者在相关市场的市场份额达到1/2的；②两个经营者在相关市场的市场份额合计达到2/3的；③三个经营者在相关市场的市场份额合计达到3/4的。

《反垄断法》禁止具有市场支配地位的经营者从事下列滥用市场支配地位的行为：

（1）以不公平的高价销售商品或者以不公平的低价购买商品。

（2）没有正当理由，以低于成本的价格销售商品。

（3）没有正当理由，拒绝与交易相对人进行交易。

（4）没有正当理由，限定交易相对人只能与其进行交易或者只能与其指定的经营者进行交易。

（5）没有正当理由搭售商品，或者在交易时附加其他不合理的交易条件。

（6）没有正当理由，对条件相同的交易相对人在交易价格等交易条件上实行差别待遇。

（7）国务院反垄断执法机构认定的其他滥用市场支配地位的行为。

3）经营者集中

经营者集中是指下列情形：经营者合并；经营者通过取得股权或者资产的方式取得对其他经营者的控制权；经营者通过合同等方式取得对其他经营者的控制权或者能够对其他经营者施加决定性影响。

国务院反垄断执法机构审查经营者集中，应当考虑下列因素：

（1）参与集中的经营者在相关市场的市场份额及其对市场的控制力。

（2）相关市场的市场集中度。

（3）经营者集中对市场进入、技术进步的影响。

（4）经营者集中对消费者和其他有关经营者的影响。

（5）经营者集中对国民经济发展的影响。

（6）国务院反垄断执法机构认为应当考虑的影响市场竞争的其他因素。

经营者集中具有或者可能具有排除、限制竞争效果的，国务院反垄断执法机构应当作出禁止经营者集中的决定。但是，经营者能够证明该集中对竞争产生的有利影响明显大于不利影响，或者符合社会公共利益的，国务院反垄断执法机构可以作出对经营者集中不予禁止的决定。

对不予禁止的经营者集中，国务院反垄断执法机构可以决定附加减少集中对竞争产生不利影响的限制性条件。

国务院反垄断执法机构应当将禁止经营者集中的决定或者对经营者集中附加限制性条件的决定，及时向社会公布。

对外资并购境内企业或者以其他方式参与经营者集中，涉及国家安全的，除依照《反垄断法》规定进行经营者集中审查外，还应当按照国家有关规定进行国家安全审查。

拓展阅读9-1

2019年7月1日，国家市场监督管理总局公布《禁止垄断协议暂行规定》《禁止滥用市场支配地位行为暂行规定》《制止滥用行政权力排除、限制竞争行为暂行规定》，这3部《反垄断法》配套规章自2019年9月1日起施行。

这3部《反垄断法》配套规章确立了普遍授权原则，市场监督管理总局主要负责查处跨省、自治区、直辖市，案情较为复杂，在全国有重大影响，以及其认为有必要直接查处的案件；省级市场监管部门主要负责本行政区域内的案件。另外，3部规章均建立了备案、报告及监督制度，对违法行为的发现途径、书面举报的要求、委托调查、协助调查、公示等作出了统一规定，对相关规章的衔接问题予以明确。

为保护市场公平竞争和激励创新，制止经营者滥用知识产权排除、限制竞争行为，2020年11月3日，国家市场监督管理总局颁布了修订后的《关于禁止滥用知识产权排除、限制竞争行为的规定》。

为贯彻落实党中央、国务院决策部署，加强平台经济领域反垄断监管，完善监管规则，引导平台经济领域经营者依法合规经营，促进平台经济规范有序创新健康发展，2021年2月7日，国务院反垄断委员会出台了《国务院反垄断委员会关于平台经济领域的反垄断指南》。

4）滥用行政权力排除、限制竞争

行政机关和法律、法规授权的具有管理公共事务职能的组织不得滥用行政权力，限定或者变相限定单位或者个人经营、购买、使用其指定的经营者提供的商品。

（1）行政机关和法律、法规授权的具有管理公共事务职能的组织不得滥用行政权力，实施下列行为，妨碍商品在地区之间的自由流通：对外地商品设定歧视性收费项目、实行歧视性收费标准，或者规定歧视性价格；对外地商品规定与本地同类商品不同的技术要求、检验标准，或者对外地商品采取重复检验、重复认证等歧视性技术措施，限制外地商品进入本地市场；采取专门针对外地商品的行政许可，限制外地商品进入本地市场；设置关卡或者采取其他手段，阻碍外地商品进入或者本地商品运出；妨碍商品在地区之间自由流通的其他行为。

（2）行政机关和法律、法规授权的具有管理公共事务职能的组织不得滥用行政权力，以设定歧视性资质要求、评审标准或者不依法发布信息等方式，排斥或者限制外地经营者参加本地的招标投标活动。

（3）行政机关和法律、法规授权的具有管理公共事务职能的组织不得滥用行政权力，采取与本地经营者不平等待遇等方式，排斥或者限制外地经营者在本地投资或者设立分支机构。

（4）行政机关和法律、法规授权的具有管理公共事务职能的组织不得滥用行政权力，强制经营者从事《反垄断法》规定的垄断行为。

（5）行政机关不得滥用行政权力，制定含有排除、限制竞争内容的规定。

本章开头的图文引例即是一个典型的滥用行政权力排除、限制竞争的垄断行为，严重损害了广大消费者的利益。在我国一些地区，滥用行政权力排除限制竞争的行为还比较严重。

案件回放

2019年8月，黑龙江省反垄断执法机构依法开展反垄断调查。经调查，2018年2月11日，哈尔滨市交通运输局发布《关于公布首批哈尔滨市网络预约出租汽车车载卫星定位装置专用设备厂家和型号的通知》，规定深圳锐明技术股份有限公司生产的C6D型和河南速恒物联网科技有限公司生产的SH-VST601型车载卫星定位装置为哈尔滨市网约车车载卫星定位装置的指定厂家及型号。哈尔滨市4 500余台网约车安装了该两种型号定位装置。

哈尔滨市交通运输局指定网约车车载设备厂家和型号的行为违反了《反垄断法》。调查期间，哈尔滨市交通运输局主动废止《关于公布首批哈尔滨市网络预约出租汽车车载卫星定位装置专用设备厂家和型号的通知》，并予以公示。

资料来源 国家市场监督管理总局. 2019年反垄断执法十大典型案例［EB/OL］.［2021-04-10］. http://www.samr.gov.cn/xw/zj/202012/t20201224_324675.html.

点评：哈尔滨市交通运输局指定网约车车载设备厂家和型号的行为违反了《反垄断法》。该案件的查处，反映了我国反垄断执法不断加强，保护市场公平竞争，维护消费者利益。

9.2.3 垄断行为的法律责任

1）对协议垄断的处罚

经营者违反《反垄断法》规定，达成并实施垄断协议的，由反垄断执法机构责令停止违法行为，没收违法所得，并处上一年度销售额1%以上10%以下的罚款；尚未实施所达成的垄断协议的，可以处50万元以下的罚款。

经营者主动向反垄断执法机构报告达成垄断协议的有关情况并提供重要证据的，反垄断执法机构可以酌情减轻或者免除对该经营者的处罚。

行业协会违反《反垄断法》规定，组织本行业的经营者达成垄断协议的，反垄断执法机构可以处50万元以下的罚款；情节严重的，社会团体登记管理机关可以依法撤销登记。

2）对滥用市场支配地位的处罚

经营者违反《反垄断法》规定，滥用市场支配地位的，由反垄断执法机构责令停止违法行为，没收违法所得，并处上一年度销售额1%以上10%以下的罚款。

3）对实施经营者集中的处罚

经营者违反《反垄断法》规定实施集中的，由国务院反垄断执法机构责令停止实施集中、限期处分股份或者资产、限期转让营业以及采取其他必要措施恢复到集中前的状态，可以处50万元以下的罚款。

4）对滥用行政权力排除、限制竞争行为的处罚

行政机关和法律、法规授权的具有管理公共事务职能的组织滥用行政权力，实施排除、限制竞争行为的，由上级机关责令改正；对直接负责的主管人员和其他直接责任人员依法给予处分。反垄断执法机构可以向有关上级机关提出依法处理的建议。

法律、行政法规对行政机关和法律、法规授权的具有管理公共事务职能的组织滥用行政权力实施排除、限制竞争行为的处理另有规定的，依照其规定。

对反垄断执法机构依法实施的审查和调查，拒绝提供有关材料、信息，或者提供虚假材料、信息，或者隐匿、销毁、转移证据，或者有其他拒绝、阻碍调查行为的，由反垄断执法机构责令改正，对个人可以处2万元以下的罚款，对单位可以处20万元以下的罚款；情节严重的，对个人处2万元以上10万元以下的罚款，对单位处20万元以上100万元以下的罚款；构成犯罪的，依法追究刑事责任。

▶ 案件回放

2019年11月，市场监管总局根据举报，对扬子江药业集团有限公司（以下简称扬子江药业集团）涉嫌达成并实施垄断协议行为立案调查。

经查，2015年至2019年，扬子江药业集团在全国范围内（不含港澳台地区）通过签署合作协议、下发调价函、口头通知等方式，与药品批发商、零售药店等下游企业达成固定药品转售价格和限定药品最低转售价格的协议，并通过制定实施规则、强化考核监督、惩罚低价销售经销商、委托中介机构监督线上销售药品价格等措施保证该协议实施。扬子江药业集团上述行为排除、限制了竞争，损害了消费者合法权益和社会公共利益，违反《反垄断法》第14条"禁止经营者与交易相对人达成下列垄断协议：（一）固定向第三人转售商品的价格；（二）限定向第三人转售商品的最低价格"的规定。

2021年4月15日，市场监管总局根据《反垄断法》第46条、49条规定作出行政处

罚决定，责令扬子江药业集团停止违法行为，并处以其2018年销售额254.67亿元3%的罚款，计7.64亿元。

资料来源　根据国家市场监督管理总局网站新闻编写。

点评：药品价格关系国计民生，涉及减轻群众就医负担、增进民生福祉等重大问题，此次处罚表明市场监管总局将加强医药领域反垄断执法，有效预防和制止垄断行为，切实保护市场公平竞争，维护消费者合法权益和社会公共利益，促进社会主义市场经济健康发展。

🔗 法规链接

为了预防和制止垄断行为，保护市场公平竞争，提高经济运行效率，维护消费者利益和社会公共利益，促进社会主义市场经济健康发展，《中华人民共和国反垄断法》经第十届全国人民代表大会常务委员会第二十九次会议通过，自2008年8月1日起施行。

了解法规具体内容，请直接扫描二维码或访问国家法律法规数据库（网址：https://flk.npc.gov.cn），检索"中华人民共和国反垄断法"。

中华人民共和国反垄断法

▮ 本章测试

◆ 选择题

1.商业秘密是指不为公众所知悉能为权利人带来经济利益，具有（　　）并由权利人采取保密措施的技术信息和经营信息。

A.创造性　　　　　B.新颖性　　　　　C.实用性　　　　　D.专有性

2.经营者不得采用财物或者其他手段进行贿赂以销售或者购买商品。单位或者个人在账外暗中收受回扣的，以（　　）论处。

A.贪污　　　　　　B.受贿　　　　　　C.侵占　　　　　　D.行贿

3.抽奖式的有奖销售，最高奖的金额超过（　　）元的为不正当竞争。

A.500　　　　　　B.1 000　　　　　　C.5 000　　　　　　D.10 000

4.下列属于《反垄断法》禁止的垄断协议有（　　）。

A.甲、乙两家钢材公司为应对经济不景气、缓解销售量严重下降达成的限定钢材生产数量的协议

B.甲药厂和乙药店约定乙药店销售甲药厂的某种专利药品时，只能按某一固定价格出售

C.某日化企业为促销一种新开发的护肤品，与所有经销商约定，销售产品时每瓶售价不得超过120元

D.生产同类产品的甲、乙公司约定，甲公司的产品在长江以北市场销售，乙公司的产品在长江以南市场销售

5.甲通过互联网散布竞争对手乙的产品中掺杂有害物质的虚假信息，致使乙的商品信誉在消费者心中降低，给乙造成巨大损失。根据反不正当竞争法律制度的规定，甲的

行为是（　　）。

  A.虚假宣传　　　　B.欺骗性标示　　　　C.诋毁商誉　　　　D.仿冒

◆判断题

1.经营者不得以盗窃、利诱、胁迫或者其他不正当手段获取权利人的商业秘密。（　　）

2.以低于成本的价格销售商品的行为均应被认定为不正当竞争行为。（　　）

3.假冒他人注册商标的行为既是侵犯注册商标专用权的行为，也是不正当竞争行为。（　　）

4.全国人民代表大会常务委员会制定《中华人民共和国反垄断法》，是行使市场规制立法权的行为。（　　）

◆简答题

1.《反不正当竞争法》与《反垄断法》的作用有何区别？

2.什么是诋毁商誉行为？

拓展训练

◆实施准备

1.教师组织学生仔细阅读案例，提示案例要点。

2.学生每4~6人组成一个学习小组，以小组为单位进行讨论，提倡采用"头脑风暴法"，最终形成一篇案例分析报告。

3.每个小组派出1名代表上讲台阐述小组报告的观点。

4.教师讲评案例并点评各小组报告。

◆案例内容

2016年6月24日，二连浩特市12315消费者申诉举报中心接到群众举报，称当地人周某销售"喜来健"多功能温热理疗床时夸大疗效，存在虚假宣传行为。

经查，当事人周某于2015年3月23日登记注册了二连浩特市喜来健生活健康馆，开始销售"喜来健"多功能温热理疗床。为了促销该产品，采取组织老年人免费体验以及授课等方式对产品进行介绍。在宣讲过程中，夸大宣传该理疗床的功效，称使用理疗床能治疗慢性胃炎、便秘、前列腺炎、高血压、糖尿病、哮喘、肾结石等疾病。

最终，二连浩特市工商局作出责令当事人停止违法经营行为、消除影响，并处以罚款2万元的处罚决定。

请问：二连浩特市工商局作出此处罚决定的依据是什么？

第10章

消费者权益保护法

学习目标

◆知识目标：了解消费者权益保护法、消费者的概念；理解消费者权益保护法的基本原则；掌握消费者权利和经营者义务的具体内容，以及侵犯消费者合法权益的法律责任等方面的知识。

◆能力目标：能够准确判断消费者的权利是否受到了经营者的侵犯，在自己权益受到侵害时，能够正确运用合法的方式方法进行保护和救济。

图文引例　　　网购遭欺诈，家门口维权他赢了

网购遇到货不对，很多人因金额过少就不了了之，邵阳市的较真买家却坚持到法院维权，获得了近3倍赔偿。在网站上看到"原味松子""无任何添加剂"的字样，市民何先生迅速下单购买了20千克。回家品尝后，发现松子不是原味而且包装上还标明有添加剂，索赔无果的他一纸诉状将卖家告上了法庭。2015年6月2日，这起网络购物合同纠纷案在邵阳市双清区人民法院法官的努力调解下，何先生获得了近3倍赔偿。

资料来源　王智芳. 网购遭欺诈，家门口维权他赢了［N］. 三湘都市报，2015-06-06（A6）.

一般案件的管辖原则是原告就被告，如果是网络购物，消费者维权要到卖方所在地法院起诉，不仅费时费力，而且也很费钱，赔偿的钱还不够维权费用，所以很多消费者网购后都放弃维权。该案的主审法官表示，2015年最高人民法院发布施行的《关于适用〈中华人民共和国民事诉讼法〉的解释》明确规定，网络购物合同纠纷履行地为买受人住所地，可以由买受人住所地法院管辖。这样，消费者在家门口就能起诉卖家，维权就容易多了。

10.1　消费者和经营者

10.1.1　消费者和消费者权益保护法

1）消费者的概念和特征

消费者权益保护法是保障消费者合法权益的法律。那么，如何定义消费者呢？所谓消费者，就是为了满足个人生活消费需要而购买、使用商品或者接受服务的人。

消费者具有以下特征：①消费者的消费性质属于生活消费；②消费者消费的客体是法律允许提供的商品和服务；③消费者的消费方式包括购买、使用商品和接受服务；④消费者作为消费主体，其范围包括一切进行生活消费的个人及群体。

2）消费者权益保护法的概念及立法现状

消费者权益是指消费者依法享有的权利及该权利受到保护时给消费者带来的应得利益。消费者权益保护法是指保障消费者合法权益，规制经营者经营活动，调整生活消费关系的法律规范的总称。消费者权益保护法有狭义和广义之分，狭义的消费者权益保护法仅指1993年10月31日第八届全国人民代表大会常务委员会第四次会议通过，2013年10月25日第十二届全国人民代表大会常务委员会第五次会议第二次修正的《中华人民共和国消费者权益保护法》（以下简称《消费者权益保护法》）。广义的消费者权益保护法是关于保护消费者权益的法律规范的总称，除了狭义的《消费者权益保护法》外，还包括《产品质量法》《食品安全法》等法律、法规中的相关规定。可以说，《消费者权益保护法》是我国保护消费者权益的基本法律。

2015年1月5日，国家工商行政管理总局发布了《侵害消费者权益行为处罚办法》，自2015年3月15日起施行。国家工商行政管理总局于2016年年底公布了《消费者权益保护法实施条例》（征求意见稿），并向社会公开征求意见。据了解，该征求意见稿在起草过程中坚持问题导向，对消费者反映强烈的如缺陷产品召回、网络购物无理由退货、个人信息保护、预付卡等问题进行了有针对性的规范，以增强消费信心，给消费者更多安全感。本次《消费者权益保护法实施条例》（征求意见稿）中最值得一提的是，消费者为生活消费需要而购买、使用商品或者接受服务，其权益受本条例保护；以牟利为目的购买、使用商品或接受服务的则不适用本条例。

10.1.2　经营者

在《消费者权益保护法》中，没有对经营者给出一个明确的定义，因此我们可以参考广义的消费者权益保护法中的《反不正当竞争法》中关于经营者的提法：经营者，是指从事商品生产、经营或者提供服务的自然人、法人和非法人组织。简单来说，经营者就是向消费者出售商品或提供服务的市场主体。

10.2　消费者的权利

消费者的权利是消费者在消费过程中具有的合法权益，即在法律保护下，消费者有权作出一定行为或要求他人作出一定行为的资格。这种权利是法律所赋予的，任何人不得剥夺。根据我国《消费者权益保护法》的规定，消费者享有安全保障权、知悉真情权、自主选择权、公平交易权、依法求偿权、依法结社权、受教育权、获得尊重权和监督、批评、建议权九项权利。

1）保障安全权

保障安全权是消费者最基本的权利，是消费者在购买、使用商品和接受服务时所享有的保障其人身、财产安全不受损害的权利。由于消费者取得商品和服务是用于生活消费，因此，商品和服务必须绝对可靠，必须绝对保证商品和服务的质量不会损害消费者的生命与健康。消费者依法有权要求经营者提供的商品和服务必须符合保障人身、财产安全的条件。

2）知悉真情权

知悉真情权又称获取信息权、知情权、了解权，是消费者享有的知悉其购买、使用的商品或者接受的服务的真实情况的权利。依据该法规定，消费者有权根据商品或者服务的不同情况，要求经营者提供商品的价格、产地、生产者、用途、性能、规格、等级、主要成分、生产日期、有效期限、检验合格证明、使用方法说明书、售后服务，或者服务的内容、规格、费用等有关情况。唯有如此，才能保障消费者在与经营者签约时做到知己知彼，并表达其真实的意思。

3）自主选择权

自主选择权是指消费者享有的自主选择商品或者服务的权利。该权利包括以下几个方面：①自主选择提供商品或者服务的经营者的权利；②自主选择商品品种或者服务方式的权利；③自主决定购买或者不购买任何一种商品、接受或者不接受任何一项服务的权利；④在自主选择商品或服务时所享有的进行比较、鉴别和挑选的权利。

4）公平交易权

消费者享有的公平交易权，是指消费者在购买商品或者接受服务时所享有的获得质量保障和价格合理、计量正确等公平交易条件的权利。为了保障消费者的公平交易的实现，必须依《反垄断法》和《反不正当竞争法》等对劣质销售、价格不公、计量失度等不公平交易行为加以禁止。此外，消费者还有权拒绝经营者的强制交易行为，这与前述的《消费者权益保护法》的基本原则的要求也是一致的。

5）依法求偿权

依法求偿权是指消费者在因购买、使用商品或者接受服务而受到人身、财产损害时，依法享有的要求获得赔偿的权利。依法求偿权是弥补消费者所受损害的必不可少的救济性权利。

6）依法结社权

依法结社权是指消费者享有的依法成立维护自身合法权益的社会组织的权利。政府对合法的消费者团体不应加以限制，并且，在制定有关消费者方面的政策和法律时，还应当向消费者团体征求意见，以求更好地保护消费者权利。消费者的依法结社权是十分重要的，它使消费者能够从分散、弱小走向集中和强大，并通过集体的力量来改变自己的弱者地位，以此与实力雄厚的经营者相抗衡。因此，对消费者的依法结社权必须予以保障。

7）接受教育权

接受教育权也称获取知识权，是从知悉真情权中引申出来的一种消费者权利，是消费者所享有的获得有关消费和消费者权益保护方面的知识的权利。只有保障消费者的接受教育权，才能使消费者更好地掌握所需商品或者服务的知识和使用技能，以便基本正确使用商品，提高自我保护意识。由于厂商与消费者在信息、专业知识等方面的差距越来越大，因此，在今天强调消费者要接受教育，获取相关知识，以提高自我保护的能力，已变得越来越重要。

8）获得尊重权

获得尊重权是指消费者在购买、使用商品和接受服务时所享有的其人格尊严、民族风俗习惯得到尊重的权利。尊重消费者人格尊严和民族风俗，是社会文明进步的表现，也是尊重和保障人权的重要内容。

9）信息保护权

信息保护权是指消费者在购买、使用商品和接受服务时，享有个人信息依法得到保护的权利。

10）监督批评权

监督批评权是消费者享有的对商品和服务以及保护消费者权益工作进行监督的权利。此外，消费者有权检举、控告侵害消费者权益的行为和国家机关及其工作人员在保护消费者权益工作中的违法失职行为，有权对保护消费者权益工作提出批评、建议。

10.3　经营者的义务

这里的经营者是与消费者相对应的一方主体，是通过市场为消费者提供消费资料和消费性服务的人。《消费者权益保护法》对经营者义务的规定是基于消费者的弱势地位而作出的，是对消费者权利保护的一种方法。

1）依法定或约定履行的义务

经营者向消费者提供商品或服务，应当依照《消费者权益保护法》和其他有关法律、法规的规定履行义务，即经营者必须依法履行其法定义务。此外，经营者和消费者有约定的，应当按照约定履行义务，但双方的约定不得违背法律、法规的规定。可见，在不与现行法律、法规发生抵触的情况下，经营者应依约定履行义务。

经营者向消费者提供商品或者服务，应当恪守社会公德，诚信经营，保障消费者的合法权益；不得设定不公平、不合理的交易条件，不得强制交易。

2）听取意见和接受监督的义务

经营者应当听取消费者对其提供的商品或者服务的意见，接受消费者的监督。这是与消费者的监督批评权相对应的经营者义务。法律规定经营者的这一义务，有利于提高和改善消费者的地位。

3）保障人身和财产安全的义务

这是与消费者的保障安全权相对应的经营者的义务。

（1）经营者应当保证其提供的商品或者服务符合保障人身、财产安全的要求。对可能危及人身、财产安全的商品和服务，应当向消费者作出真实的说明和明确的警示，并说明和标明正确使用商品或者接受服务的方法以及防止危害发生的方法。

（2）宾馆、商场、餐馆、银行、机场、车站、港口、影剧院等经营场所的经营者，应当对消费者尽到安全保障义务。

（3）经营者发现其提供的商品或者服务存在缺陷，有危及人身、财产安全危险的，应当立即向有关行政部门报告和告知消费者，并采取停止销售、警示、召回、无害化处理、销毁、停止生产或者服务等措施。采取召回措施的，经营者应当承担消费者因商品被召回支出的必要费用。

4）提供真实信息的义务

（1）经营者向消费者提供有关商品或者服务的质量、性能、用途、有效期限等信息，应当真实、全面，不得作虚假或者引入误解的宣传。

（2）经营者对消费者就其提供的商品或者服务的质量和使用方法等问题提出的询问，应当作出真实、明确的答复。

（3）经营者提供商品或者服务应当明码标价。

5）标明真实名称和标记的义务

经营者应当标明其真实名称和标记。租赁他人柜台或者场地的经营者，应当标明其真实名称和标记。即使租赁期满后，在法律规定的情况下，消费者仍有权要求其承担责任。

6）出具发票或单据的义务

经营者提供商品或者服务，应当按照国家有关规定或者商业惯例向消费者出具发票等购货凭证或者服务单据；消费者索要发票等购货凭证或者服务单据的，经营者必须出具，这是经营者的义务。由于发票或者服务单据具有重要的证据价值，对于界定消费者和经营者的权利义务亦具有重要意义，因此，明确经营者出具相应的发票和单据的义务，有利于保护消费者权益。

7）保证商品与服务质量的义务

（1）经营者应当保证在正常使用商品或者接受服务的情况下其提供的商品或者服务

应当具有的质量、性能、用途和有效期限；但消费者在购买该商品或者接受该服务前已经知道其存在瑕疵，且存在该瑕疵不违反法律强制性规定的除外。

（2）经营者以广告、产品说明、实物样品或者其他方式表明商品或者服务的质量状况的，应当保证其提供的商品或者服务的实际质量与表明的质量状况相符。

（3）经营者提供的机动车、计算机、电视机、电冰箱、空调器、洗衣机等耐用商品或者装饰装修等服务，消费者自接受商品或者服务之日起6个月内发现瑕疵，发生争议的，由经营者承担有关瑕疵的举证责任。

8）售后服务或退货的义务

该项义务也可以说是消费者的后悔权，体现在两个方面：

（1）经营者提供的商品或者服务不符合质量要求的，消费者可以依照国家规定、当事人约定退货，或者要求经营者履行更换、修理等义务。没有国家规定和当事人约定的，消费者可以自收到商品之日起7日内退货；7日后符合法定解除合同条件的，消费者可以及时退货，不符合法定解除合同条件的，可以要求经营者履行更换、修理等义务。

依照前款规定进行退货、更换、修理的，经营者应当承担运输等必要费用。

（2）经营者采用网络、电视、电话、邮购等方式销售商品，消费者有权自收到商品之日起7日内退货，且无须说明理由，但下列商品除外：①消费者定做的；②鲜活易腐的；③在线下载或者消费者拆封的音像制品、计算机软件等数字化商品；④交付的报纸、期刊。

除前款所列商品外，其他根据商品性质并经消费者在购买时确认不宜退货的商品，不适用无理由退货。

消费者退货的商品应当完好。经营者应当自收到退回商品之日起7日内返还消费者支付的商品价款。退回商品的运费由消费者承担；经营者和消费者另有约定的，按照约定。

9）不得从事不公平、不合理的交易的义务

经营者在经营活动中使用格式条款的，应当以显著方式提请消费者注意商品或者服务的数量和质量、价款或者费用、履行期限和方式、安全注意事项和风险警示、售后服务、民事责任等与消费者有重大利害关系的内容，并按照消费者的要求予以说明。

经营者不得以格式条款、通知、声明、店堂告示等方式，作出排除或者限制消费者权利、减轻或者免除经营者责任、加重消费者责任等对消费者不公平、不合理的规定，不得利用格式条款并借助技术手段强制交易。

格式条款、通知、声明、店堂告示等含前款所列内容的，其内容无效。

10）不得侵犯消费者的人身权的义务

消费者的人身权是最基本的人权，消费者的人身自由、人格尊严不受侵犯。经营者不得对消费者进行侮辱、诽谤，不得搜查消费者的身体及其携带的物品，不得侵犯消费者的人身自由。

11）依法保护消费者信息的义务

经营者收集、使用消费者个人信息，应当遵循合法、正当、必要的原则，明示收

集、使用信息的目的、方式和范围，并经消费者同意。经营者收集、使用规则，不得违反法律、法规的规定和双方的约定收集、使用信息。

经营者及其工作人员对收集的消费者个人信息必须严格保密，不得泄露、出售或者非法向他人提供。经营者应当采取技术措施和其他必要措施，确保信息安全，防止消费者个人信息泄露、丢失。在发生或者可能发生信息泄露、丢失的情况时，应当立即采取补救措施。

经营者未经消费者同意或者请求，或者消费者明确表示拒绝的，不得向其发送商业性信息。

案件回放

2009 年至 2016 年 5 月，常州市房产信息中心员工殷某在工作期间，为牟私利，利用职务之便，违反保密规定，擅自将商品房预售系统数据库中的 3 万余条小区业主信息出售给邻居章某，而章某又将这些信息倒卖给前同事顾某。通过层层倒卖，这些信息流入到多家房产中介和装修公司，导致这些业主多次被骚扰，造成了恶劣的社会影响。

钟楼法院以滥用职权罪判处殷某有期徒刑 1 年 3 个月；以侵犯公民个人信息罪分别判处章某、李某、顾某等 3 人 10 个月至 11 个月不等刑期，并处罚金。同时没收以上 4 人违法所得，上缴国库。

资料来源 中国江苏网. 常州法院公布 2016 年度 10 大典型案例［EB/OL］.［2017-02-26］. http://jsnews.jschina.com.cn/cz/a/201702/t20170226_123078.shtml.

点评：防止公民个人信息泄露一直是社会一个热点、难点问题。该案通过挖出泄露公民个人信息的源头，对当事人进行了严惩，对此类犯罪具有威慑和警示作用。

拓展阅读 10-1

根据 2015 年 3 月 15 日起施行的《侵害消费者权益行为处罚办法》，经营者为消费者提供商品或者服务，应当遵循自愿、平等、公平、诚实信用的原则，依照《消费者权益保护法》等法律法规的规定和与消费者的约定履行义务，不得侵害消费者合法权益。

经营者向消费者提供有关商品或者服务的信息应当真实、全面、准确，不得有下列虚假或者引人误解的宣传行为：①不以真实名称和标记提供商品或者服务；②以虚假或者引人误解的商品说明、商品标准、实物样品等方式销售商品或者服务；③作虚假或者引人误解的现场说明和演示；④采用虚构交易、虚标成交量、虚假评论或者雇佣他人等方式进行欺骗性销售诱导；⑤以虚假的"清仓价""甩卖价""最低价""优惠价"或者其他欺骗性价格表示销售商品或者服务；⑥以虚假的"有奖销售""还本销售""体验销售"等方式销售商品或者服务；⑦谎称正品销售"处理品""残次品""等外品"等商品；⑧夸大或隐瞒所提供的商品或者服务的数量、质量、性能等与消费者有重大利害关系的信息误导消费者；⑨以其他虚假或者引人误解的宣传方式误导消费者。

10.4 消费争议的解决

10.4.1 消费争议解决的途径

消费争议是指消费者与经营者之间因商品或者服务质量造成消费者人身、财产损失而引发的纠纷。消费者和经营者发生消费争议的，可以通过以下几种方式解决：

（1）与经营者协商和解。

（2）请求消费者协会或者其他调解组织调解。

（3）向有关行政部门申诉。

（4）根据与经营者达成的仲裁协议提请仲裁机构仲裁。

（5）向人民法院提起诉讼。

拓展阅读10-2

消费者就消费争议向消费者协会投诉需提交的材料：

消费者投诉应递交文字材料或有消费者签字盖章认可的详细口述笔录。

投诉材料应包含以下内容：

（1）投诉方和被投诉方的基本信息，包括投诉方的姓名、身份证号码、地址、邮政编码、联系电话等；被投诉方的单位名称、地址、邮政编码、联系人、联系电话等。

（2）损害事实发生的时间、地点、过程及与经营者协商的情况。

（3）有关证据。消费者应提供与投诉有关的证据，证明购买、使用商品或接受服务与受损害存在因果关系，法律法规另有规定的除外。消费者协会一般不留存争议双方提供的原始证据（原件、实物等）。

（4）明确、具体的诉求。对投诉要件缺乏或情况不明的投诉，消费者协会应及时通知投诉方，待补齐所需材料后再受理。

10.4.2 解决消费争议的原则

我国《消费者权益保护法》规定的解决消费争议的原则如下：

（1）消费者在购买、使用商品时，其合法权益受到损害的，可以向销售者要求赔偿。销售者赔偿后，属于生产者的责任或属于向销售者提供商品的其他销售者责任的，销售者有权向生产者或者其他销售者追偿。

消费者或者其他受害人因商品缺陷造成人身、财产损害的，可以向销售者要求赔偿，也可以向生产者要求赔偿。

消费者在接受服务时，其合法权益受到损害的，可以向服务者要求赔偿。

（2）消费者在购买、使用商品或接受服务时，其合法权益受到损害，因原企业分立、合并的，可以向变更后的企业要求赔偿。

（3）使用他人营业执照的违法经营者提供商品或者服务，损害消费者合法权益的，消费者可以向其要求赔偿，也可以向营业执照的持有人要求赔偿。

（4）消费者在展销会、租赁柜台或者通过网络交易平台购买商品或者接受服务，其合法权益受到损害的，可以向销售者或者服务者要求赔偿。展销会结束、柜台租赁期满或者网络交易平台上的销售者、服务者不再利用该平台的，也可以向展销会的举办者、柜台的出租者或者网络交易平台提供者要求赔偿。展销会的举办者、柜台的出租者或者网络交易平台提供者赔偿后，有权向销售者或者服务者追偿。

（5）消费者因经营者利用虚假广告提供商品或者服务，其合法权益受到损害的，可以向经营者要求赔偿。广告经营者、发布者设计、制作、发布食品药品等关系消费者生命健康商品或者服务的虚假广告，造成消费者损害的，广告经营者、发布者与提供该商品或者服务的经营者承担连带责任。

🎥 案件回放

2015年3月25日，消费者李某投诉称：自己于2011年9月从上海大众某4S店购买了一部途观车（原配米其林轮胎），截至投诉时该车已运行3年半，行驶3.7万公里。2014年年底洗车时发现四个轮胎外侧都出现程度不同的密集裂纹，今年3月发现裂纹明显变深且增多。随后到4S店进行检查，检查人员称这种情况没见过，不属自然磨损，但保质期已过，建议自费更换或直接向上海大众公司售后服务部门反映问题。

消协工作人员调解时，双方争议的焦点为：消费者认为是质量问题；经销商认为不是。之后上海大众公司主动委托轮胎制造企业派专业技术人员来宝鸡对该车的四个轮胎进行现场技术鉴定，结果确认属于产品质量问题，当场承诺尽快提供四个同类型新轮胎（价值6 400元）免费为消费者更换，上海大众4S店也答应为消费者免费安装。

资料来源　张宝龙. 3·15新消费 我做主［N］. 华商报，2016-03-15（D1）.

点评：这是新《消费者权益保护法》颁布后举证倒置的一个典型案例。在过去，消费者面对全国性连锁企业，这些企业常常以国家的"三包"规定为借口，掩盖推脱产品质量存在的问题，特别是像汽车这种大宗商品，技术含量高，消费者举证难的现象，导致许多消费者的合法权益受到侵犯，因举证难得不到维护。举证倒置解决了这个问题。简单来说，企业说轮胎没问题，是消费者自己造成的，那么企业就要提供证据。

课堂讨论10-1 ➕

据中国新闻网2021年4月20日消息，上海警方通报，4月19日上海车展上一女子因与特斯拉公司有消费纠纷，站上特斯拉展台的车顶高呼"特斯拉刹车失灵"表达不满。大声吵闹一度引发现场秩序混乱，并造成车辆一定程度受损。该女子因扰乱公共秩序被处以行政拘留5日。特斯拉公司也于4月20日深夜发布道歉声明，称将成立处理小组，配合官方调查。

请问：你如何看待该消费者的维权行为？

提示：消费者面对消费纠纷，应该保持理性，通过4S店、品牌方、消费者协会投诉或者法律诉讼等渠道维权。切莫怀"以闹取胜"之心，图一时泄愤之快，凭一己之私扰乱公共秩序，否则最终只会受到法律惩罚，得不偿失。当然，车闹的维权方式固然不可取，但是更值得反思的是这种激进路径背后的真正原因。

10.5 法律责任的确定

10.5.1 民事责任

1）经营者侵犯人身权利的民事责任

（1）经营者提供商品或者服务，造成消费者或者其他受害人人身伤害的，应当赔偿医疗费、护理费、交通费等为治疗和康复支出的合理费用，以及因误工减少的收入。造成残疾的，还应当赔偿残疾生活辅助具费和残疾赔偿金。

（2）经营者提供商品或者服务，造成消费者或其他受害人死亡的，还应当支付丧葬费、死亡赔偿金。

（3）经营者侵害消费者的人格尊严、侵犯消费者人身自由或者侵害消费者姓名权、肖像权、隐私权等个人信息得到保护的权利的，应当停止侵害、恢复名誉、消除影响、赔礼道歉，并赔偿损失。

（4）经营者有侮辱诽谤、搜查身体、侵犯人身自由等侵害消费者或者其他受害人人身权益的行为，造成严重精神损害的，受害人可以要求精神损害赔偿。

2）经营者侵犯财产权利的民事责任

（1）经营者提供商品或者服务，造成消费者财产损害的，应当依照法律规定或者当事人约定承担修理、重作、更换、退货、补足商品数量、退还货款和服务费用或者赔偿损失等民事责任。

（2）经营者以预收款方式提供商品或者服务的，应当按照约定提供。未按照约定提供的，应当按照消费者的要求履行约定或者退回预付款；并应当承担预付款的利息、消费者必须支付的合理费用。

（3）依法经有关行政部门认定为不合格的商品，消费者要求退货的，经营者应当负责退货。

（4）经营者提供商品或者服务有欺诈行为的，应按消费者的要求增加赔偿损失金额，增加的赔偿金额为购买商品或接受服务费用的3倍；增加赔偿的金额不足500元的，为500元。法律另有规定的，依照其规定。经营者有明知商品或者服务存在缺陷，仍然向消费者提供，造成消费者或者其他受害人死亡或者健康严重损害的，受害人除依法要求伤害赔偿外，还有权要求经营者支付所受损失2倍以下的惩罚性赔偿。

案件回放

2015年7月2日，彭某在上海某贸易有限公司（以下简称"贸易公司"）开设于天猫商城的费列罗官方旗舰店购买了"意大利费列罗巧克力食品进口零食礼盒576粒结婚喜糖"4盒，商品总价4752元。该产品实物包装盒顶部标明内容：中国分装商为上海某储运有限公司某分公司；食品生产许可证编号为QS311213010211；中国进口商为费列罗贸易（上海）有限公司。产品实物包装盒右侧标明内容：生产日期20150408；产品标准代号GB/T 19343；保质期10个月。上述产品由贸易公司通过快递寄往彭某的收货地址，彭某于2015年7月12日收到上述产品。

之后，彭某向上海市青浦区市场监督管理局投诉。2015年12月7日，上海市青浦区市场监督管理局作出"行政处罚决定书"，载明：2015年3月底开始，贸易公司在天猫网店发布了"费列罗榛果威化巧克力576粒装"的商品网页广告并开始销售。宣传的内容为"原装进口""意大利顶级纯手工打造""传承意式顶级工艺包装""含30%的牛奶巧克力""100%意大利传统工艺""100%产自欧洲"；该贸易公司在2015年7月4日对广告内容进行了修改，将"原装进口""100%意大利传统工艺""100%产自欧洲"等内容进行了删减。经查，"费列罗榛果威化巧克力576粒装"是由上海某储运有限公司某分公司分装的，并非原装进口；贸易公司在宣传内容中使用"原装进口"，实际是由上海某储运有限公司某分公司进行分装，违反了《反不正当竞争法》的规定，构成了对商品的质量、制作成分、性能、用途、生产者、有效期限、产地等作引人误解的虚假宣传的行为。作出行政处罚如下：责令停止发布，公开更正；责令停止违法行为，消除影响；处罚款人民币6万元整。

彭某认为，贸易公司的行为系虚假宣传，属于欺诈消费者行为，故起诉至重庆市渝中区人民法院请求判令贸易公司退还支付的货款4752元，并三倍赔偿14 256元。

法院审理认为，《消费者权益保护法》第48条规定：经营者提供商品或者服务有下列情形之一的，除本法另有规定外，应当依照其他有关法律、法规的规定，承担民事责任：（四）不符合商品说明、实物样品等方式表明的质量状况的。第55条规定，经营者提供商品或者服务有欺诈行为的，应当按照消费者的要求增加赔偿其受到的损失，增加赔偿的金额为消费者购买商品的价款或者接受服务的费用的三倍；增加赔偿的金额不足500元的，为500元。法律另有规定的，依照其规定。

《侵害消费者权益行为处罚办法》第6条规定：经营者向消费者提供有关商品或者服务的信息应当真实、全面、准确，不得有下列虚假或者引人误解的宣传行为：（二）以虚假或者引人误解的商品说明、商品标准、实物样品等方式销售商品或者服务。

本案中，贸易公司开设于天猫商城的费列罗官方旗舰店销售的"意大利费列罗巧克力食品进口零食礼盒576粒结婚喜糖"的商品说明存在误导，该行为构成对消费者的欺诈。故依据上述规定，彭某要求贸易公司退还货款4752元，并三倍赔偿14 256元的诉讼请求符合法律规定，应予以支持。据此，法院遂作出上述判决。

资料来源 屈冬梅,颜莉丽."原装进口"变"进口分装" 费列罗天猫旗舰店虚假宣传被判退一赔三〔N〕.人民法院报,2017-03-04（3）.

点评：随着互联网技术及电商平台的迅猛发展，网络购物已成为商品交易的重要途径，是许多人不可缺少的一种生活购物方式。网络购物给人们生活带来便利的同时，也伴随而来了一些问题，如商品虚假宣传、假冒伪劣、售后无保障等。在此提醒广大消费者，网络购物时使用的QQ、微信、阿里旺旺等应尽可能采用真实姓名和信息，当网络购物遭遇消费欺诈时，应及时固定、保存好购物电子发票、网络销售凭据、客服沟通截图等证据，必要时可进行公证。纠纷产生后，应及时与经营者进行沟通，并向相关行政部门举报。沟通无果后，可选择向人民法院提起诉讼以维护自身的合法权益。

课堂讨论 10-2

互联网带给大家便捷的同时，网络安全问题也层出不穷。部分大学生安全意识薄弱，很容易掉入"刷单返利""虚假购物"等陷阱。为此，国家反诈中心制作了《防范电信网络诈骗宣传手册》，解析了典型案例，进行防骗提示。

请问：大学生该如何预防网络诈骗呢？

防范电信网络
诈骗宣传手册

10.5.2　行政责任

经营者有下列行为之一的，由市场监督管理部门责令改正，可以根据情节单处或并处警告、没收违法所得、罚款、停业整顿、吊销营业执照等。

（1）生产、销售的商品不符合保障人身、财产安全要求的；

（2）在商品中掺杂、掺假，以次充好，以假充真，或者以不合格商品冒充合格商品的；

（3）生产国家明令淘汰的商品或者销售失效、变质的商品的；

（4）伪造商品的产地、伪造或者冒用他人的厂名、厂址，篡改生产日期，伪造或者冒用认证标志、名优标志等质量标志的；

（5）销售的商品应当检验、检疫而未检验、检疫或者伪造检验、检疫结果的；

（6）对商品或者服务作虚假或者引人误解的宣传的；

（7）拒绝或者拖延有关行政部门责令对缺陷商品或者服务采取停止销售、警示、召回、无害化处理、销毁、停止生产或者服务等措施的；

（8）对消费者提出的修理、重做、更换、退货、补足商品数量、退还货款和服务费用或者赔偿损失的要求，故意拖延或者无理拒绝的；

（9）侵害消费者人格尊严、侵犯消费者人身自由或者侵害消费者姓名权、肖像权、隐私权等个人信息得到保护的权利的；

（10）法律、法规规定的对损害消费者权益应当给予处罚的其他情形。

经营者对行政处罚决定不服的，可以自收到处罚决定之日起15日内向上一级机关申请复议。对复议决定不服的，可以自收到复议决定书之日起15日内向人民法院提起诉讼；也可以直接向人民法院起诉。经营者对行政处罚决定不服的，可以依照《行政复议法》《行政诉讼法》的规定申请行政复议或者提起行政诉讼。

10.5.3　刑事责任

经营者或者国家机关工作人员有下列行为的应追究刑事责任：

（1）经营者提供商品或服务，造成消费者或其他受害人人身伤害或死亡，构成犯罪的；

（2）以暴力、威胁等方法阻碍有关行政部门工作人员依法执行公务，构成犯罪的；

（3）国家机关工作人员玩忽职守或者包庇经营者侵害消费者合法权益的行为，情节严重构成犯罪的。

案件回放

2015 年 9 月 17 日，伴随着一记响亮的槌声，社会各界瞩目的全国首例消费公益诉讼案件在上海市第一中级人民法院开庭。这一刻，距离修订的《消费者权益保护法》施行，已过去了足足 18 个月，"就损害消费者合法权益的行为，支持受损害的消费者提起诉讼或者依照本法提起诉讼"这一《消费者权益保护法》赋予消费者协会的全新公益性职责，终于落地开花。

2015 年 11 月 13 日，"全国首例"最终落槌。在被诉方广东欧珀移动通信有限公司与天津三星通信技术有限公司积极整改、实现诉讼请求的基础上，上海市第一中级人民法院裁定准予原告上海市消保委撤诉。

该案经媒体报道后，引起了社会广泛关注，日前已被最高人民法院评为 2015 年度"推动中国法治建设十大案例"之一。全国人大来沪检查《消费者权益保护法》贯彻执行情况时，亦对此给予高度评价，称本次公益诉讼是智慧和技术的结合，并将此次公益诉讼定义为"国内消费公益诉讼第一案"。

不久后，"全国首例"还引起了全球消费者权益保护组织的关注。受国际消费者联会总干事阿曼达·朗女士邀请，上海市消保委秘书长陶爱莲远赴大洋彼岸的巴西，在 2015 年 11 月举行的第 20 届国际消费者世界大会上，将这一中国消费者权益保护组织先进的维权经验向与会嘉宾作演讲，使该案荣列国际消费维权运动最佳实践案例之林。巴西、意大利等国家的代表还在会后要求就消费者组织推动手机市场的规范化管理以及公益诉讼制度与上海市消保委作进一步交流。

资料来源　上海市消保委. 推进法治建设的一大步——上海公益诉讼纪实 [EB/OL]. [2018-03-10]. http://www.shanghai.gov.cn/nw2/nw2314/nw2315/nw38613/u21aw1112411.html.

点评：公益诉讼归类在民事诉讼中，所适用的法律是民事诉讼法，所使用的立案标准也是民诉法所制定的。而民事诉讼要有明确的诉讼主体、明确的诉讼主张。过去被法院裁定不予受理的公益诉讼往往在这些法律要素上存在问题，如大连市环保志愿者协会提起的环境公益诉讼就是因为主体不适格。而这次以手机预装软件侵害消费者合法权益为切入点，由上海市消保委发起消费公益诉讼，则实至名归。因为新修订的《消费者权益保护法》和《上海市消费者权益保护条例》都支持消费者组织就损害消费者合法权益的行为，支持受损害的消费者提起诉讼、申请仲裁，并且对侵害众多消费者合法权益的行为，可以依法向人民法院提起诉讼。

法规链接

为保护消费者的合法权益，维护社会经济秩序，促进社会主义市场经济健康发展，《中华人民共和国消费者权益保护法》经第八届全国人民代表大会常务委员会第四次会议通过施行。根据第十二届全国人民代表大会常务委员会第五次会议修订。

了解法规具体内容，请直接扫描二维码或访问国家法律法规数据

中华人民共和国消费者权益保护法

库（网址：https://flk.npc.gov.cn），检索"中华人民共和国消费者权益保护法"。

本章测试

◆选择题

1.经营者提供商品有欺诈行为的，应当按照消费者的要求增加赔偿其受到的损失，增加赔偿的金额为消费者购买商品价款的（　　　）。

A.1倍　　　　　B.2倍　　　　　C.3倍　　　　　D.4倍

2.我国的消费者协会属于（　　　）。

A.国家机关　　　B.事业单位　　　C.企业单位　　　D.社会团体

3.经营者不得以（　　　）等方式作出对消费者不公平、不合理的规定，或者减轻、免除其损害消费者合法权益应当承担的民事责任。

A.口头、书面　　　　　　　　B.合同、告示

C.格式条款、通知　　　　　　D.声明、店堂告示

4.民事责任中的"三包"主要指（　　　）。

A.包赔偿　　　　　　　　　　B.包修理

C.包换货　　　　　　　　　　D.包退货

5.经营者提供的商品或者服务不符合质量要求的，在没有国家规定和当事人约定的情况下，消费者可以自收到商品之日起（　　　）日内退货。

A.5　　　　　B.6　　　　　C.7　　　　　D.8

◆判断题

1.对侵害众多消费者合法权益的行为，消费者协会可以向人民法院提起诉讼。（　　　）

2.宾馆、商场、餐馆、银行、机场、车站、港口、影剧院等经营场所的经营者应当对消费者尽到安全保障义务。（　　　）

3.租赁他人柜台或者场地的经营者，可以不标明其真实名称或标记。（　　　）

4.农民购买、使用农业生产的生产资料，参照《消费者权益保护法》执行。（　　　）

◆简答题

1.消费者有哪些权利？

2.经营者有哪些义务？

拓展训练

◆实施准备

1.教师组织学生仔细阅读案例，提示案例要点。

2.学生每4~6人组成一个学习小组，以小组为单位进行讨论，提倡采用"头脑风暴法"，最终形成一篇案例分析报告。

3.每个小组派出1名代表上讲台阐述小组报告的观点。

4.教师讲评案例并点评各小组报告。

◆ 案例内容

赤峰市消费者孙某是一名网络游戏爱好者，2016年6月，他在上海绿岸网络科技股份有限公司的游戏网站（绿岸在线）注册了网络游戏账号，并购买了部分游戏虚拟物品，而且一直在使用。同年10月11日早晨登录时，由于官方维护系统，孙某一直无法登录，直到当日9时系统维护结束，孙某游戏上线后发现，多项游戏虚拟物品丢失，丢失金额总计为57 210元。孙某与官方客服多次联系说明情况，但是客服却拒绝帮忙找回丢失物品，孙某随后到当地消费者协会以消费纠纷为由进行投诉。

消费者通过消费者协会进行维权投诉时，应递交文字材料或有消费者签字盖章认可的详细口述笔录。请以上面所述消费纠纷为例模拟填写消费者投诉登记表（案例中未提及信息可自行补齐）。

消费者投诉登记表

注：带*的为必填项，投诉情况请简洁说明损害过程及与经营者沟通情况

投诉方	*姓名		身份证号			
	*联系电话		电子邮件			
	*通信地址				邮政编码	
被投诉方	*企业名称			*联系人		
	*联系电话		电子邮件			
	*通信地址				邮政编码	
投诉情况	*商品或服务名称		*品牌		*型号	
	产品编码			价格		
	*消费日期		*损害日期		*投诉日期	
	(*请填写如下内容：1.事实经过；2.受损情况；3.与被投诉方沟通过程)					
	*投诉要求					
*投诉人签字			备注：请附相关证据（发票、合同等）复印件，不接受实物			

第11章

电子商务法

学习目标

◆知识目标：了解电子商务经营者的含义；了解电子商务合同的订立与履行；熟悉电子商务争议的解决方式；明确违反电子商务法规的法律责任。

◆能力目标：能够运用相关知识理论联系实际，分析、解决现实生活中遇到的网购纠纷问题；能够在电子商务创新创业过程中懂法、守法、用法。

图文引例 邯郸市邯山区成功查处首例违反《电子商务法》案件

近日，邯郸市邯山区市场监督管理局依法查处了一起违反《电子商务法》的案件，这是该法自2019年1月1日起实施以来，邯山区立案查处的第一起违反该法的案件。

2019年12月，邯郸市邯山区市场监督管理局稽查大队协同网监科执法人员通过网络定向监测发现，当事人未在某团购平台其首页显著位置持续公示行政许可信息。执法人员通过技术手段进行网络调查取证，锁定了当事人的违法事实。

经调查了解，当事人未在平台显著位置或有效链接内公示食品经营许可证信息，违反了《中华人民共和国电子商务法》第15条第1款"电子商务经营者应当在其首页显著位置，持续公示营业执照信息、与其经营业务有关的行政许可信息"之规定。该店负责人称其线下实体店内已公示相关证照，对于在网络平台上以为只要能够正常使用就可以了，根本没有意识到作为电子商务经营者必须公示营业执照和相关行政许可信息。

邯郸市邯山区市场监督管理局依据《中华人民共和国电子商务法》第76条第1款第1项规定，责令当事人限期改正违法行为，并处以罚款2 000元。案发后，当事人及时改正，在平台公示了营业执照和食品经营许可证信息。

资料来源　市场监督管理局. 邯郸市邯山区成功查处首例违反《电子商务法》案件［EB/OL］.［2021-04-21］. https://www.sohu.com/a/361315896_698267.

电子商务经营者从事经营活动，应当遵循自愿、平等、公平、诚信的原则，遵守法律和商业道德，公平参与市场竞争，履行消费者权益保护、环境保护、知识产权保护、网络安全与个人信息保护等方面的义务，承担产品和服务质量责任，接受政府和社会的监督。大学生是网络购物的重要群体，同时，电子商务以风险小、门槛低等优势成为大学生自主创业的主要选择方向。因此，学习和掌握与电子商务相关的法律知识对于大学生而言非常必要。

11.1　电子商务与电子商务法概述

11.1.1　电子商务

1）电子商务的内涵

当前，以电子商务为代表的数字经济取得长足进步，在推动国内经济社会发展方面发挥了重要作用。

2019年，中国电子商务市场规模持续引领全球，服务能力和应用水平进一步提高。中国网民规模已超过9亿人，互联网普及率达64.5%；全国电子商务交易额达34.81万亿元，其中网上零售额10.63万亿元，同比增长16.5%，实物商品网上零售额8.52万亿元，占社会消费品零售总额的比重上升到20.7%；电子商务从业人员达5 125.65万人。党中央、国务院高度重视电子商务发展，各部门积极主动作为，持续优化电子商务发展环境。

那么，什么是电子商务呢？

简单来说，电子商务是指通过互联网等信息网络销售商品或者提供服务的经营活动。

"互联网等信息网络"包括互联网、电信网、移动互联网、物联网等。将电子商务所依托的技术界定在信息网络而非仅限于互联网，是遵循技术中立原则，既着眼于网络技术现状，也能在一定程度上涵盖未来网络技术和应用的发展。因此，通过互联网、移动客户端、移动社交圈、移动应用商店等进行的经营活动也属于电子商务法的调整范围。

销售商品既包括销售有形产品，也包括销售数字音乐、电子书和计算机软件的复制件等无形产品。技术交易无论是技术转让还是技术许可，都属于销售商品（数字商品）的范畴。因此，技术交易也属于电子商务法的调整范围。提供服务是指在线提供服务，如网络游戏等；或者是网上订立服务合同，在线下履行，如滴滴打车、在线租房、在线旅游、家政服务等。

经营活动是指以营利为目的的持续性业务活动，即商事行为。是否为"经营活动"，主要考察行为的主观性，即目的是营利，而不论结果或者事实上能否营利，因此，即使电子商务经营者提供的基础服务是免费的，只要具有营利目的，就应该认定为电子商务。

"经营"的法律属性是电子商务活动的重要特征，是区别是否构成电子商务活动的关键要素。自然人利用网络临时、偶尔出售二手物品、闲置物品，不具有经营属性，不属于电子商务的范畴，可适用民商事法律相关规定。如果自然人以营利为目的，持续销售商品或提供服务，应纳入电子商务法的调整范围。

2）电子商务的外延

电子商务的外延是指电子商务的范围。

销售商品或者提供服务，只要有一个环节借助网络完成，即可纳入电子商务法的调整范围。具体来说，线上环节适用电子商务法，其他环节适用电子商务法以外的法律。

鉴于服务种类繁多，且差异较大，电子商务法只调整具有普遍性的服务和相关支撑服务。特殊类型的服务，如金融类产品和服务，单纯的信息发布（如提供新闻信息服务、问答服务）、利用信息网络播放音视频节目、网络出版等涉及内容管理和意识形态安全的服务，考虑到监督管理的专业性和特殊性，不纳入电子商务法的调整范围。但金融类产品和服务中的电子支付，仍适用电子商务法；内容服务的交易环节，如电子书、数字音乐、数字电影的买卖或者在线播放，仍适用电子商务法。

11.1.2 电子商务法

1）电子商务法的概念

为构建良好的市场环境，保护消费者的各项权益，推动电商企业进一步树立正确的发展观，通过合规、诚信经营实现持续健康发展，强化对数据安全、不正当竞争等方面的规范，我国在互联网及电子商务领域的立法近些年来明显加速。

狭义上的电子商务法，一般仅指2018年8月31日第十三届全国人民代表大会常务委员会第五次会议通过的《中华人民共和国电子商务法》（以下简称《电子商务法》），该法自2019年1月1日起施行。

广义上的电子商务法，除了《电子商务法》外，还包括其他调整以数据电文方式进行的商事活动的法律（如《中华人民共和国电子签名法》《中华人民共和国网络安全法》）及部门规章（如《网络交易监督管理办法》《智能快件箱寄递服务管理办法》《网络直播营销管理办法（试行）》）。

如无特别说明，本章介绍的是狭义上的电子商务法。

2）电子商务法的适用范围

（1）在我国境内电子商务平台上发生的交易。除当事人另有约定外，在我国境内电子商务平台（电子商务平台经营者在我国境内依法注册登记）发生或者依托我国境内电子商务平台进行的交易，不论交易双方是否为我国境内的自然人、法人和非法人组织，即交易双方均为外国人，交易双方均为我国境内的自然人、法人或者非法人组织，或者交易一方为我国境内的自然人、法人或者非法人组织，均适用我国电子商务法。

（2）交易双方当事人均为我国自然人、法人和非法人组织。即使其利用境外电子商务平台进行交易，也适用我国电子商务法，当事人另有约定除外。

（3）境外经营者在境外建立网站或者通过境外平台向我国境内的自然人、法人和非法人组织销售商品或者提供服务。如果买方或者服务接受者为消费者，应适用我国电子商务法，除非消费者选择适用商品、服务提供地法律或者消费行为发生在境外。如果买方或者服务接受者为我国境内的法人或者非法人组织，双方可以约定适用我国电子商务法；在当事人没有特别约定时，如果境外经营者介绍商品或者服务使用的语言文字、支付方式、快递物流等明显指向我国境内的法人或者非法人组织，即有向中国境内的法人或者非法人组织销售商品或者提供服务的明显意图，应适用我国电子商务法。

（4）我国与其他国家、地区所缔结或参加的国际条约、协定规定跨境电子商务活动适用我国电子商务法。

11.2　电子商务经营者

1）电子商务经营者的概念

电子商务经营者，是指通过互联网等信息网络从事销售商品或者提供服务的经营活动的自然人、法人和非法人组织，包括电子商务平台经营者、平台内经营者以及通过自建网站、其他网络服务销售商品或者提供服务的电子商务经营者。

这里的电子商务平台经营者，是指在电子商务中为交易双方或者多方提供网络经营场所、交易撮合、信息发布等服务，供交易双方或者多方独立开展交易活动的法人或者非法人组织。

这里的平台内经营者，是指通过电子商务平台销售商品或者提供服务的电子商务经营者。

2）电子商务经营者的一般义务

（1）合法经营。电子商务经营者从事经营活动，依法需要取得相关行政许可的，应当依法取得行政许可。电子商务经营者销售的商品或者提供的服务应当符合保障人身、财产安全的要求和环境保护要求，不得销售或者提供法律、行政法规禁止交易的商品或者服务。

（2）依法纳税。电子商务经营者应当依法履行纳税义务，并依法享受税收优惠。

（3）电子发票与纸质发票等效。电子商务经营者销售商品或者提供服务应当依法出具纸质发票或者电子发票等购货凭证或者服务单据。电子发票与纸质发票具有同等法律效力。

（4）亮照经营。电子商务经营者应当在其首页显著位置，持续公示营业执照信息、与其经营业务有关的行政许可信息、属于依照《电子商务法》第10条规定的不需要办理市场主体登记情形等信息，或者上述信息的链接标识。规定的信息发生变更的，电子商务经营者应当及时更新公示信息。

（5）真实披露。电子商务经营者应当全面、真实、准确、及时地披露商品或者服务信息，保障消费者的知情权和选择权。电子商务经营者不得以虚构交易、编造用户评价等方式进行虚假或者引人误解的商业宣传，欺骗、误导消费者。

（6）终止时提前公示。电子商务经营者自行终止从事电子商务的，应当提前30日在首页显著位置持续公示有关信息。

11.3 电子商务平台经营者

电子商务平台是一种新型的市场主体，因为平台不仅搭建了一个为他人独立进行交易活动的网络交易空间，还制定交易规则，对平台内的经营者进行信用评价，解决平台内交易而发生的纠纷，对平台内交易资源通过竞价排名、定向推送等广告方式进行分配。在这种情况下，无法套用任何传统的法律制度，而是必须在《电子商务法》中针对平台经营者实际所做的事情，有针对性地设立法律规则，为平台这种新型的市场主体建章立制。

11.3.1 平台经营者的义务

《电子商务法》针对平台经营者在电子商务活动中的地位和发挥的作用，规定了一系列具体的法律义务。

1）平台内经营者主体身份的管理义务

平台经营者建构一个网络交易空间，让其他经营者入驻，成为平台内经营者，并且独立开展交易活动。针对这一特点，《电子商务法》第27条要求平台经营者把好入门关，对进入平台开展经营活动的主体的真实身份信息进行核验登记，建立登记档案并且定期核验更新。这一规定的目的在于保护消费者以及与平台内经营者发生交易的相对人。如果因为平台经营者没有把好入门关，导致消费者遭受平台内经营者的侵害，却无法得知其身份，获得其有效联系方式，那么平台经营者应当承担责任。

2）信息保存和报送义务

电子商务平台是各种交易发生的场所，一旦当事人因此产生争议，或者平台内经营者的行为侵害消费者的权益或者涉嫌违法，在这种情况下，唯有平台保存各种交易数据信息，才能够帮助还原事情的真相，《电子商务法》第31条要求平台经营者完整保留交易数据信息。同时，《电子商务法》第28条要求平台经营者必须向市场监督管理部门报送平台内进行经营活动的主体信息，向税务部门报送平台内发生的涉税信息。这种信息报送，是平台经营者配合主管部门履行监督和管理职责的表现。

3）维护平台安全稳定义务

由于巨型的电子商务平台在生活中日益发挥重要作用，甚至对国民经济的稳定运行会产生重大影响，因此《电子商务法》第30条要求平台经营者确保平台安全稳定运行，防范网络犯罪活动，有效应对网络安全事件。针对特殊的事件，要建立安全事件应急预案，一旦发生紧急事件要迅速采取措施，并且向有关部门报告。这一要求与平台在社会经济生活中发挥的重要作用相适应，也与《网络安全法》的规定相联系。

4）安全保障义务

电子商务平台经营者通过建构和开启一个网络交往的空间，供他人来独立开展活动，对此《电子商务法》第38条要求平台经营者对通过电子商务平台来获取商品或者服务的当事人承担相应的安全保障义务。

案件回放

2019年9月4日，徐某山以田某红、刘某波、山东世博文化传播有限公司（以下简称世博公司）恶意通知构成不正当竞争为由，向法院申请诉前行为保全，请求责令田某红、刘某波、世博公司立即停止针对其在淘宝网开设的网店商品链接提起知识产权侵权投诉。余杭区人民法院经审查裁定：田某红、刘某波、世博公司立即停止针对徐某山淘宝店铺向淘宝公司提起知识产权侵权投诉的行为，保全期限至2020年2月29日止。

点评：《电子商务法》第42条第3款规定：因通知错误造成平台内经营者损害的，依法承担民事责任。恶意发出错误通知，造成平台内经营者损失的，加倍承担赔偿责任。

方超强律师认为：《电子商务法》正式施行后，该案系是电商领域首个"反向行为保全"裁定，其重要意义在于，为被恶意投诉方借助司法机关力量及时制止侵权行为，维护自身合法权益提供了范例。在该案之前，电商领域中被恶意投诉的商户在正式判决作出之前，往往只能依赖平台的申诉机制来制止恶意知识产权投诉行为。但该种申诉机制，往往受制于知识产权权属伪造的隐秘性、平台的局限性等因素，往往无法实现快速制止侵权的目的。而该案之后，被恶意投诉商户依赖诉讼和诉前行为保全方式及时制止侵权，最大限度挽回损失将有可能成为一种常规的维权方式。

黄伟律师认为：本案中三个被申请人自2017年12月起，分别以著作权侵权为由通过阿里巴巴知识产权保护平台针对申请人的店铺发起了23次投诉，导致申请人店铺内12条热销商品链接被删除，而其提交的投诉材料大多是经过伪造、变造的虚假材料，具有明显的主观恶意，且情节恶劣。

该类案件在实践中十分常见，侵权人通常会在产品销售旺季时，通过在电商平台上恶意投诉的方式，使权利人无法正常营业，给权利人造成无法挽回的损失。本案中，保全法院兼顾及时保护和稳妥保护的精神，合理平衡申请人与被申请人利益，充分体现了知识产权司法救济的实效性，是电商知识产权案件的一个里程碑。

11.3.2 限制平台经营者不滥用其影响力

平台经营者在制定交易规则与服务协议的过程中享有巨大影响力，并且可能会利用自己的影响力，通过交易规则和服务协议，设置不合理的交易条件。为此，《电子商务法》通过一系列的规则（第32条到第36条），要求平台经营者基于公开、公平、公正的原则来确定服务协议和交易规则的内容，并在醒目位置公示，在修改时公开征求意见。平台经营者不得利用服务协议与交易规则，不当限制平台内经营者的经营自主权，特别是不得不正当地限制平台内经营者与其他经营者进行交易（第35条），这一条就是针对现实中屡禁不止的大型平台搞"二选一"，逼迫平台内经营者只与自己独家合作的行为。

除了制定服务协议与交易规则，平台经营者还会对平台内经营者开展信用评价，进行信用管理，对此《电子商务法》第39条也要求平台内经营者必须建立健全信用评价制度，公示信用评价规则，以确保消费者能够对相关的商品或者服务进行评价。

关于竞价排名，一直是很多大型电子商务平台经营者的利润主要来源。《电子商务法》第40条明确要求，如果电子商务平台经营者通过竞价排名的方式来决定搜索结果，那么必须将相应的搜索结果显著标明为"广告"。这是一个重要的立法层面上的发展。对于未来的互联网搜索服务的规范化，会产生巨大的影响。此外该条还要求电子商务平台经营者必须依据商品的销量、价格、信用等多种方式，向消费者展示搜索结果，这也在一定程度上约束了平台经营者利用其提供的搜索服务来垄断和控制信息展示渠道的影响力。

课堂讨论 11-1

课堂讨论 11-1

分析提示

近年来，移动互联网、物联网、大数据、云计算等数字技术为电子商务创造了丰富的应用场景，不断催生新营销模式和商业业态，包括社交电商、直播电商、分享经济、智慧零售等。这些新业态、新模式改变了电子商务的本质特征吗？应纳入《电子商务法》的管辖范畴吗？

11.4 电子商务合同的订立与履行

电子商务当事人订立和履行合同，适用《电子商务法》《中华人民共和国民法典》《中华人民共和国电子签名法》等法律的规定。

1）电子商务合同的订立

电子商务当事人使用自动信息系统订立或者履行合同的行为对使用该系统的当事人具有法律效力。在电子商务中推定当事人具有相应的民事行为能力。但是，有相反证据足以推翻的除外。

电子商务经营者发布的商品或者服务信息符合要约条件的，用户选择该商品或者服务并提交订单成功，合同成立。当事人另有约定的，从其约定。电子商务经营者不得以格式条款等方式约定消费者支付价款后合同不成立；格式条款等含有该内容的，其内容无效。

电子商务经营者应当清晰、全面、明确地告知用户订立合同的步骤、注意事项、下载方法等事项，并保证用户能够便利、完整地阅览和下载。电子商务经营者应当保证用户在提交订单前可以更正输入错误。

2）电子商务合同的履行

（1）合同标的的交付时间与方式。合同标的为交付商品并采用快递物流方式交付的，收货人签收时间为交付时间。合同标的为提供服务的，生成的电子凭证或者实物凭证中载明的时间为交付时间；前述凭证没有载明时间或者载明时间与实际提供服务时间不一致的，实际提供服务的时间为交付时间。

合同标的为采用在线传输方式交付的，合同标的进入对方当事人指定的特定系统并且能够检索识别的时间为交付时间。

合同当事人对交付方式、交付时间另有约定的，从其约定。

（2）使用快递物流方式交付商品的法律规范。电子商务当事人可以约定采用快递物流方式交付商品。快递物流服务提供者为电子商务提供快递物流服务，应当遵守法律、行政法规，并应当符合承诺的服务规范和时限。快递物流服务提供者在交付商品时，应当提示收货人当面查验；交由他人代收的，应当经收货人同意。

快递物流服务提供者应当按照规定使用环保包装材料，实现包装材料的减量化和再利用。

快递物流服务提供者在提供快递物流服务的同时，可以接受电子商务经营者的委托提供代收货款服务。

（3）电子支付服务提供者的义务。电子商务当事人可以约定采用电子支付方式支付价款。

电子支付服务提供者为电子商务提供电子支付服务，应当遵守国家规定，告知用户电子支付服务的功能、使用方法、注意事项、相关风险和收费标准等事项，不得附加不合理交易条件。电子支付服务提供者应当确保电子支付指令的完整性、一致性、可跟踪稽核和不可篡改。

电子支付服务提供者应当向用户免费提供对账服务以及最近三年的交易记录。电子支付服务提供者提供电子支付服务不符合国家有关支付安全管理要求，造成用户损失的，应当承担赔偿责任。

（4）错误支付的法律责任。用户在发出支付指令前，应当核对支付指令所包含的金额、收款人等完整信息。支付指令发生错误的，电子支付服务提供者应当及时查找原因，并采取相关措施予以纠正。造成用户损失的，电子支付服务提供者应当承担赔偿责任，但能够证明支付错误非自身原因造成的除外。

（5）未授权支付法律责任。用户应当妥善保管交易密码、电子签名数据等安全工具。用户发现安全工具遗失、被盗用或者未经授权的支付的，应当及时通知电子支付服务提供者。

未经授权的支付造成的损失，由电子支付服务提供者承担；电子支付服务提供者能够证明未经授权的支付是因用户的过错造成的，不承担责任。

电子支付服务提供者发现支付指令未经授权，或者收到用户支付指令未经授权的通知时，应当立即采取措施防止损失扩大。电子支付服务提供者未及时采取措施导致损失扩大的，对损失扩大部分承担责任。

11.5　电子商务争议解决

1）商品、服务质量担保机制和先行赔偿责任

国家鼓励电子商务平台经营者建立有利于电子商务发展和消费者权益保护的商品、服务质量担保机制。

电子商务平台经营者与平台内经营者协议设立消费者权益保证金的，双方应当就消费者权益保证金的提取数额、管理、使用和退还办法等作出明确约定。

消费者要求电子商务平台经营者承担先行赔偿责任以及电子商务平台经营者赔偿后向平台内经营者的追偿，适用《消费者权益保护法》的有关规定。

2）电子商务经营者的投诉举报机制

电子商务经营者应当建立便捷、有效的投诉、举报机制，公开投诉、举报方式等信息，及时受理并处理投诉、举报。

3）电子商务争议五种解决方式

电子商务争议可以通过协商和解，请求消费者组织、行业协会或者其他依法成立的调解组织调解，向有关部门投诉，提请仲裁，或者提起诉讼等方式解决。

4）电子商务平台经营者的协助维权义务

消费者在电子商务平台购买商品或者接受服务，与平台内经营者发生争议时，电子商务平台经营者应当积极协助消费者维护合法权益。

在电子商务争议处理中，电子商务经营者应当提供原始合同和交易记录。因电子商务经营者丢失、伪造、篡改、销毁、隐匿或者拒绝提供前述资料，致使人民法院、仲裁机构或者有关机关无法查明事实的，电子商务经营者应当承担相应的法律责任。

5）电子商务平台争议在线解决机制

电子商务平台经营者可以建立争议在线解决机制，制定并公示争议解决规则，根据自愿原则，公平、公正地解决当事人的争议。

11.6　法律责任的确定

为保护消费者权益、维护公平竞争，《电子商务法》中多处明确规定了电商平台违反相关义务可能产生的法律责任，包括可能面临的行政处罚以及承担的民事责任。

11.6.1　行政责任

《电子商务法》中明确规定，如果电商平台违反相关法定义务，将视其情节严重，执行责令限期改正、没收违法所得、罚款、责令停业整顿以及记入信用档案等行政处罚。

如电商平台违反规定提供搜索结果，或者违规搭售商品、服务的，由市场监督管理部门责令限期改正，没收违法所得，可以并处5万元以上20万元以下的罚款；情节严重的，并处20万元以上50万元以下的罚款。

电商平台未履行对平台内经营者的核验、登记义务，未能向工商、税务部门报送有关信息，以及未能对商品及服务进行保存等，将由有关主管部门责令限期改正；逾期不改正的，处2万元以上10万元以下的罚款；情节严重的，责令停业整顿，并处10万元以上50万元以下的罚款。

电商平台有未在首页显著位置持续公示平台服务协议、交易规则信息，未以显著方式区分标记自营业务和平台内经营者业务，以及擅自删除消费者评价等行为的，由市场监督管理部门责令限期改正，可以处2万元以上10万元以下的罚款；情节严重的，处10万元以上50万元以下的罚款。

电商平台对平台内经营者的交易等进行不合理限制或者附加不合理条件，或者向平台内经营者收取不合理费用的，由市场监督管理部门责令限期改正，可以处5万元以上50万元以下的罚款；情节严重的，处50万元以上200万元以下的罚款。

电商平台对平台内经营者知识产权侵权行为未依法采取必要措施的，由有关知识产权行政部门责令限期改正；逾期不改正的，处5万元以上50万元以下的罚款；情节严重的，处50万元以上200万元以下的罚款。

另外，《电子商务法》注重与其他相关法律法规的衔接和协调。对于电商平台违反个人信息保护、网络安全保障义务、对竞价排名的商品或者服务未显著标明"广告"、虚假宣传等违法行为，将依照《网络安全法》、《广告法》以及《反不正当竞争法》等有关规定进行处罚。

11.6.2　民事责任

电子商务经营者销售商品或者提供服务，不履行合同义务或者履行合同义务不符合约定，或者造成他人损害的，依法承担民事责任。

简言之，《电子商务法》规定了电子商务平台经营者自营业务的民事责任、电子商务平台经营者未采取必要措施和未尽到审核或安全保障义务的民事责任、平台内经营者在电子商务平台中侵害知识产权的民事责任、第三方支付机构违反电子支付的民事责任、电子商务平台经营者先行赔付民事责任和毁损电子交易资料的民事责任六种类型。

拓展阅读11-1

近年来，我国网络交易蓬勃发展，"社交电商""直播带货"等新业态新模式不断涌现、快速壮大，为网络经济增添了新的活力，为稳增长、促消费、扩就业发挥了重要作用。与此同时，也出现了不少问题，社会各界呼唤完善相应的监管规则。

市场监管总局主动作为，积极回应社会关切，于2021年3月15日制定出台《网络交易监督管理办法》（以下简称《办法》），自2021年5月1日起施行。《办法》是贯彻落实《电子商务法》的重要部门规章，对相关法律规定进行细化完善，制定了一系列规范交易行为、压实平台主体责任、保障消费者权益的具体制度规则，对完善网络交易监管制度体系、持续净化网络交易空间、维护公平竞争的网络交易秩序、营造安全放心的网络消费环境具有重要现实意义。

《办法》共5章56条，包括总则、网络交易经营者、监督管理、法律责任和附则等内容。《办法》明确了网络交易监管坚持鼓励创新、包容审慎、严守底线、线上线下一体化监管原则，提出推动完善多元参与、有效协同、规范有序的网络交易市场治理体系，对网络经营主体登记、新业态监管、平台经营者主体责任、消费者权益保护、个人信息保护等重点问题作出了明确规定。

1.针对网络经营主体登记问题

《办法》对《电子商务法》规定的"便民劳务"和"零星小额"两类免于登记情形进行了具体界定，即个人通过网络从事保洁、洗涤、缝纫、理发、搬家、配制钥匙、管道疏通、家具家电修理修配等依法无须取得许可的便民劳务，或者年交易额累计不超过10万元的依法无须进行登记。

2.针对网络交易新业态监管问题

《办法》对当前"社交电商""直播带货"等网络交易活动中的经营者定位作出了明确规定。网络社交、网络直播等网络服务提供者为经营者同时提供网络经营场所、商品浏览、订单生成、在线支付等网络交易平台服务的，应当依法履行网络交易平台经营者的义务。通过上述网络交易平台服务开展网络交易活动的经营者，应当依法履行平台内经营者的义务。

3.针对压实平台责任问题

《办法》规定了平台应当每半年向住所地省级市场监管部门报送平台内经营者身份信息；平台要对平台内的经营活动建立检查监控制度，并对违法行为及时处置和报告；平台不得干涉平台内经营者的自主经营，不得通过各种手段禁止或者限制平台内经营者自主选择多平台经营、自主选择快递物流等交易辅助服务提供者等。

4.针对消费者权益保护问题

《办法》要求，经营者不得将搭售商品等选项设定为消费者默认同意，不得将消费者以往交易中选择的选项设定为消费者默认选择；要求自动展期、自动续费服务的经营者应当在消费者接受服务前以及展期、续费前五日，以显著方式提请消费者注意，由消费者自主选择等。

5.针对个人信息保护问题

《办法》规定了网络交易经营者应当明示收集、使用消费者个人信息的目的、方式和范围，并经消费者同意；不得强迫或者变相强迫消费者同意收集、使用与经营活动无直接关系的信息；在收集、使用个人敏感信息前，必须逐项取得消费者同意；未经被收集者授权同意，不得向包括关联方在内的任何第三方提供。

《办法》还针对虚构交易、误导性展示评价、虚构流量数据等新型不正当竞争行为进行了明确规制，禁止各类网络消费侵权行为。

🔗 法规链接

为了保障电子商务各方主体的合法权益，规范电子商务行为，维护市场秩序，促进电子商务持续健康发展，《中华人民共和国电子商务法》经2018年8月31日第十三届全国人民代表大会常务委员会第五次会议通过，自2019年1月1日起施行。

中华人民共和国电子商务法

了解法规具体内容，请直接扫描二维码或访问国家法律法规数据库（网址：https://flk.npc.gov.cn），检索"中华人民共和国电子商务法"。

📋 本章测试

◆ 选择题

1.关于电子商务经营者销售商品或提供服务所提供发票的效力，下列说法正确的是（　　）。

A.电子发票与纸质发票具有同等的法律效力

B.电子发票效力优于纸质发票

C.纸质发票效力优于电子发票

D.电子发票只具有参考作用

2.电子商务经营者自行终止从事电子商务的，应当提前（　　）在首页显著位置持续公示有关信息。

A.15日　　　　　　　　　　　　B.10日

C.20日　　　　　　　　　　　　D.30日

3.电子商务平台经营者对于竞价排名的商品或服务，应当采取的特别标注方式是（　　）。

A.标明"竞价排名"　　　　　　　B.标明"付费排名"

C.标明"优先推荐"　　　　　　　D.显著标明"广告"

4.按照《电子商务法》的规定，关于电子商务经营者收取押金，下列说法不正确的是（　　）。

A.应当明示押金退还的方式、程序

B.不得对押金退还设置不合理条件

C.消费者申请退还押金，符合退还条件的应该退还

D.不得收取押金

5.合同标的为交付商品并采用快递物流方式交付的，除另有约定外，（　　）为交

付时间。

    A.商家寄出时间　　　　　　　　B.收货人签收时间

    C.快递人员通知取货时间　　　　D.合同成立时间

◆判断题

1.电子商务经营者自行终止从事电子商务的，应当提前15日在首页显著位置持续公示有关信息。　　　　　　　　　　　　　　　　　　　　　　（　　　）

2.电子商务平台经营者应当采取技术措施和其他必要措施保证其网络安全、稳定运行，防范网络违法犯罪活动，有效应对网络安全事件，保障电子商务交易安全。（　　　）

3.电子商务平台经营者不得删除消费者对其平台内销售的商品或者提供的服务的评价。　　　　　　　　　　　　　　　　　　　　　　　　　　　（　　　）

4.电子支付服务提供者应当向用户免费提供对账服务以及最近三年的交易记录。（　　　）

◆简答题

1.《电子商务法》对合同标的物的交付方式和交付时间有何规定？

2.在电子商务争议处理中，电子商务经营者有何义务？

拓展训练

◆实施准备

1.教师组织学生仔细阅读案例，提示案例要点。

2.学生每4~6人组成一个学习小组，以小组为单位进行讨论，提倡采用"头脑风暴法"，最终形成一篇案例分析报告。

3.每个小组派出1名代表上讲台阐述小组报告的观点。

4.教师讲评案例并点评各小组报告。

◆案例内容

2019年1月2日，浙江省湖州市南浔区市场监管局执法人员发现卢某在其微信朋友圈内从事饼干、蛋糕等食品销售，但未公示其营业执照、食品经营许可证等信息。由此，执法人员立即前往当事人所公布的某地址进行现场检查。经查，当事人在上述地址开设了一家从事糕点类食品制售的店铺，并且能提供合法有效的个体工商户营业执照以及食品经营许可证。自2018年7月起，当事人为了提高知名度，方便开拓市场，吸引消费者，通过微信朋友圈发布了数十条关于店内所制售的饼干、蛋糕、饮料等食品信息，但未在其销售食品的微信朋友圈内公示营业执照、食品经营许可证信息。请问：

（1）卢某违反了《电子商务法》哪方面的规定，该接受何种处罚？

（2）卢某可以在微信朋友圈使用从网上下载的食品图片进行销售宣传吗？

第五篇
工业产权法律制度

创新是引领发展的第一动力，保护知识产权就是保护创新。全面建设社会主义现代化国家，必须更好推进知识产权保护工作。知识产权保护工作关系国家治理体系和治理能力现代化，只有严格保护知识产权，才能完善现代产权制度、深化要素市场化改革，促进市场在资源配置中起决定性作用、更好发挥政府作用。

——摘自《在中央政治局第二十五次集体学习时的讲话》

（习近平，2020年11月30日）

知识产权保护工作关系高质量发展，只有严格保护知识产权，依法对侵权假冒的市场主体、不法分子予以严厉打击，才能提升供给体系质量、有力推动高质量发展。知识产权保护工作关系国家对外开放大局，只有严格保护知识产权，才能优化营商环境、建设更高水平开放型经济新体制。知识产权保护工作关系国家安全，只有严格保护知识产权，才能有效保护我国自主研发的关键核心技术、防范化解重大风险。本篇将围绕专利法和商标法两章展开，具体内容架构如下图所示：

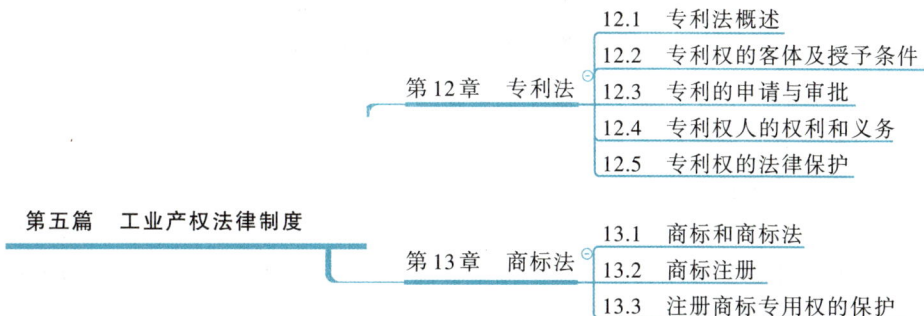

第五篇　工业产权法律制度

第12章　专利法
- 12.1　专利法概述
- 12.2　专利权的客体及授予条件
- 12.3　专利的申请与审批
- 12.4　专利权人的权利和义务
- 12.5　专利权的法律保护

第13章　商标法
- 13.1　商标和商标法
- 13.2　商标注册
- 13.3　注册商标专用权的保护

第12章

专利法

学习目标

◆知识目标：了解我国专利制度；掌握授予专利权的条件；掌握专利的种类、专利侵权行为的认定；明确专利权的取得和保护相关事项。

◆能力目标：能够运用相关知识理论联系实际，分析并解决现实生活中与专利相关的法律问题。

图文引例《关于规范申请专利行为的办法（征求意见稿）》公开征求意见

维护公平竞争　　　　　　　　　　　　新华社发 王鹏 作

为认真贯彻落实党中央、国务院关于加强知识产权保护的各项决策部署，切实推动我国知识产权工作从追求数量向提高质量转变，国家知识产权局采取了一系列措施促进专利质量提升，然而目前仍存在各种形式的不以保护创新为目的的非正常申请专利行为。为确保实现专利法鼓励真实创新活动的立法宗旨，恪守诚实信用原则，维护公平竞争营商环境，规范申请专利行为，国家知识产权局在充分研究论证的基础上，形成《关于规范申请专利行为的办法（征求意见稿）》（以下简称《办法》），并向社会公开征集意见。

一是对非正常申请专利行为进行界定。《办法》对各类非正常申请专利行为进行了界定，列举了非正常申请专利行为的表现形式。二是规定了对于非正常专利申请的审查程序。《办法》明确了国家知识产权局对非正常专利申请的专门处理程序，同时为保障相对人的合法权益，告知了相关法律救济途径。三是原则规定了对于非正常申请专利行为的相关处理措施。《办法》分层次、分主体明确了对存在各类非正常申请专利行为的单位或个人的处理措施，以及处理部门和处理机关。

资料来源　编者根据相关材料编写。

在知识经济时代，加强对知识产权的保护显得尤为重要和迫切。《关于规范申请专利行为的办法（征求意见稿）》就是在这个背景下出台的。在全球化时代，没有一家企业可以把竞争局限在国内。中国已是专利大国，接下来必须成为专利强国。企业应积极提升专利储备，在专利的保驾护航下，利用技术优势去赢得市场竞争。

12.1　专利法概述

12.1.1　专利和专利权的概念及特征

1）专利和专利权的概念

"专利"一词来源于拉丁语 litterae patentes，意为公开的信件或公共文献，是中世纪的君主用来颁布某种特权的证明，后来指英国国王亲自签署的独占权利证书。

广义的专利通常有三层含义：一是指专利局授予的专利权；二是指受专利法保护的发明创造；三是指专利文献。狭义的专利指专利权。

专利权是指一项发明创造经依法审查后，由国家专利主管机关依法定条件和程序，授予申请人在一定期限内对其发明创造所享有的专有权。

2）专利权的特征

（1）排他性，也称独占性或专有性。专利权人对其拥有的专利权享有独占或排他的权利，未经其许可或者出现法律规定的特殊情况，任何人不得使用，否则即构成侵权。这是专利权（知识产权）最重要的法律特点之一。

（2）时间性，指法律对专利权人的保护是有时间限制的，超过这一时间限制则不再予以保护，任何人都可以使用。

（3）地域性，指任何一项专利权，只有依一定地域内的法律才得以产生并在该地域内受到法律保护。根据该特征，依据一国法律取得的专利权只在该国领域内受到法律保护，而在其他国家则不受该国的法律保护，除非两国之间有双边专利（知识产权）保护协定，或共同参加了有关保护专利（知识产权）的国际公约。

12.1.2　专利制度

专利制度是运用法律和经济手段推动技术进步的一种管理制度。专利制度既有积极作用又有消极作用：积极的一面在于它有利于保护、鼓励、推广发明创造，保护专利权人的合法权益，提高创新能力，促进科学技术进步和社会经济发展；消极的一面在于产品成本提高，容易形成专利技术垄断，新技术、新产品难以广泛应用。

专利法是调整在确认、保护发明创造专有权以及利用发明创造过程中产生的各种社会关系的法律规范的总称。《中华人民共和国专利法》（以下简称《专利法》）于1984年3月12日通过，1985年4月1起正式施行；1992年9月4日、2000年8月25日、2008年12月27日、2020年10月17日，《专利法》历经4次修正。新《专利法》于2021年6月1日起施行。《专利法》及《中华人民共和国专利法实施细则》（以下简称《专利法实施细则》）是我国专利法律制度中最重要的法律文件。

12.2 专利权的客体及授予条件

12.2.1 专利权的客体

专利权的客体是《专利法》的保护对象，即依法应授予专利的发明创造。《专利法》所称的发明创造，是指发明、实用新型和外观设计。

发明是指对产品、方法或者其改进所提出的新的技术方案。发明是新颖的技术成果，不是单纯仿制已有的器物或重复前人已提出的方案和措施。发明必须是有应用价值的创新，它有明确的目的性，有新颖和先进的实用性。

实用新型是指对产品的形状、构造或者其结合所提出的适于实用的新的技术方案。实用新型必须是具有一定形状和构造的产品，是能够经过生产加工过程而获得的实物，且具有一定的创新性。实用新型的创造性水平要低于发明，这是发明与实用新型之间的本质区别。

外观设计是指对产品的形状、图案或者其结合以及色彩与形状、图案的结合所作出的富有美感并适于工业应用的新设计。它具有以下特征：（1）外观设计必须与产品有关；（2）外观设计必须适用于工业应用；（3）外观设计是对产品的形状、图案和色彩的设计；（4）外观设计应该富有美感。

新《专利法》第2条新增"保护局部外观设计"。在美国、日本、欧盟等世界主要国家和地区都有局部外观设计制度的情况下，为了与世界专利制度接轨，以后包括鞋底、茶杯把手、鼠标滚轮、手机屏幕等产品局部的改进，都可以在我国申请外观设计专利了。

课堂讨论12-1

外观设计与产品包装有何不同？

提示：外观设计必须以产品为依托，以追求美感为目的，如汽车外形、地毯花样等。产品包装的目的是方便商品运输和销售，不是产品的构成部分，也没有固定在产品上。

12.2.2 不授予专利权的发明创造或事项

不授予专利权的发明创造包括：违反法律、社会公德或者妨害公共利益的发明创造，如制造假币的方法、制造假钞的机器设备等；违反法律、行政法规的规定获取或者利用遗传资源，并依赖该遗传资源完成的发明创造，不授予专利权，如盗取别人的技术。

不授予专利权的事项包括：科学发现；智力活动的规则和方法；疾病的诊断和治疗方法；动物和植物品种，但是动物和植物的生产方法可以依法授予专利权；用原子核变换方法获得的物质；对平面印刷品的图案、色彩或者二者的结合作出的主要起标识作用的设计。新《专利法》将原子核变换方法也列为不授予专利的事项。

12.2.3　专利权的授予条件

1）授予发明和实用新型专利权的条件

授予专利权的发明和实用新型，应当具备新颖性、创造性和实用性。

（1）新颖性是指该发明或者实用新型不属于现有技术，即指不属于申请日以前在国内外为公众所知的技术；也没有任何单位或者个人就同样的发明或者实用新型在申请日以前向国务院专利行政部门提出过申请，并记载在申请日以后公布的专利申请文件或者公告的专利文件中。

拓展阅读12-1

所谓现有技术，是指申请日（有优先权的，指优先权日）前在国内外出版物上公开发表、在国内公开使用或者以其他方式为公众所知的技术。

新《专利法》第24条规定，申请专利的发明创造在申请日以前6个月内有下列情形之一的，不丧失新颖性：（1）在国家出现紧急状态或者非常情况时，为公共利益目的的首次公开的；（2）在中国政府主办或者承认的国际展览会上首次展出的；（3）在规定的学术会议或者技术会议上首次发表的；（4）他人未经申请人同意而泄露其内容的。

（2）创造性是指与现有技术相比，该发明具有突出的实质性特点和显著的进步，该实用新型具有实质性特点和进步。

课堂讨论12-2

张某研制出一种"自动加温保温瓶"，采用酒精作为恒温器的感温介质，用陶瓷制作瓶胆，目的是使保温瓶可以自动将瓶内的水温维持在一定的温度范围内。张某向专利局提出实用新型专利申请。专利局认为，酒精是一种常用的感温介质，陶瓷瓶容器早已在市面上销售，只是原来普通真空玻璃瓶的一种简单材料转换，没有产生突破性技术效果，所以不能授予专利权。

请问：专利局的做法是否合法？

提示：授予专利权要求具有新颖性、创造性、实用性。本案张某研制出的"自动加温保温瓶"是原来普通真空玻璃瓶的一种简单材料转换，并没有产生突破性技术效果，不具有创造性。

（3）实用性是指该发明或者实用新型能够制造或者使用，并且能够产生积极效果。

2）授予外观设计专利权的条件

授予专利权的外观设计，应当不属于现有设计，也没有任何单位或者个人就同样的外观设计在申请日以前向国务院专利行政部门提出过申请，并记载在申请日以后公告的专利文件中。这里所称现有设计，是指申请日以前在国内外为公众所知的设计。

授予专利权的外观设计与现有设计或者现有设计特征的组合相比，应当具有明显区别，并不得与他人在申请日以前已经取得的合法权利相冲突。

12.3 专利的申请与审批

12.3.1 专利的申请

1）申请人

（1）职务发明创造的单位。职务发明创造是指执行本单位的任务或者主要是利用本单位的物质技术条件所完成的发明创造。职务发明创造申请专利的权利属于该单位，申请被批准后，该单位为专利权人。新《专利法》规定，该单位可以依法处置其职务发明创造申请专利的权利和专利权，促进相关发明创造的实施和运用。

拓展阅读12-2

职务发明创造包括：（1）在本职工作中作出的发明创造；（2）履行本单位交付的本职工作之外的任务所作出的发明创造；（3）退休、调离原单位后或者劳动、人事关系终止后1年内作出的，与其在原单位承担的本职工作或者原单位分配的任务有关的发明创造。

本单位包括临时工作单位，本单位的物质技术条件是指本单位的资金、设备、零部件、原材料或者不对外公开的技术资料等。

（2）非职务发明创造的个人。非职务发明创造申请专利的权利属于发明人或者设计人，申请被批准后，该发明人或者设计人为专利权人。

课堂讨论12-3

2019年年初，A大学环境科研所环境化学研究室副主任王某应某市环保局邀请，帮助其研究有关印染污水处理技术。王某一直从事微量元素与健康研究工作，当时分管后勤工作。同年寒假，王某在A大学实验室内利用废旧原料、工具及试纸，对有关厂家提供的印染污水进行实验和测试，完成了"印染污水处理方法及工艺"发明创造。此后，

课堂讨论12-3

A大学就该项发明创造向专利局申请了职务发明专利，并于2020年11月1日获得专利权。王某认为该发明专利权归属有误，于2020年12月向某市中级人民法院提起诉讼，请求变更该发明专利的归属权。

请问：王某完成的"印染污水处理方法及工艺"发明创造是职务发明还是非职务发明？

分析提示

（3）共同发明创造人或委托完成人。两个以上单位或者个人合作完成的发明创造、一个单位或者个人接受其他单位或者个人委托所完成的发明创造，除另有协议以外，申

请专利的权利属于完成或者共同完成的单位或者个人；申请被批准后，申请的单位或者个人为专利权人。

（4）外国的单位或者个人。在中国没有经常居所或者营业场所的外国人、外国企业或者外国其他组织在中国申请专利的，依照其所属国同中国签订的协议或者共同参加的国际条约，或者依照互惠原则，根据《专利法》的规定办理。

（5）专利代理机构。中国单位或者个人在国内申请专利或办理其他专利事务，可以委托依法设立的专利代理机构办理。在中国没有经常居所或者营业场所的外国人、外国企业或者外国其他组织在中国申请专利或办理其他专利事务，应当委托依法设立的专利代理机构办理。

专利代理机构应当遵守法律、行政法规，按照被代理人的委托办理专利申请或者其他专利事务；对被代理人发明创造的内容，除专利申请已经公布或者公告的以外，负有保密责任。

（6）专利申请权的合法受让人。专利申请权和专利权可以转让。转让专利申请权或者专利权的，当事人应当订立书面合同，并向国务院专利行政部门登记，由国务院专利行政部门予以公告。专利申请权或者专利权的转让自登记之日起生效。

2）申请资料

（1）申请发明或者实用新型专利。

申请发明或者实用新型专利应当提交请求书、说明书及其摘要和权利要求书等文件。其中，权利要求书最重要，它是判断他人是否侵权的依据。

请求书应当写明发明或者实用新型的名称，发明人姓名，申请人姓名或名称、地址，以及其他事项。

说明书应当对发明或者实用新型作出清楚、完整的说明，以所属技术领域的技术人员能够实现为准，必要的时候应当有附图。摘要应当简要说明发明或者实用新型的技术要点。

权利要求书应当以说明书为依据，清楚、简要地限定要求专利保护的范围。

依赖遗传资源完成的发明创造，申请人应当在专利申请文件中说明该遗传资源的直接来源和原始来源；申请人无法说明原始来源的，应当陈述理由。

（2）申请外观设计专利。

申请外观设计专利应当提交请求书、该外观设计的图片或者照片以及对该外观设计的简要说明等文件。其中，图片或者照片最重要，是确定外观设计专利保护范围的依据。

申请人提交的有关图片或者照片应当清楚地显示要求专利保护的产品的外观设计。

3）申请程序和原则

（1）申请的提出。

①向中国政府申请专利。中国单位或者个人可以自行申请或委托依法设立的专利代理机构代为申请国内专利，外国单位和个人应当委托依法设立的专利代理机构代为申请国内专利。

②向外国政府申请专利。任何单位或者个人将在中国完成的发明或者实用新型向外国申请专利的，应当事先报经国务院专利行政部门进行保密审查。保密审查的程序、期限等按照国务院的规定执行。

（2）申请日认定。国务院专利行政部门收到专利申请文件之日为申请日。如果申请文件是邮寄的，以寄出的邮戳日为申请日。申请人享有优先权的，优先权日为申请日。

依照《保护工业产权巴黎公约》的规定，优先权是指发明创造在一个缔约国提出专利申请以后，在法定期限内又向其他缔约国提出申请的，申请人有权要求将第一次申请日视为在其他缔约国的申请日，该申请日就是优先权日。

（3）申请的原则。

①单一性原则。同样的发明创造只能授予一项专利权。同一申请人同日对同样的发明创造既申请实用新型又申请发明专利，先获得的实用新型专利权尚未终止，且申请人声明放弃该实用新型专利权的，可以授予发明专利权。

②先申请原则。两个以上申请人分别就同样的发明创造申请专利的，专利权授予最先申请的人。《专利法实施细则》规定，两个以上申请人同日（指申请日；有优先权的，指优先权日）分别就同样的发明创造申请专利的，应当在收到国务院专利行政部门的通知后自行协商确定申请人。

③一项申请一个专利原则。一件发明或者实用新型专利申请应当限于一项发明或者实用新型。属于一个总的发明构思的两项以上的发明或者实用新型，可以作为一项申请提出。

一件外观设计专利申请应当限于一项外观设计。同一产品两项以上相似外观设计，或者用于同一类别并且成套出售或者使用的产品的两项以上外观设计，可以作为一项申请提出。

④优先权原则。申请人自发明或者实用新型在外国第一次提出专利申请之日起12个月内，或者自外观设计在外国第一次提出专利申请之日起6个月内，又在中国就相同主题提出专利申请的，依照该外国同中国签订的协议或者共同参加的国际条约，或者依照相互承认优先权的原则，可以享有优先权。申请人自发明或者实用新型在中国第一次提出专利申请之日起12个月内，又向国务院专利行政部门就相同主题提出专利申请的，可以享有优先权。新《专利法》新增外观设计6个月的国内优先权期限，即外观设计在中国第一次提出专利申请之日起6个月内，又向国务院专利行政部门就相同主题提出专利申请的，可以享有优先权。

新《专利法》规定，申请人要求发明、实用新型专利优先权的，应当在申请的时候提出书面声明，并且在第一次提出申请之日起16个月内，提交第一次提出的专利申请文件的副本。申请人要求外观设计专利优先权的，应当在申请的时候提出书面声明，并且在3个月内提交第一次提出的专利申请文件的副本。申请人未提出书面声明或者逾期未提交专利申请文件副本的，视为未要求优先权。

⑤诚实信用原则。新《专利法》规定，申请专利和行使专利应当遵循诚实信用原则。不得滥用专利权损害公共利益和他人合法权益。滥用专利权，排除或者限制竞争，

构成垄断行为的，依照《中华人民共和国反垄断法》处理。

案件回放

　　具有高级工程师职称的王先生是一家工厂的技术总监，他自20世纪90年代在该厂工作以来，以头脑灵活、技术过硬而著称。后调至该单位项目攻关组，主要负责技术攻关和项目研发。2012年10月，王先生在整理旧材料的时候发现，工厂在2007年曾立项研发一项新设备，但由于无法有效解决设备的漏油问题而搁置，于是王先生个人利用业余时间针对该项目开始攻关。王先生不仅在市图书馆查阅了大量资料，还多次走访各地设计院，终于在2013年3月完成了一系列机床配套设备的设计方案，并自行在外定做出设备样品，经过厂领导同意之后，这套设备开始投入试用。该设备出色的性能让厂领导眼前一亮，并在之后正式投产，使搁置多年的项目重新复苏。

　　2014年4月，王先生与该工厂的劳动合同到期，被另一家公司高薪聘走。在办理离职的时候，厂方认为该项发明应属于职务发明，应以单位的名义申请专利。而王先生认为，该设备是自己的劳动成果，属于个人发明，不同意厂方意见，遂向某市知识产权局提交了专利申请。在该专利公告期内，厂方也提出了异议，认为该专利属于职务发明，工厂应当为专利权人。

　　某市知识产权局在接到单位提出异议之后，认为本案需要双方到场进行审查。在双方到场的情况下，知识产权局组织了专家组对该专利进行了审查，最终确认王先生为专利权人。

　　资料来源　魏云竹. 职务发明还是个人发明？专利认定需看两大条件［EB/OL］.［2019-03-01］. http://www.gxworker.com/a/160301/199448.shtml.

　　点评：该案属于发明专利纠纷，由于涉及的专业知识比较广，又利用过单位设备平台，因此发明专利权如何定性成为本案最大的症结。

　　首先，《专利法》第6条规定："执行本单位的任务或者主要是利用本单位的物质技术条件所完成的发明创造为职务发明创造。职务发明创造申请专利的权利属于该单位，申请被批准后，该单位为专利权人。该单位可以依法处置其职务发明创造申请专利的权利和专利权，促进相关发明创造的实施和运用。"可见，作为职务发明，必须满足或"执行本单位的任务"，或"主要是利用本单位的物质技术条件"两个条件之一。本案涉及的专利技术完全是王先生自发性利用自己的业余时间，查阅了大量资料，走访了多家设计院，经过个人的努力，完成了涉案项目的技术攻关，而不是工厂专门部署给王先生的科研项目和技术攻关任务，不符合"执行本单位的任务"这一条件规定。

　　其次，虽然厂方代表在知识产权局审查异议时辩称该套设备的最终调试是利用了厂方的设备作为平台，依此推断出属于利用本单位物质条件，但律师认为，如果利用了本单位的物质技术条件，对发明创造来讲不符合法律规定的"主要利用本单位物质技术条件"的构成要件，则不能认定为职务发明创造。因此，化解此类矛盾纠纷的关键就在于是否属于法律规定的"执行本单位任务"，或"主要利用本单位物质技术条件"两个条件之一的"执行任务"和"主要利用"两个关键词上，故知识产权局给出的审查结果是符合我国法律规定的。

12.3.2 专利的审查和批准

1）审批原则

国务院专利行政部门应当按照客观、公正、准确、及时的要求，依法处理有关专利的申请和请求。

国务院专利行政部门应当完整、准确、及时发布专利信息，定期出版专利公报。

在专利申请公布或者公告前，国务院专利行政部门的工作人员及有关人员对其内容负有保密责任。

2）审批程序

发明专利申请一般需要经过初步审查和实质审查两个阶段，实用新型和外观设计专利申请只需经过形式审查阶段。

（1）发明专利的审批程序。

①初步审查。初步审查也称为形式审查，是对申请文件的格式和内容、委托事项以及发明创造是否属于法律禁止授予专利权的情形等事项进行审查。国务院专利行政部门收到发明专利申请后，经初步审查认为符合法律要求的，自申请日起满18个月，即行公布。申请人可以请求早日公布其申请。

②实质审查。实质审查是对发明创造是否具备新颖性、创造性和实用性特征进行的全面审查。发明专利申请自申请日起3年内，国务院专利行政部门可以根据申请人随时提出的请求，对其申请进行实质审查；申请人无正当理由逾期不请求实质审查的，该申请即被视为撤回。国务院专利行政部门认为必要的时候，可以自行对发明专利申请进行实质审查。

发明专利的申请人请求实质审查时，应当提交在申请日前与其发明有关的参考资料。发明专利已经在外国提出过申请的，国务院专利行政部门可以要求申请人在指定期限内提交该国为审查其申请进行检索的资料或者审查结果的资料；无正当理由逾期不提交的，该申请即被视为撤回。

国务院专利行政部门对发明专利申请进行实质审查后，认为不符合《专利法》规定的，应当通知申请人，要求其在指定的期限内陈述意见，或者对其申请进行修改；无正当理由逾期不答复的，该申请即被视为撤回。

发明专利申请经申请人陈述意见或者进行修改后，国务院专利行政部门仍然认为不符合《专利法》规定的，应当予以驳回。

③审定公告。发明专利申请经实质审查没有发现驳回理由的，由国务院专利行政部门作出授予发明专利权的决定，发给发明专利证书，同时予以登记和公告。发明专利权自公告之日起生效。

（2）实用新型和外观设计专利审批程序。实用新型和外观设计专利申请经初步审查没有发现驳回理由的，由国务院专利行政部门作出授予实用新型专利权或者外观设计专利权的决定，发给相应的专利证书，同时予以登记和公告。实用新型专利权和外观设计专利权自公告之日起生效。

（3）专利复审。新《专利法》规定，专利申请人对国务院专利行政部门驳回申请的决定不服的，可以自收到通知之日起 3 个月内，向国务院专利行政部门请求复审。国务院专利行政部门复审后作出决定，并通知专利申请人。专利申请人对国务院专利行政部门的复审决定不服的，可以自收到通知之日起 3 个月内向人民法院起诉。

12.4　专利权人的权利和义务

12.4.1　专利权人的权利

1）独占权

专利权人享有独占制造、使用和销售专利产品或使用专利方法的权利。专利权被授予后，除《专利法》另有规定外，任何单位或者个人未经专利权人许可，都不得实施其专利，即不得为生产经营目的制造、使用、许诺销售、销售、进口其专利产品，或者使用其专利方法以及使用、许诺销售、销售、进口依照该专利方法直接获得的产品。

2）转让权

专利申请权和专利权可以转让。转让专利申请权和专利权的，当事人双方应订立书面合同，经知识产权局登记、公告，其权利的转让自登记之日起生效。中国单位或个人向外国人转让专利申请权或专利权的，必须经国务院有关主管部门批准。专利权在专利有效期内可以转让，一旦转让，原专利权人就丧失专利权，受让人成为新专利权人。

3）许可权

专利权人有许可他人实施其专利并收取使用费的权利，但必须订立书面实施许可合同。专利实施许可合同主要有 3 类：独占实施许可合同、排他实施许可合同和普通实施许可合同。

新《专利法》创设了专利权人自愿许可声明制度，由专利权人自愿向国务院专利行政部门声明其许可意愿以及许可费的支付方式与标准。有意愿实施某项专利许可的单位或者个人，只需要书面通知作出自愿许可声明的专利权人，然后按照公告的要求支付许可费，即可获得专利实施许可权，从而极大降低专利实施许可的交易成本。国家鼓励专利权人作出自愿实施许可，对于开放实施许可期间专利权人缴纳的年费予以减免。

实行开放许可的专利权人可以与被许可人就许可使用费进行协商后给予普通许可，但不得就该专利给予独占或者排他许可。

4）标记权和署名权

专利权人有权在其专利产品或者该产品的包装上标明专利标识。通过专利号标记，可检索、显示该专利的法律状态，警示侵权，并能产生广告效应。发明人或设计人无论是否是专利权人，都有权在专利文件上写明自己是发明人或设计人。

5）阻止权

专利权人有权阻止他人未经专利权人许可为了生产经营目的制造、使用、销售、进口其专利产品，或者进口依照其专利方法直接获得的产品。

6）放弃权

专利权人有权以书面声明形式放弃其专利权。

12.4.2 专利权人的义务

1）缴纳专利费的义务

专利权人应当自被授予专利权的当年开始缴纳年费。

2）职务发明创造的单位有向发明人或设计人给予报酬奖励的义务

被授予专利权的单位应当对职务发明创造的发明人或者设计人给予奖励；发明创造专利实施后，根据其推广应用的范围和取得的经济效益，应对发明人或者设计人给予合理的报酬。新《专利法》规定，国家鼓励被授予专利权的单位实行产权激励，采取股权、期权、分红等方式，使发明人或者设计人合理分享创新收益。

3）专利实施的强制许可

（1）不实施时的强制许可。有下列情形之一的，国务院专利行政部门根据具备实施条件的单位或者个人的申请，可以给予实施发明专利或者实用新型专利的强制许可：

①专利权人自专利权被授予之日起满3年，且自提出专利申请之日起满4年，无正当理由未实施或者未充分实施其专利的。

②专利权人行使专利权的行为被依法认定为垄断行为，为消除或者减少该行为对竞争产生的不利影响的。

（2）特殊情况下公共利益的强制许可。

①在国家出现紧急状态或者非常情况时，或者为了公共利益目的，国务院专利行政部门可以给予实施发明专利或者实用新型专利的强制许可。

②为了公共健康目的，对取得专利权的药品，国务院专利行政部门可以给予制造并将其出口到符合中华人民共和国参加的有关国际条约规定的国家或者地区的强制许可。

（3）关联专利的强制许可。一项取得专利权的发明或者实用新型比以前已经取得专利权的发明或者实用新型具有显著经济意义的重大技术进步，其实施又有赖于前一发明或者实用新型的实施的，国务院专利行政部门根据后一专利权人的申请，可以给予实施前一发明或者实用新型的强制许可。

在依照前款规定给予实施强制许可的情形下，国务院专利行政部门根据前一专利权人的申请，也可以给予实施后一发明或者实用新型的强制许可。

（4）实施强制许可应遵循的规定。

①国务院专利行政部门作出的给予实施强制许可的决定应当及时通知专利权人，并予以登记和公告。

②取得实施强制许可的单位或者个人不享有独占的实施权，并且无权允许他人实施。

③取得实施强制许可的单位或者个人应当付给专利权人合理的使用费，或者依照中华人民共和国参加的有关国际条约的规定处理使用费问题。付给使用费的，其数额由双

方协商；双方不能达成协议的，由国务院专利行政部门裁决。

④给予实施强制许可的决定应当根据强制许可的理由规定实施的范围和时间。强制许可的理由消除并不再发生时，国务院专利行政部门应当根据专利权人的请求，经审查后作出终止实施强制许可的决定。

12.5　专利权的法律保护

12.5.1　专利权的保护期限、范围、内容和专利权的终止、无效

1）专利权的保护期限

专利权在有效期限内受法律保护。发明专利权的保护期限为20年，实用新型专利权的保护期限为10年，新《专利法》将外观设计专利权的保护期限改为15年，均自申请日起计算。

2）专利权的保护范围

发明或者实用新型专利权的保护范围以其权利要求的内容为准，说明书及附图可以用于解释权利要求的内容。

外观设计专利权的保护范围以表示在图片或者照片中的该产品的外观设计为准，简要说明可以用于解释图片或者照片所表示的该产品的外观设计。

3）专利权的保护内容

（1）发明和实用新型专利权的保护。发明和实用新型专利权被授予后，除《专利法》另有规定外，任何单位或者个人未经专利权人许可，都不得实施其专利，即不得为生产经营目的制造、使用、许诺销售、销售、进口其专利产品，或者使用其专利方法以及使用、许诺销售、销售、进口依照该专利方法直接获得的产品。

（2）外观设计专利权的保护。外观设计专利权被授予后，任何单位或者个人未经专利权人许可，都不得实施其专利，即不得为生产经营目的制造、许诺销售、销售、进口其外观设计专利产品。

（3）专利实施的保护。任何单位或者个人实施他人专利的，应当与专利权人订立实施许可合同，向专利权人支付专利使用费。

发明专利申请公布后，申请人可以要求实施其发明的单位或者个人支付适当的费用。

4）专利权的终止

有下列情形之一的，专利权在期限届满前终止：（1）没有按照规定缴纳年费的；（2）专利权人以书面声明放弃其专利权的。专利权在期限届满前终止的，由国务院专利行政部门登记和公告。

5）专利权的无效

新《专利法》规定，自国务院专利行政部门公告授予专利权之日起，任何单位或者个人认为该专利权的授予不符合该法有关规定的，可以请求国务院专利行政部门宣告该

专利权无效。国务院专利行政部门对宣告专利权无效的请求应当及时审查和作出决定，并通知请求人和专利权人。宣告专利权无效的决定由国务院专利行政部门登记和公告。宣告无效的专利权视为自始即不存在。

对国务院专利行政部门宣告专利权无效或者维持专利权的决定不服的，可以自收到通知之日起3个月内向人民法院起诉。人民法院应当通知无效宣告请求程序的对方当事人作为第三人参加诉讼。

宣告专利权无效的决定，对在宣告专利权无效前人民法院作出并已执行的专利侵权的判决、调解书，已经履行或者强制执行的专利侵权纠纷处理决定，以及已经履行的专利实施许可合同和专利权转让合同，不具有追溯力。但是因专利权人的恶意给他人造成的损失，应当给予赔偿。依照前款规定不返还专利侵权赔偿金、专利使用费、专利权转让费，明显违反公平原则的，应当全部或者部分返还。

12.5.2 专利侵权行为和专利侵权纠纷

1）专利侵权行为

专利侵权行为是指在专利有效期内，行为人未经专利权人许可，实施其专利的行为。

（1）非法实施专利的行为。发明和实用新型专利权被授予后，除法律另有规定外，任何单位或者个人未经专利权人许可，不得为生产经营目的制造、使用、许诺销售、销售、进口其专利产品，或者使用其专利方法以及使用、许诺销售、销售、进口依照该专利方法直接获得的产品。外观设计专利权被授予后，任何单位或者个人未经专利权人许可，不得实施其专利，即不得为生产经营目的制造、许诺销售、销售、进口其外观设计专利产品。但是，为生产经营目的使用、许诺销售、销售不知道是未经专利权人许可而制造并售出的专利侵权产品，能证明该产品合法来源的，不承担赔偿责任。

（2）假冒他人专利的行为。这种行为有：未经许可，在其制造或者销售的产品、产品的包装上标注他人的专利号；未经许可，在广告或者其他宣传材料中使用他人的专利号，使人将所涉及的技术误认为是他人的专利技术；未经许可，在合同中使用他人的专利号，使人将合同涉及的技术误认为是他人的专利技术；伪造或者变造他人的专利证书、专利文件或者专利申请文件。

（3）以非专利产品、方法冒充专利产品、方法的行为。这种行为有：制造或者销售标有专利标记的非专利产品；专利权被宣告无效后，继续在制造或者销售的产品上标注专利标记；在广告或者其他宣传材料中将非专利技术称为专利技术；在合同中将非专利技术称为专利技术；伪造或者变造专利证书、专利文件或者专利申请文件。

（4）被许可人的侵权行为。被许可人无权允许合同规定以外的任何单位或者个人实施该专利，否则构成侵犯专利权。

（5）专利共有人的侵权行为。专利申请权或者专利权的共有人对权利的行使有约定的，从其约定。没有约定的，共有人可以单独实施或者以普通许可方式许可他人实施该专利；许可他人实施该专利的，收取的使用费应当在共有人之间分配。除上述情形外，行使共有的专利申请权或者专利权应当取得全体共有人的同意。

2）不视为侵犯专利权的行为

（1）专利产品或者依照专利方法直接获得的产品，由专利权人或者经其许可的单位、个人售出后，使用、许诺销售、销售、进口该产品的。

（2）在专利申请日前已经制造相同产品、使用相同方法或者已经做好制造、使用的必要准备，并且仅在原有范围内继续制造、使用的。

（3）临时通过中国领陆、领水、领空的外国运输工具，依照其所属国同中国签订的协议或者共同参加的国际条约，或者依照互惠原则，为运输工具自身需要而在其装置和设备中使用有关专利的。

（4）专为科学研究和实验而使用有关专利的。

（5）为提供行政审批所需要的信息，制造、使用、进口专利药品或者专利医疗器械的，以及专门为其制造、进口专利药品或者专利医疗器械的。

3）专利侵权纠纷的处理

侵犯专利权引起纠纷的，由当事人协商解决；不愿协商或者协商不成的，专利权人或者利害关系人可以向人民法院起诉，也可以请求管理专利工作的部门处理。

4）专利侵权纠纷的举证责任

除了按民法中"谁主张，谁举证"的原则进行举证外，专利侵权纠纷的举证责任还有如下特点：

（1）产品专利侵权，由原告举证。

（2）方法专利侵权，由被告举证，证明不存在未经专利权人同意而使用专利方法；如能证明是用其他方法生产，即不构成侵权。

（3）实用新型专利侵权，由原告提供检索、分析和评价后作出的专利权评价报告，作为审理、处理专利侵权纠纷的证据。

在专利侵权纠纷中，被控侵权人有证据证明其实施的技术或者设计属于现有技术或者现有设计的，不构成侵犯专利权。

12.5.3 侵犯专利权的法律责任

1）诉讼时效

新《专利法》将侵犯专利权的诉讼时效改为3年，自专利权人或者利害关系人知道或者应当知道侵权行为以及侵权人之日起计算。

发明专利申请公布后至专利权授予前使用该发明未支付适当使用费的，专利权人要求支付使用费的诉讼时效为3年，自专利权人知道或者应当知道他人使用其发明之日起计算，但是，专利权人于专利权授予之日前即已知道或者应当知道的，自专利权授予之日起计算。

2）侵权人应当承担的法律责任

管理专利工作的部门处理时，认定侵权行为成立的，可以责令侵权人立即停止侵权行为，赔偿损失。

假冒专利的，除依法承担民事责任外，由负责专利执法的部门责令改正并予以公告，没收违法所得，可以处违法所得5倍以下的罚款；没有违法所得或者违法所得在5万元以下的，可以处25万元以下的罚款；构成犯罪的，依法追究刑事责任。

3）赔偿数额

新《专利法》规定，侵犯专利权的赔偿数额按照权利人因被侵权所受到的实际损失或者侵权人因侵权所获得的利益确定。权利人的损失或者侵权人获得的利益难以确定的，参照该专利许可使用费的倍数合理确定。对故意侵犯专利权，情节严重的，可以在按照上述方法确定数额的1倍以上5倍以下确定赔偿数额。

权利人的损失、侵权人获得的利益和专利许可使用费均难以确定的，人民法院可以根据专利权的类型、侵权行为的性质和情节等因素，确定给予3万元以上500万元以下的赔偿。

赔偿数额还应当包括权利人为制止侵权行为所支付的合理开支。

为了确定赔偿数额，在权利人已经尽力举证，但是与侵权行为相关的账簿、资料主要由侵权人掌握的情况下，人民法院可以责令侵权人举证；如果侵权人不举证，人民法院可以参考权利人的主张和证据判定赔偿额。举证责任倒置降低了权利人对于损害赔偿计算的举证难度。

4）不同责任主体的法律责任

（1）专利申请人违法的责任。违反规定未先报国务院专利行政部门进行保密审查直接向外国申请专利，泄露国家秘密的，由所在单位或者上级主管机关给予行政处分；构成犯罪的，依法追究刑事责任。

（2）专利主管机关违法的责任。管理专利工作的部门不得参与向社会推荐专利产品等经营活动。如有违反，由上级机关或者监察机关责令改正，消除影响，有违法收入的予以没收；情节严重的，对直接负责的主管人员和其他直接责任人员依法给予行政处分。

（3）专利主管机关工作人员违法的责任。从事专利管理工作的国家机关工作人员以及其他有关国家机关工作人员玩忽职守、滥用职权、徇私舞弊，构成犯罪的，依法追究刑事责任；尚不构成犯罪的，依法给予行政处分。

🎥 案件回放

原告握奇数据有限公司和被告恒宝公司赔偿都是生产应用于金融领域智能密码钥匙产品（U盾）的企业。原告握奇公司对U盾产品"一种物理认证方法及一种电子装置"发明专利享有专利权。但原告发现，由被告恒宝公司制造，并向全国几十家银行销售的多款USB Key产品以及被告使用该侵权产品进行网上银行转账交易时使用的物理认证方法均落入了原告专利权的保护范围。

原告代理律师王齐表示，原告发现被告未经许可，直接向中国银行等国内的重要银行提供了USB Key的产品，经过初步比对发现，这个产品实际上完全落入了原告专利权的保护范围。

对此，原告于2015年2月26日向北京知识产权法院提起本案诉讼，但被告恒宝公司称，其制造销售的U盾产品有自己的专利，并不构成侵权行为。

对此北京知识产权法院审判长何暄对于侵权行为作出了解释。何暄解释，这涉及复杂的技术比对。看谁是原告，如果原告起诉，就要用原告方的专利，和被告方的被诉侵权产品的实际产品来进行比较，而并不是按照原告方的专利来进行比较。自己有专利，但在实施产品的时候，未必按照自己的产品专利去实施。换句话说，自己可能设计了一个产品，但可能不按照自己的产品去制造，会仿照别人的专利去制造，司法上已经预料到这一点。你要起诉的时候，如果是被告，只比较实实在在的产品，因为消费者购买的是产品，而不是买专利，当然这种文字性的比对，来源于技术本身、产品本身，最后经过逐个的特征比对以后，认为构成侵权。

法院一审判决被告恒宝公司立即停止实施侵权行为，赔偿原告握奇公司经济损失4 900万元，赔偿诉讼合理支出100万元。

资料来源 朱宏源. 北京知识产权法院作出5 000万元最高赔额判决［EB/OL］.［2019-12-08］. http://news.163.com/16/1208/20/C7PQSEDQ000187V5.html.

点评：这是北京知识产权法院首次在判决书中以计时收费的方式计算律师费。对于原告根据该计时收费方式计算出的100万元律师费数额是否合理，法院从案件代理的必要性、案件难易程度、律师的实际付出等因素进行考量后，认定原告提出的100万元律师费赔偿请求合理，予以全额支持。

课堂讨论12-4

我国科学家屠呦呦因发现抗疟疾特效药青蒿素，获得2015年"诺贝尔生理学或医学奖"。但就在国人为此欢欣鼓舞之时，很多媒体发现，中国作为最早发现青蒿素的国家，大量青蒿素的专利却掌握在外国人手中。作为青蒿素发现地的中国，为什么没有站上青蒿素专利的制高点？

请搜集相关资料，就这个问题发表你的看法。

法规链接

为了保护专利权人的合法权益，鼓励发明创造，推动发明创造的应用，提高创新能力，促进科学技术进步和经济社会发展，《中华人民共和国专利法》经1984年3月12日第六届全国人民代表大会常务委员会第四次会议通过，自1985年4月1日起正式施行。1992年9月4日、2000年8月25日、2008年12月27日、2020年10月17日，《专利法》经过四次修正。新《专利法》自2021年6月1日起施行。

中华人民共和国专利法

了解法规具体内容，请直接扫描二维码或访问国家法律法规数据库（网址：https://flk.npc.gov.cn），检索"中华人民共和国专利法"。

本章测试

◆ 选择题

1.《专利法》所称的"发明创造"是指（　　　）。

A.发明　　　　　　B.实用新型　　　　　C.外观设计　　　　D.形象设计

2.授予专利权的发明和实用新型，应当具备（　　　）。

A.新颖性　　　　　B.创造性　　　　　　C.实用性　　　　　D.可转化性

3.下列各项中，依法不能授予专利权的有（　　　）。

A.科学发现

B.智力活动的规则和方法

C.动物和植物品种

D.原子核变换方法以及用原子核变换方法获得的物质

4.发明专利申请自申请日起（　　　）内，国务院专利行政部门可以根据申请人随时提出的请求，对其申请进行实质审查。

A.1年　　　　　　B.2年　　　　　　　C.3年　　　　　　D.4年

5.发明专利权、实用新型专利权、外观设计专利权的期限分别为（　　　），均自申请日起计算。

A.20年、10年、15年　　　　　　　　B.20年、15年、10年

C.20年、10年、5年 D.20年、15年、5年

◆ 判断题

1.专利权可以转让，专利申请权不可以转让。　　　　　　　　　　　　（　　　）

2.专利权人应当自被授予专利权的当年开始缴纳年费。　　　　　　　　（　　　）

3.在国家出现紧急状态或者非常情况时，或者为了公共利益，国务院专利行政部门可以给予实施发明专利或者实用新型专利的强制许可。　　　　　　　　　　（　　　）

4.侵犯专利权的诉讼时效为5年，自专利权人或者利害关系人知道或者应当知道侵权行为以及侵权人之日起计算。　　　　　　　　　　　　　　　　（　　　）

◆ 简答题

1.授予专利权的条件有哪些？

2.在什么样的情况下不能授予专利权？

拓展训练

◆ 实施准备

1.教师组织学生仔细阅读案例，提示案例要点。

2.学生每4~6人组成一个学习小组，以小组为单位进行讨论，提倡采用"头脑风暴法"，最终形成一篇案例分析报告。

3.每个小组派出1名代表上讲台阐述小组报告的观点。

4.教师讲评案例并点评各小组报告。

◆案例内容

腾飞公司与业余发明人张某订立了一份技术开发协议，约定由张某为腾飞公司开发一项电冰箱温控技术，腾飞公司为张某提供技术开发资金、设备、资料等，并支付报酬。在约定的时间内，张某完成了协议约定的任务，并按约定将全部技术资料和权利都交给了腾飞公司。此外，张某在完成开发任务的过程中，还开发出了一项附属技术，他以自己的名义就该附属技术申请专利。腾飞公司知道此事后，认为该附属技术的专利申请权应归腾飞公司所有。腾飞公司和张某因该项附属技术的专利申请权归属发生争议。

请问：（1）该项附属技术的专利申请权应归谁所有？为什么？

（2）该纠纷可通过哪些途径解决？

第13章

商标法

◆知识目标：了解商标的特征、商标权的特点、商标的注册程序，明确商标侵权行为的表现形式及侵犯注册商标专用权的法律责任。

◆能力目标：能够利用商标法知识，为企业进行品牌策划和营销，掌握商标注册和专利申请的程序。

图文引例　国家知识产权局印发《打击商标恶意抢注行为专项行动方案》

打击商标恶意抢注　　　　　　　　　　　　　　新华社发　商海春　作

国家知识产权局日前印发《打击商标恶意抢注行为专项行动方案》，自2021年3月起，集中开展打击商标恶意抢注行为专项行动，进一步形成打击商标恶意抢注行为的高压态势，助力营造良好创新环境和营商环境。

《打击商标恶意抢注行为专项行动方案》（以下简称《方案》）中，明确了专项行动的工作重点，为打击商标恶意抢注、图谋不当利益，扰乱商标注册管理秩序，造成较大不良社会影响的行为。

这些行为包括：恶意抢注国家或区域战略、重大活动、重大政策、重大工程、重大科技项目名称的；恶意抢注重大自然灾害、重大事故灾难、重大公共卫生事件和社会安全事件等突发公共事件相关词汇、标志，损害社会公共利益的；恶意抢注具有较高知名度的重大赛事、重大展会名称、标志的；恶意抢注行政区划名称、山川名称、景点名称、建筑物名称等公共资源的；恶意抢注商品或服务的通用名称、行业术语等公共商业资源的；恶意抢注具有较高知名度的公众人物姓名、知名作品或者角色名称的；恶意抢注他人具有较高知名度或者较强显著性的商标或者其他商业标志，损害他人在先权益的；明显违背商标法第10条规定禁止情形以及其他违反公序良俗，对我国政治、经济、文化、宗教、民族等社会公共利益和公共秩序造成重大消极、负面社会影响的；商标代理机构知道或者应当知道委托人从事上述行为，仍接受其委托或者以其他不正当手段扰乱商标代理秩序的；其他明显违背诚实信用原则的。

《方案》提出，将围绕商标注册全流程实施精准打击。对处于商标注册程序中的案件线索，由商标局指导各地方商标审查协作中心依法处理，构成商标恶意抢注行为的，启动快速驳回机制。对处于商标异议、无效宣告程序中的案件线索，构成商标恶意抢注行为的，采取提前审查审理、并案审查审理和重大案件口头审理等措施，依法不予注册或者宣告无效。强化打击不以使用为目的的商标抢注，对于恶意抢注商标并转让牟利的，依法不予核准。

《方案》表示，专项行动将综合运用法律惩戒、行政指导和信用约束等措施，包括推动将商标恶意抢注行为的行政处罚信息依法依规纳入全国公共信用信息目录，记入信用档案；加大对商标代理机构从事商标恶意抢注行为的打击力度，情节严重的依法报请停止受理其办理商标代理业务等。

《方案》显示，该专项行动将分3个阶段实施：3月为动员部署阶段，4—10月为组织实施阶段，11—12月为总结督察阶段。

资料来源 赵竹青. 国家知识产权局：集中开展打击商标恶意抢注行为专项行动［EB/OL］.［2021-03-21］. http://finance.people.com.cn/GB/n1/2021/0325/c1004-32060490.html.

近年来，随着"天眼""北斗""蛟龙"等重大科技项目逐一精彩亮相，越来越多的企业意识到了大国重器的品牌价值，由此带来的商标恶意抢注行为不容忽视。从某种意义上说，大国重器不仅凝聚着科学家的心血，更代表着一种国家形象。商标法和相关法律法规早就明确规定，要求使用商标不得违反公序良俗和违背诚实信用，更不得带有欺骗性、误导公众。我们期待国家知识产权局的重拳出击，能够刹住恶意抢注商标的歪风邪气。既为大国重器正名，更为回应公众关切，捍卫国家形象。

13.1 商标和商标法

1）商标的概念

商标俗称"品牌"。尽管各国的法律对商标的概念表述不一，但对商标是商品生产者或经营者用以标明自己所生产或经营的商品或服务与他人生产或经营的同一商品或服务有所区别的标志的理解是一样的。商标作为商品的标记，不是用于泛指商品而言的，而是用在"一定商品"上即指使用于"一定范围"和"一定质量"的商品上，其目的是出售商品而非赠与。

2）商标的种类

商标有很多种类，按构成、用途和使用等可分成五类：

（1）根据商标结构分类，任何能够将自然人、法人或者其他组织的商品与他人的商品区别开的标志，包括文字、图形、字母、数字、三维标志、颜色组合和声音等，以及上述要素的组合，均可作为商标。

（2）按商标用途来分，可以把商标划分为商品商标和服务商标。商品商标是我们通常所指的使用在商品上的商标，这点已很明确。服务商标即用于区别服务项目提供者的标记，如我国久负盛名的"狗不理"包子、"同仁堂"中药店等。

（3）根据商标使用者划分，可以把商标分为制造商标、销售商标、集体商标。制造商标，又称生产商标，如我国联想集团的"lenovo"商标等。销售商标，是指销售者为销售商品使用的商标。集体商标，是指以团体、协会或者其他组织名义注册，供该组织成员在商事活动中使用，以表明使用者在该组织中的成员资格的标志。

（4）根据商标管理分类，商标可分为注册商标与未注册商标。注册商标是依法定程序，经国家商标主管机关核准注册的商标。在其有效期间内，商标所有人享有专用权，并受国家法律保护。未注册商标，是指未经核准注册而在市场上使用的商标，这种商标没有专用权。

（5）根据使用人的动机划分，可分为联合商标、防御商标、证明商标。联合商标，是指同一个商标所有人在相同的商品上注册一些相似的商标，或在同一类型的不同商品上注册几个相似的商标。防御商标，是指商标所有人在非类似商品上将其商标分别注册。证明商标，是指由对某种商品或者服务具有监督能力的组织所控制，而由该组织以外的单位或者个人使用于其商品或者服务，用以证明该商品或者服务的原产地、原料、制造方法、质量或者其他特定品质的标志。

课堂讨论 13-1

某快捷运输公司注册的"天天顺"商标属于以下哪种类型？

A.商品商标　　　　　B.服务商标　　　　　C.集体商标　　　　　D.证明商标

3）商标的作用

商标主要有以下几种作用：①区别不同生产和经营者所生产或经销的同一种商品。这也是商标最本质的特征。②区别不同质量的商品，便于监督商品质量，维护商标信誉。③有利于宣传和扩大商品的销路。④有利于开辟国际市场，维护我国经济权益。

4）商标法

商标法是调整因商标的确认、使用、管理及保护而产生的各种社会关系的法律规范的总和。商标法中具体规定了商标注册的原则和条件，商标注册的申请、审查和核准，注册商标的续展、转让和使用许可，商标使用的管理，商标权的保护，商标侵权的认定等内容。1982年，第五届全国人民代表大会第二十四次会议通过了《中华人民共和国商标法》（以下简称《商标法》），于1983年3月1日起施行。1993年2月22日、2001年

10月27日、2019年4月23日该法进行了四次修正。

13.2　商标注册

1）商标注册的原则

（1）自愿注册与强制注册相结合原则。自愿注册是指商标使用人根据实际需要，自行决定是否对商标进行注册。但是，自愿注册的原则，并不排除对某些商品"必须申请商标注册"的要求。《商标法》第6条规定：法律、行政法规规定必须使用注册商标的商品，必须申请商标注册，未经核准注册的，不得在市场销售。这就是强制注册原则，根据法律规定，实行强制注册的商品有人用药品和烟草制品。

（2）申请在先和使用在先相结合原则。《商标法》第31条规定两个或者两个以上的商标注册申请人，在同一种商品或者类似商品上，以相同或者近似的商标申请注册的，初步审定并公告申请在先的商标；同一天申请的，初步审定并公告使用在先的商标，驳回其他人的申请，不予公告。

（3）一类商品一个商标一份申请原则。我国采用一类商品一个商标一份申请的原则，即一份申请书中只能申请一个商标，并且在一个类别的商品上申请注册，不能跨类申请。也就是说，一份商标申请书不能申报属于两类以上的商品，也不能一类商品的商标申请报两个以上的商标。如果同一商标使用商品跨几个类，则须按商品的不同类别，分别提出申请。

2）商标注册的申请

商标注册的申请是商标使用人向商标注册主管机关表示要求取得商标专用权意愿的一种方式。

我国《商标法实施细则》规定，商标注册申请人，必须是依法登记并能够独立承担民事责任的自然人、法人或者其他组织以及符合《商标法》第17条规定的外国人或者外国企业。商标注册申请人，在准备有关申请文件后，应及时提出商标注册申请。每件商标申请应按规定报送以下书件和费用：①商标注册申请书一份。②商标图样5份；指定颜色的，并应当提交着色图样5份，且附送黑白稿1份。③有关证明文件。④交纳商标注册费用。

为申请商标注册所申报的事项和所提供的材料应当真实、准确、完整。

3）商标注册的审查

（1）商标注册的形式审查。商标注册的形式审查，是确定是否具备受理该商标申请的起码条件，是指审查申请手续是否完备，填报项目是否符合要求。如申请书件是否齐备，商标注册申请是否具备申请资格，填报有关证书号码是否一致，是否按商标注册用商品和服务国际分类表按类申请，特殊商品有无主管部门的许可证等事项。

（2）商标注册的实质审查。实质审查是商标审查人依照法律规定对形式审查合格的商标注册申请所进行的检索、分析、对比、调查研究，并决定给予初步审定或驳回申请的一系列活动。

第一，审查商标是否具有显著性。我国《商标法》第9条规定，申请注册的商标，应当有显著特征，便于识别，并不得与他人在先取得的合法权利相冲突。

第二，审查申请注册商标有无违反《商标法》的禁用条款。我国《商标法》第10条规定，下列标志不得作为商标使用：同中华人民共和国的国家名称、国旗、国徽、国歌、军旗、军徽、军歌、勋章相同或者近似的，以及同中央国家机关的名称、标志、所在地特定地点的名称或有标志性建筑物的名称、图形相同的；同外国的国家名称、国旗、国徽、军旗相同或者近似的，但该国政府同意的除外；同政府间国际组织的名称、旗帜、徽记相同或者近似的，但经该组织同意或者不易误导公众的除外；与表明实施控制、予以保证的官方标志、检验印记相同或者近似的，但经授权的除外；同"红十字""红新月"的名称、标志相同或者近似的；带有民族歧视性的；带有欺骗性，容易使公众对商品的质量等特点或者产地产生误认的；有害于社会主义道德风尚或者有其他不良影响的。

县级以上行政区划的地名或者公众知晓的外国地名，不得作为商标。但是，地名具有其他含义或者作为集体商标、证明商标组成部分的除外，已经注册的使用地名的商标继续有效。

《商标法》第11条规定，下列标志不得作为商标注册：仅有本商品的通用名称、图形、型号的；仅仅直接表示商品的质量、主要原料、功能、用途、重量、数量及其他特点的；缺乏显著特征的，但经过使用取得显著特征，并便于识别的，可以作为商标注册。

《商标法》第12条规定，以三维标志申请注册商标的，仅由商品自身的性质产生的形状，为获得技术效果而需有的商品形状或者使商品具有实质性价值的形状，不得注册。

未经授权，代理人或者代表人以自己的名义将被代理人或者被代表人的商标进行注册，被代理人或者被代表人提出异议的，不予注册并禁止使用。

就同一种商品或者类似商品申请注册的商标与他人在先使用的未注册商标相同或者近似，申请人与该他人具有前款规定以外的合同、业务往来关系或者其他关系而明知该他人商标存在，该他人提出异议的，不予注册。

商标中有商品的地理标志，而该商品并非来源于该标志所标示的地区、误导公众的，不予注册并禁止使用；但是，已经善意取得注册的继续有效。这里所称地理标志，是指标示某商品来源于某地区，该商品的特定质量、信誉或者其他特征，主要由该地区的自然因素或者人文因素所决定的标志。

第三，审查申请注册的商标是否与他人申请在先或已注册的商标相同或者近似。我国《商标法》第30条规定，申请注册的商标，凡不符合本法有关规定或者同他人在同一种商品或者类似商品上已经注册的或者初步审定的商标相同或者近似的，由商标局驳回申请，不予公告。

案件回放

2021年3月15日，国家知识产权局发布《关于依法驳回"清澈的爱"等17件商标注册申请的通告》，对17件将戍边烈士陈祥榕生前写下的战斗口号"清澈的爱"作为商标进行注册申请依法作出驳回决定。

通告发布后，山东省市场监管局（知识产权局）高度重视，于3月16日下发通知，要求驳回名单中涉及山东的2名申请人和2家代理机构所在地市场监管部门立即开展立案调查，依法从严从速处理。

经查明，肥城市顺佳食品有限公司、山东省壹份爱食品有限公司将英烈生前战斗口号作为商标注册申请，图谋不当利益，违反了《商标法》第10条第1款第8项"有害于社会主义道德风尚或者有其他不良影响的"之规定，根据《规范商标申请注册行为若干规定》第12条"对违反本规定第3条恶意申请商标注册的申请人，依据商标法第68条第4款的规定，由申请人所在地或者违法行为发生地县级以上市场监督管理部门根据情节给予警告、罚款等行政处罚。有违法所得的，可以处违法所得3倍最高不超过3万元的罚款；没有违法所得的，可以处1万元以下的罚款。"的规定，其所在地市场监管部门分别作出处罚决定，对当事人给予警告，并处罚款1万元。处罚信息已于3月25日通过国家企业信用信息公示系统和相关市局门户网站向社会公示。

山东和易知识产权代理有限公司、山东八戒知产云网络科技有限公司对委托人申请注册的商标可能存在违反《商标法》规定不得注册的情形，没有依法尽到告知义务仍接受委托，其所在地市场监管部门依法对其进行严肃约谈，责令改正。两家代理机构对接受委托业务的直接责任人作出处理，主动签订承诺书，承诺在代理过程中遵守法律法规，依法接受委托，确保不再发生此类事件。

资料来源　山东省市场监督管理局. 依法严惩！对恶意注册"清澈的爱"商标申请人作出顶格处罚［EB/OL］.［2021-03-30］. http://amr.shandong.gov.cn/art/2021/3/25/art_76477_10287456.html.

点评：我国《英雄烈士保护法》第22条规定：禁止歪曲、丑化、亵渎、否定英雄烈士事迹和精神。英雄烈士的姓名、肖像、名誉、荣誉受法律保护。任何组织和个人不得在公共场所、互联网或者利用广播电视、电影、出版物等，以侮辱、诽谤或者其他方式侵害英雄烈士的姓名、肖像、名誉、荣誉。任何组织和个人不得将英雄烈士的姓名、肖像用于或者变相用于商标、商业广告，损害英雄烈士的名誉、荣誉。公安、文化、新闻出版、广播电视、电影、网信、市场监督管理、负责英雄烈士保护工作的部门发现前款规定行为的，应当依法及时处理。

国家知识产权局表示，"清澈的爱，只为中国"是陈祥榕烈士生前写下的战斗口号，充分彰显新时代英烈对祖国的热爱和无私奉献的高尚情操。"清澈的爱"被个别企业和自然人向国家知识产权局商标局提交商标注册申请，图谋不当利益，代理机构提供不法服务，亵渎了英烈的精神，背离了社会主义核心价值观，极易产生恶劣的社会影响。

（3）驰名商标的保护。我国《商标法》第13条规定，就相同或者类似商品申请注册的商标是复制、摹仿或者翻译他人未在中国注册的驰名商标，容易导致混淆的，不予注册并禁止使用。就不相同或者不相类似商品申请注册的商标是复制、摹仿或者翻译他人已经在中国注册的驰名商标、误导公众，致使该驰名商标注册人的权益可能受到损害的，不予注册并禁止使用。

认定驰名商标应当考虑下列因素：①相关公众对该商标的知晓程度；②该商标使用的持续时间；③该商标的任何宣传工作的持续时间、程度和地理范围；④该商标作为驰名商标受保护的记录；⑤该商标驰名的其他因素。

在商标注册审查、工商行政管理部门查处商标违法案件过程中，当事人依照本法第13条规定主张权利的，商标局根据审查、处理案件的需要，可以对商标驰名情况作出认定。

在商标争议处理过程中，当事人依照本法第13条规定主张权利的，商标评审委员会根据处理案件的需要，可以对商标驰名情况作出认定。

在商标民事、行政案件审理过程中，当事人依照本法第13条规定主张权利的，最高人民法院指定的人民法院根据审理案件的需要，可以对商标驰名情况作出认定。

生产、经营者不得将"驰名商标"字样用于商品、商品包装或者容器上，或者用于广告宣传、展览以及其他商业活动中。

4）商标注册的驳回与核准

（1）商标注册申请的驳回。商标申请经商标局实质审查，凡不符合《商标法》有关规定的，由商标局驳回申请。商标申请被驳回后，申请人如对驳回理由不服，可以在收到驳回通知书15天内向商标评审委员会送交驳回商标复审申请书，向商标评审委员会申请复审。由商标评审委员会对申请复审的理由进行研究，作出裁定。

（2）商标注册的初步审定和公告。对申请注册的商标，商标局应当自收到商标注册申请文件之日起9个月内审查完毕，凡符合《商标法》有关规定的，由商标局予以初步审定、公告。两个或者两个以上的商标注册申请人，在同一种商品或者类似商品上，以相同或者近似的商标申请注册的，初步审定并公告申请在先的商标；同一天申请的，初步审定并公告使用在先的商标，驳回其他人的申请，不予公告。

（3）商标异议。申请商标注册不得损害他人现有的在先权利，也不得以不正当手段抢先注册他人已经使用并有一定影响的商标。对初步审定公告的商标，自公告之日起3个月内，在先权利人、利害关系人认为违反本法第13条第2款和第3款、第15条、第16条第1款、第30条、第31条、第32条规定的，或者任何人认为违反本法第4条、第10条、第11条、第12条、第19条第4款规定的，可以向商标局提出异议。公告期满无异议的，予以核准注册，发给商标注册证，并予公告。

对驳回申请、不予公告的商标，商标局应当书面通知商标注册申请人。商标注册申请人不服的，可以自收到通知之日起15日内向商标评审委员会申请复审，由商标评审委员会应当自收到申请之日起9个月内作出决定，并书面通知申请人。当事人对商标评审委员会的决定不服的，可以自收到通知之日起30日内向人民法院起诉。

对初步审定、予以公告的商标提出异议的，商标局应当听取异议人和被异议人陈述事实和理由，经调查核实后，作出裁定。当事人不服的，可以自收到通知之日起15日内向商标评审委员会申请复审，由商标评审委员会作出裁定，并书面通知异议人和被异议人。当事人对商标评审委员会的裁定不服的，可以自收到通知之日起30日内向人民法院起诉。人民法院应当通知商标复审程序的对方当事人作为第三人参加诉讼。

法定期限届满，当事人对商标局作出的驳回申请决定、不予注册决定不申请复审或者对商标评审委员会作出的复审决定不向人民法院起诉的，驳回申请决定、不予注册决定或者复审决定生效。

经审查异议不成立而准予注册的商标，商标注册申请人取得商标专用权的时间自初步审定公告3个月期满之日起计算。自该商标公告期满之日起至准予注册决定作出前，对他人在同一种或者类似商品上使用与该商标相同或者近似的标志的行为不具有追溯力；但是，因该使用人的恶意给商标注册人造成的损失，应当给予赔偿。

5）注册商标的管理

（1）注册商标的续展。注册商标的续展是指注册商标所有人依法办理手续，延长注册商标的有效期。注册商标的有效期为10年，外国人或者外国企业在中国申请商标注册的，经审查核准的注册商标的有效期也为10年。

注册商标的有效期限的计算，自核准注册之日起算起，即在审定公告发布后3个月内，无人提出异议，或经裁定异议不成立之日算起。

注册商标有效期满，需要继续使用的，商标注册人应当在期满前12个月内按照规定办理续展手续；在此期间未能办理的，可以给予6个月的宽展期。每次续展注册的有效期为10年，自该商标上一届有效期满次日起计算。期满未办理续展手续的，注销其注册商标。

商标局应当对续展注册的商标予以公告。

（2）注册商标的变更。《商标法》第41条规定，注册商标需要变更注册人的名义、地址或者其他注册事项的，应当提出变更申请。申请变更商标注册人名义的，每一个申请应当向商标局寄送变更商标注册人名义申请书和变更证明各一份，并交回原商标注册证。

（3）注册商标的转让。转让注册商标的，转让人和受让人应当签订转让协议，并共同向商标局提出申请。受让人应当保证使用该注册商标的商品质量。转让注册商标经核准后，予以公告。受让人自公告之日起享有商标专用权。

转让注册商标的，商标注册人对其在同一种商品上注册的近似的商标，或者在类似商品上注册的相同或者近似的商标，应当一并转让。

对容易导致混淆或者有其他不良影响的转让，商标局不予核准，书面通知申请人并说明理由。

注册商标的转让，大致有以下几种：一是由于企业的合并、兼并、改制和改组所引起的商标转让；二是由于企业的经营范围扩大所引起的商标转让；三是由于商标被他人抢注，商标的首先使用人为了获得该商标的统一专有使用权所引起的商标转让；四是为扩大传统品牌出口，生产企业与外贸企业所引起的商标专用权转让；五是以高额代价与该注册商标所有人达成的商标转让协议。

（4）商标的许可。《商标法》第43条规定：商标注册人可以通过签订商标使用许可合同，许可他人使用其注册商标。许可人应当监督被许可人使用其注册商标的商品质量。被许可人应当保证使用该注册商标的商品质量。

经许可使用他人注册商标的，必须在使用该注册商标的商品上标明被许可人的名称和商品产地。

许可他人使用其注册商标的，许可人应当将其商标使用许可报商标局备案，由商标局公告。商标使用许可未经备案不得对抗善意第三人。

案件回放

2019年10月23日，扬州市宝应县市场监管局接到消费者刘某举报，反映其怀疑通过微信从吴某处购买的一只商标为"GUCCI"的女包是假冒商品。随后，宝应县市场监管局执法人员与"GUCCI""G"注册商标所有人古乔古希股份公司沟通，进行辨认鉴定。经鉴定，涉案女包侵犯了古乔古希股份公司"GUCCI""G"注册商标专用权。经查明，吴某通过其他微商花费2 000元购进了一只"GUCCI"女包，通过复制其他微商的"GUCCI"女包图片发布了一则销售商标为"GUCCI"女包的信息，后被刘某购买。吴某在未取得古乔古希股份公司许可的情况下销售"GUCCI"女包，侵犯了该公司的注册商标专用权。吴某上述销售侵犯注册商标专用权商品的行为，属于《商标法》第57条第3项"销售侵犯注册商标专用权的商品的"的行为，宝应县市场监管局依据《中华人民共和国行政处罚法》第27条第1款、《商标法》第60条第2款，责令吴某停止侵权行为，并处罚款1万元。

资料来源　江苏省市场监管局. 权威发布！江苏发布2020年全省网络市场监管工作情况及典型案例［EB/OL］.［2021-03-26］. http://news.jstv.com/a/20210226/1614329049715.shtml.

点评：通过微信朋友圈出售商品，由于缺乏第三方交易平台担保、制约等保障体系，容易出现暗箱操作的私售行为，成为假冒伪劣商品的重灾区。本案中，当事人通过微信朋友圈销售仿冒的高知名度商品，侵害了消费者的合法权益，侵犯了他人注册商标专用权，扰乱了正常市场秩序。市场监管部门通过该案的查处，警示广大经营者，微信朋友圈不是法外之地，任何形式的网络销售行为都应当严格遵守法律法规，自觉维护电子商务经营秩序。同时也提醒消费者，应当选择正规网店购物，不要图便宜或便利而购买了假冒商品。

（5）注册商标的无效。《商标法》第44条第1款规定：已经注册的商标，违反本法第4条、第10条、第11条、第12条、第19条第4款规定的，或者是以欺骗手段或者其他不正当手段取得注册的，由商标局宣告该注册商标无效；其他单位或者个人可以请求商标评审委员会宣告该注册商标无效。

《商标法》第45条第1款规定：已经注册的商标，违反本法第13条第2款和第3款、第15条、第16条第1款、第30条、第31条、第32条规定的，自商标注册之日起5年内，在先权利人或者利害关系人可以请求商标评审委员会宣告该注册商标无效。对恶意注册的，驰名商标所有人不受 5 年的时间限制。

法定期限届满，当事人对商标局宣告注册商标无效的决定不申请复审或者对商标评审委员会的复审决定、维持注册商标或者宣告注册商标无效的裁定不向人民法院起诉的，商标局的决定或者商标评审委员会的复审决定、裁定生效。依照本法第44 条、第 45 条的规定宣告无效的注册商标，由商标局予以公告，该注册商标专用权视为自始即不存在。宣告注册商标无效的决定或者裁定，对宣告无效前人民法院作出并已执行的商标侵权案件的判决、裁定、调解书和工商行政管理部门作出并已执行的商标侵权案件的处理决定以及已经履行的商标转让或者使用许可合同不具有追溯力。但是，因商标注册人的恶意给他人造成的损失，应当给予赔偿。依照前款规定不返还商标侵权赔偿金、商标转让费、商标使用费，明显违反公平原则的，应当全部或者部分返还。

（6）注册商标的撤销。商标注册人在使用注册商标的过程中，自行改变注册商标、注册人名义、地址或者其他注册事项的，由地方工商行政管理部门责令限期改正；期满不改正的，由商标局撤销其注册商标。注册商标成为其核定使用的商品的通用名称或者没有正当理由连续 3 年不使用的，任何单位或者个人可以向商标局申请撤销该注册商标。商标局应当自收到申请之日起 9 个月内作出决定。有特殊情况需要延长的，经国务院工商行政管理部门批准，可以延长 3 个月。

注册商标被撤销、被宣告无效或者期满不再续展的，自撤销、宣告无效或者注销之日起 1 年内，商标局对与该商标相同或者近似的商标注册申请，不予核准。

13.3 注册商标专用权的保护

1）商标专用权的保护范围
注册商标的专用权，以核准注册的商标和核定使用的商品为限。

2）侵犯商标专用权的行为
《商标法》第 57 条规定，有下列行为之一的，均属侵犯注册商标专用权：

（1）未经商标注册人的许可，在同一种商品上使用与其注册商标相同的商标的；

（2）未经商标注册人的许可，在同一种商品上使用与其注册商标近似的商标，或者在类似商品上使用与其注册商标相同或者近似的商标，容易导致混淆的；

（3）销售侵犯注册商标专用权的商品的；

（4）伪造、擅自制造他人注册商标标识或者销售伪造、擅自制造的注册商标标识的；

（5）未经商标注册人同意，更换其注册商标并将该更换商标的商品又投入市场的；

（6）故意为侵犯他人商标专用权行为提供便利条件，帮助他人实施侵犯商标专用权行为的；

（7）给他人的注册商标专用权造成其他损害的。

乙的注册商标与甲的先注册商标相似，且使用于同一种商品上。乙的该注册商标被撤销前，若乙许可第三人丙在同一种商品上使用该注册商标，那么下列说法中哪个正确？

A. 乙侵犯了甲的商标权，但丙未侵权

B. 乙未侵犯甲的商标权，但丙侵权

C. 乙和丙都未侵犯甲的商标权

D. 乙和丙都侵犯了甲的商标权

3）对侵权行为的处理

有侵犯注册商标专用权行为之一，引起纠纷的，由当事人协商解决；不愿协商或者协商不成的，商标注册人或者利害关系人可以向人民法院起诉，也可以请求工商行政管理部门处理。涉嫌犯罪的，应当及时移送司法机关依法处理。

（1）行政责任。工商行政管理部门处理时，认定侵权行为成立的，责令立即停止侵权行为，没收、销毁侵权商品和主要用于制造侵权商品、伪造注册商标标识的工具，违法经营额5万元以上的，可以处违法经营额5倍以下的罚款，没有违法经营额或者违法经营额不足5万元的，可以处25万元以下的罚款。对5年内实施2次以上商标侵权行为或者有其他严重情节的，应当从重处罚。销售不知道是侵犯注册商标专用权的商品，能证明该商品是自己合法取得并说明提供者的，由工商行政管理部门责令停止销售。对侵犯商标专用权的赔偿数额的争议，当事人可以请求进行处理的工商行政管理部门调解，也可以依照《民事诉讼法》向人民法院起诉。经工商行政管理部门调解，当事人未达成协议或者调解书生效后不履行的，当事人可以依照《民事诉讼法》向人民法院起诉。

（2）民事责任。侵犯商标专用权的赔偿数额，按照权利人因被侵权所受到的实际损失确定；实际损失难以确定的，可以按照侵权人因侵权所获得的利益确定；权利人的损失或者侵权人获得的利益难以确定的，参照该商标许可使用费的倍数合理确定。对恶意侵犯商标专用权，情节严重的，可以在按照上述方法确定数额的1倍以上5倍以下确定赔偿数额。赔偿数额应当包括权利人为制止侵权行为所支付的合理开支。

人民法院为确定赔偿数额，在权利人已经尽力举证，而与侵权行为相关的账簿、资料主要由侵权人掌握的情况下，可以责令侵权人提供与侵权行为相关的账簿、资料；侵权人不提供或者提供虚假的账簿、资料的，人民法院可以参考权利人的主张和提供的证据判定赔偿数额。

权利人因被侵权所受到的实际损失、侵权人因侵权所获得的利益、注册商标许可使用费难以确定的，由人民法院根据侵权行为的情节判决给予500万元以下的赔偿。

人民法院审理商标纠纷案件，应权利人请求，对属于假冒注册商标的商品，除特殊情况外，责令销毁；对主要用于制造假冒注册商标的商品的材料、工具，责令销毁，且不予补偿；或者在特殊情况下，责令禁止前述材料、工具进入商业渠道，且不予补偿。

假冒注册商标的商品不得在仅去除假冒注册商标后进入商业渠道。

（3）刑事责任。未经商标注册人许可，在同一种商品上使用与其注册商标相同的商标，构成犯罪的，除赔偿被侵权人的损失外，依法追究刑事责任。

伪造、擅自制造他人注册商标标识或者销售伪造、擅自制造的注册商标标识，构成犯罪的，除赔偿被侵权人的损失外，依法追究刑事责任。

销售明知是假冒注册商标的商品，构成犯罪的，除赔偿被侵权人的损失外，依法追究刑事责任。

为制止侵权行为，在证据可能灭失或者以后难以取得的情况下，商标注册人或者利害关系人可以在起诉前向人民法院申请保全证据。人民法院接受申请后，必须在48小时内作出裁定；裁定采取保全措施的，应当立即开始执行。人民法院可以责令申请人提供担保，申请人不提供担保的，驳回申请。申请人在人民法院采取保全措施后15日内不起诉的，人民法院应当解除保全措施。

未经商标注册人许可，在同一种商品上使用与其注册商标相同的商标，构成犯罪的，除赔偿被侵权人的损失外，依法追究刑事责任。伪造、擅自制造他人注册商标标识或者销售伪造、擅自制造的注册商标标识，构成犯罪的，除赔偿被侵权人的损失外，依法追究刑事责任。销售明知是假冒注册商标的，构成犯罪的，除赔偿被侵权人的损失外，依法追究刑事责任。

4）对假冒商标行为的认定及制裁

（1）假冒商标行为及其性质。假冒商标行为是一种严重的商标侵权行为，是一种犯罪行为，是指未经注册商标所有人的同意而故意在相同商品上使用与注册商标相同或十分近似的商标的行为。它包括擅自制造或者销售他人注册商标标识的行为。认定是否为假冒商标，不能以侵权情节的轻重程度为标准，也不能仅以侵权获利的多少为标准。

（2）对假冒商标的制裁。我国《商标法》规定了对假冒注册商标的犯罪行为要依法追究刑事责任，在运用经济制裁手段对商标侵权行为进行制裁的同时，运用必要的刑罚手段，惩处假冒商标的犯罪行为，以维护正常的社会主义市场经济秩序。

5）商标侵权案件的复议

根据《商标法实施细则》的规定，对工商行政管理机关对侵权行为的处理不服的，当事人（双方或多方）可以在收到通知之日起15日内向上一级工商行政管理机关申请复议，复议机关应在收到复议申请之日起45日内，作出复议决定。

案件回放

柏某于2002年注册成立了一家五金轴承商贸有限公司，经营范围为五金和轴承产品。柏某自2007年以来，在没有获得斯凯孚（中国）有限公司、恩斯克投资有限公司授权许可的情况下，私自从山东等地低价购买假冒的SKF、NSK等注册商标的轴承产品，在其租赁的库房内将部分假冒轴承销售给他人。其间，柏某还利用激光打码机、热熔胶枪和胶片模板等工具将部分国产轴承改制成SKF和NSK等商标，假冒进口轴承对外销售。后经举报，公安机关于2012年6月12日将柏某抓获，当场在其仓库中查扣了假冒 SKF、NSK 注册商标的轴承产品。经对公安机关扣押的假冒轴承产品统计和核算，鉴定部门作出鉴定结论为：在扣押清单中注明的 1 277 条扣押轴承记录中，963 条记录涉及 65 106 套轴承的购入价格合计 2 259 859.22 元，销售价格合计为 3 082 107 元；16 条扣押记录涉及 690 套轴承的购入价格合计 45 130 元，该部分销售价格认定为 49 643 元。销售价格共计为 3 131 750 元。法院经审理判决：被告人柏某犯销售假冒注册商标的商品罪，判处有期徒刑 2 年，并处罚金 1 500 000 元；案缴假冒进口轴承产品及制假工具等依法没收。

资料来源　江晓清，张晓敏. 2013 年知识产权典型案例解析［N］. 天津日报，2014-05-08（11）.

点评：本案被告人为获取非法利益，销售假冒他人注册商标的轴承，销售价格共计313 万余元，其行为依法已构成销售假冒注册商标的商品罪，且属数额巨大，应判处 3年以上 7 年以下有期徒刑，并处罚金。因其存储的假冒进口轴承产品被及时依法查扣，销售未能得逞，属犯罪未遂，对于未遂犯，可以比照既遂犯从轻或者减轻处罚，且柏某归案后能够如实供述所犯罪行，当庭自愿认罪，依法可以从轻处罚；还能够缴纳部分罚金，可以酌情从轻处罚。法院综合上述量刑情节判决，依法加大了知识产权刑事保护力度，发挥了刑事审判制裁和预防侵犯知识产权犯罪的职能。

拓展阅读 13-1

2014 年 11 月 6 日，我国第一家知识产权法院即北京知识产权法院正式挂牌成立。随后，广州、上海两地也相继成立了本地区的知识产权法院。按照"让审理者裁判，由裁判者负责"的要求，三家知识产权法院率先推行主审法官、合议庭办案负责制、司法责任制等审判运行机制改革措施。除了推进司法改革之外，三家知识产权法院在推进审判的专业化方面也进行了很多方面的努力。自成立以来，三家知识产权法院通过集中审理、宣判一批典型案件，彰显了加大司法保护力度、统一司法尺度的鲜明态度。并通过召开新闻发布会、开通法院互联网站和官方微博、设立公共开放日等方式，全方位、多媒体推进司法公开，大大提高了知识产权司法的透明度。

🔗 法规链接

中华人民
共和国
商标法

为了加强商标管理，保护商标专用权，促使生产、经营者保证商品和服务质量，维护商标信誉，以保障消费者和生产、经营者的利益，促进社会主义市场经济的发展，《中华人民共和国商标法》经 1982 年 8 月 23 日第五届全国人民代表大会常务委员会第二十四次会议通过，自 1983 年 3 月 1日起施行。1993 年 2 月 22 日、2001 年 10 月 27 日、2013 年 8 月 30 日、2019年 4 月 23 日，《商标法》进行了四次修正。

了解法规具体内容，请直接扫描二维码或访问国家法律法规数据库（网址：https://flk.npc.gov.cn），检索"中华人民共和国商标法"。

本章测试

◆ 选择题

1.经商标局核准注册的商标为注册商标，包括（　　　）。

A.商品商标　　　　　B.服务商标　　　　　C.集体商标　　　　　D.证明商标

2.不得作为商标注册的标志包括（　　　）。

A.仅有本商品的通用名称、图形、型号的

B.仅直接表示商品的质量、主要原料、功能、用途、重量、数量及其他特点的

C.缺乏显著特征的

D.无法产生经济价值的

3.根据《商标法》的规定，下列可以作为商标标志的有（　　　）。

A.声音　　　　　　　B.纯字母　　　　　C.纯数字　　　　　D.纯图形

4.县级以上工商行政管理部门根据已经取得的违法嫌疑证据或者举报，对涉嫌侵犯他人注册商标专用权的行为进行查处时，可以行使的职权包括（　　）。

A.询问有关当事人，调查与侵犯他人注册商标专用权有关的情况

B.查阅、复制当事人与侵权活动有关的合同、发票、账簿以及其他有关资料

C.对当事人涉嫌从事侵犯他人注册商标专用权活动的场所实施现场检查

D.检查与侵权活动有关的物品；对有证据证明是侵犯他人注册商标专用权的物品，可以查封或者扣押

5.权利人因被侵权所受到的实际损失、侵权人因侵权所获得的利益、注册商标许可使用费难以确定的，由人民法院根据侵权行为的情节判决给予（　　　）万元以下的赔偿。

A.50　　　　　　　B.100　　　　　　C.300　　　　　　D.500

◆ 判断题

1.有关当事人对商标评审委员会作出的维持或撤销注册商标的裁定不服，可以向人民法院起诉。　　　　　　　　　　　　　　　　　　　　　　　　　　（　　　）

2.凡投放市场用药品均必须使用注册商标。　　　　　　　　　　　　（　　　）

3.注册商标成为其核定使用的商品的通用名称或者没有正当理由连续3年不使用的，任何单位或者个人可以向商标局申请撤销该注册商标。　　　　　　　（　　　）

4.未经商标注册人的许可，在同一种商品上使用与其注册商标近似的商标，或者在类似商品上使用与其注册商标相同或者近似的商标，容易导致混淆的，属于侵犯注册商标专用权。　　　　　　　　　　　　　　　　　　　　　　　（　　　）

◆ 简答题

1.哪些标志不得作为商标使用？

2.侵犯注册商标专用权的行为有哪些？

拓展训练

◆ 实施准备

1.教师组织学生仔细阅读案例，提示案例要点。

2.学生每4~6人组成一个学习小组，以小组为单位进行讨论，提倡采用"头脑风暴法"，最终形成一篇案例分析报告。

3.每个小组派出1名代表上讲台阐述小组报告的观点。

4.教师讲评案例并点评各小组报告。

◆ 案例内容

原告芬兰罗威欧娱乐有限公司以被告广西嘉和酒店商务有限公司、广西嘉和置业集团有限公司在其场地内运营"愤怒的小鸟"冒险主题公园时未经权利人许可，在公园内多处使用原告商标及享有著作权的图案为由，诉至法院。经法院组织调解，双方达成调解协议，被告同意停止侵权并赔偿一定的经济损失。

请问：对于法院的判决，你怎么看？

第六篇

经济纠纷解决的法律制度

古人说："消未起之患、治未病之疾，医之于无事之前。"法治建设既要抓末端、治已病，更要抓前端、治未病。我国国情决定了我们不能成为"诉讼大国"。我国有14亿人口，大大小小的事都要打官司，那必然不堪重负！要推动更多法治力量向引导和疏导端用力，完善预防性法律制度，坚持和发展新时代"枫桥经验"，完善社会矛盾纠纷多元预防调处化解综合机制，更加重视基层基础工作，充分发挥共建共治共享在基层的作用，推进市域社会治理现代化，促进社会和谐稳定。

——摘自《在中央全面依法治国工作会议上的讲话》

（习近平，2020年11月16日）

在经济活动中，由于市场主体不规范操作或不遵守规则，或者有关部门的行政干预，经常导致经济纠纷的发生。为此，就需要通过仲裁或诉讼方式加以解决。本篇将围绕仲裁和经济诉讼两章展开，具体内容架构如下图所示：

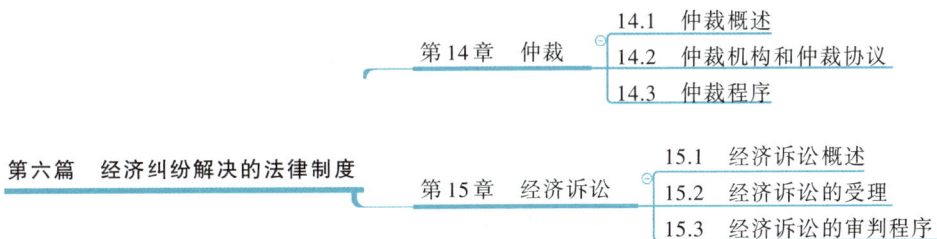

		14.1 仲裁概述
	第14章 仲裁	14.2 仲裁机构和仲裁协议
第六篇 经济纠纷解决的法律制度		14.3 仲裁程序
		15.1 经济诉讼概述
	第15章 经济诉讼	15.2 经济诉讼的受理
		15.3 经济诉讼的审判程序

第14章

仲裁

学习目标

◆知识目标：了解仲裁的一般法律规定；知晓仲裁机构的性质、仲裁员的任职条件等项内容；熟悉并掌握仲裁原则、仲裁程序、仲裁裁决的撤销情形和仲裁裁决的执行方式等法律规定。

◆能力目标：能够运用所掌握的法学理论，通过仲裁方式解决在现实生活中遇到的经济纠纷。

图文引例　　**是否"自动离职"由用人单位举证**

你事先未征得我同意……

调岗

小张很苦恼，好不容易找到一份称心如意的工作，却常因小事和部门经理搞得很不开心。2014年11月，公司突然通知小张要调整工作岗位。据小张说，要他去的新岗位不仅自己很不喜欢，而且工作强度大，工资待遇也没有现在好。他以事先未征得本人同意为由，不同意调岗，坚持在原岗位上班。公司随后以"未到新岗位报到，属于无故旷工"为由，按自动离职辞退了小张，既未出具辞退证明，也没有任何经济补偿。小张十分生气，在江苏镇江市总工会的支持下，申请劳动仲裁，劳动争议仲裁庭最后裁决公司败诉，要求立即恢复与小张的劳动关系。

资料来源　刘业林，赵春青. 是否"自动离职"由用人单位举证［N］. 工人日报，2015-06-26（2）.

在解除劳动合同的争议中，为有效维护职工合法权益，平衡和协调劳动关系，法律作出向职工倾斜的特别规定，即在一些特定情形下，劳动争议案件适用举证责任倒置。《劳动争议调解仲裁法》第6条规定，与争议事项有关的证据属于用人单位掌握管理的，用人单位应当提供；用人单位不提供的，应当承担不利后果。举证责任倒置的规定，是传统"谁主张谁举证"的证据规则的例外，能有力地保护和维护劳动者的合法权益。本章将就仲裁机构、仲裁协议及仲裁程序进行探讨。

14.1 仲裁概述

仲裁，亦称公断，是指双方当事人在对某一事件或问题发生争执时，自愿选择或同意由一定的机构以第三者的身份，对争议作出判断和裁决的活动。

14.1.1 经济仲裁的概念

经济仲裁是仲裁的一种，是指双方当事人在经济活动中对某一事件或问题发生争执时，自愿选择或同意由仲裁机关对争议作出判断和裁决活动。

通过仲裁方式，解决经济纠纷的范围相当广泛，如合同纠纷、商标纠纷、专利纠纷、税务纠纷、涉外经济纠纷等。对上述经济纠纷和其他财产权益纠纷的仲裁，统称为经济仲裁。

14.1.2 我国经济仲裁的立法

我国经济仲裁制度大致可分为两个阶段：

第一阶段：从新中国成立初期至1994年。这一阶段我国经济仲裁制度方面没有统一的仲裁法，只有单行仲裁条例，如1989年1月1日起施行新的《仲裁规则》，1983年国务院颁布了《中华人民共和国经济合同仲裁条例》。

第二阶段：1994年之后。1994年8月31日，第八届全国人大常委会第九次会议通过了《中华人民共和国仲裁法》（以下简称《仲裁法》），自1995年9月1日起施行沿用至今。这标志着我国进入统一仲裁法的颁布实施阶段。

14.1.3 仲裁法的适用范围

我国《仲裁法》的仲裁适用范围是根据下列原则规定的：第一，发生纠纷的双方应当是属于平等主体的当事人；第二，仲裁的事项，应当是当事人有权处分的。因此，仲裁委员会受理平等主体的公民、法人和其他组织之间发生的合同纠纷和其他财产权益纠纷。但下列纠纷不能仲裁：①与人身关系相联系的婚姻、收养、监护、扶养、继承纠纷；②依法应由行政机关处理的行政争议。

另外，由于劳动争议和农业集体经济组织内部的农业承包合同纠纷不同于一般经济纠纷，它们各自都有自己的特点，因此，劳动争议和农业集体经济组织内部的农业承包合同纠纷的仲裁另行规定，也不属于仲裁法的受理范围。

14.1.4　经济仲裁的基本原则

经济仲裁的基本原则，是指运用仲裁方式解决经济纠纷过程中和在仲裁的主要阶段上起指导作用的准则。经济仲裁的基本原则包括：

1）自愿原则

它是仲裁制度的一个重要原则。它体现在：第一，当事人采用仲裁方式解决纠纷，应当双方自愿，达成仲裁协议。第二，向哪个仲裁委员会申请仲裁，由当事人双方协商，自愿选定。第三，仲裁事项可以由当事人双方约定。第四，仲裁员由当事人自主选定或者委托仲裁委员会主任指定，仲裁庭的组成形式也可由当事人约定。第五，当事人可以约定开庭的形式、审理方式等有关程序。

2）以事实为根据，以法律为准绳的原则

以事实为根据，就是要实事求是，忠于事实真相，全面、客观、细致、深入地查清与案件有关的事实情况。以法律为准绳，就是仲裁庭要在查明仲裁案件事实的基础上，按照法律的规定，分清是非曲直，确认当事人各方的权利与义务。

3）当事人双方在适用法律上一律平等的原则

这一原则要求仲裁机构在解决争议时，不论争议双方的所有制性质、隶属关系、规模大小有何不同，都应平等地适用法律，不能偏袒任何一方，特别是不搞地方保护主义。同时争议双方在仲裁活动中的地位也是平等的。

4）仲裁依法独立进行的原则

仲裁机构的设置、仲裁庭对仲裁纠纷的处理坚持不依赖于任何行政机关、团体和个人，依法不受任何行政机关、团体和个人干涉的独立性。没有独立的仲裁，就没有真正的仲裁制度。

14.1.5　经济仲裁的基本制度

1）协议仲裁制度

协议仲裁是指经济纠纷的当事人按照合同约定的仲裁条款或者事后达成的书面仲裁协议向仲裁机构申请仲裁，没有仲裁协议的，仲裁机关不予受理。《仲裁法》第4条规定："当事人采用仲裁方式解决纠纷，应当双方自愿达成协议，没有仲裁协议，一方申请仲裁的，仲裁委员会不予受理。"

2）一裁终局制度

《仲裁法》第9条规定："仲裁实行一次仲裁制度。裁决作出后，当事人就同一纠纷再申请仲裁或者向人民法院起诉的，仲裁委员会或者人民法院不予受理。"当事人一方在法定期限内不履行仲裁裁决书的，另一方可以申请人民法院强制执行。

3）回避制度

仲裁机关实行回避制度是保障当事人平等行使权利，保证仲裁人员公正处理案件的一项重要制度。依照法律规定的条件，经仲裁机关的批准，仲裁员及有关工作人员退出或避开对案件的审理，称回避。

4）先行调解制度

尽管经济纠纷当事人是在协商、调解不成的情况下进入仲裁阶段的。但仲裁机关受理案件后，应先行调解。只有当调解不成时，才行使仲裁权。《仲裁法》第51条规定："仲裁庭在作出仲裁前可以先行调解。当事人自愿调解的，仲裁庭应当调解，调解不成的，应及时作出裁决。"

5）财产保全制度

《仲裁法》第28条规定："一方当事人因另一方当事人的行为或者其他原因，可能使裁决不能执行或者难以执行的，可以申请财产保全。"

6）仲裁时效制度

《仲裁法》第74条规定："法律对仲裁时效有规定的，适用该规定。法律对仲裁时效没有规定的，适用诉讼时效的规定。"

14.2 仲裁机构和仲裁协议

14.2.1 仲裁机构

1）中国仲裁协会

它是由全国的仲裁委员会组成的，是社会团体法人，是仲裁委员会的自律性组织。中国仲裁协会的章程由全国委员会大会制定，并根据章程对仲裁委员会及其组成人员、仲裁员的违纪行为进行监督。

2）仲裁委员会

《仲裁法》第10条规定："仲裁委员会可以在直辖市和省、自治区人民政府所在地的市设立，也可以根据需要在其他设区的市设立，不按行政区划层层设立。"

设立仲裁委员会，应当经省、自治区、直辖市的司法行政部门登记，并具备下列条件：①有自己的名称、住所和章程；②有必要的财产；③有该委员会的组成人员；④有聘任的仲裁员。

仲裁委员会是常设性仲裁机构，独立于行政机关，与行政机关没有隶属关系，仲裁委员会之间也没有隶属关系。

仲裁委员会由主任1人、副主任2～4人和委员7～11人组成。仲裁委员会的主任、副主任和委员由法律、经济贸易专家和有实际工作经验的人担任。仲裁委员会的组成人员中，法律、经济贸易专家不得少于2/3。仲裁员的条件根据仲裁法规定，应当符合下列条件之一：①通过国家统一法律职业资格考试取得法律职业资格，从事仲裁工作满8年的；②从事律师工作满8年的；③曾任法官满8年的；④从事法律研究、教学工作具有高级职称的；⑤具有法律知识、从事经济贸易专业工作并具有高级职称或具有同等专业水平的。仲裁委员会按照不同专业设仲裁员名单。

14.2.2 仲裁协议

1）仲裁协议的概念和内容

仲裁协议是双方当事人决定将纠纷事项提请仲裁的共同意思表示，包括双方当事人在合同中订立的仲裁条款和以其他书面方式在纠纷发生前或者纠纷发生后达成的请求仲裁的协议。仲裁协议是仲裁委员会受理案件的前提条件。具有仲裁协议，仲裁委员会应当受理，否则双方当事人应当向人民法院起诉。

仲裁协议应当具有下列内容：①请求仲裁的意思表示；②仲裁事项；③选定的仲裁委员会。以上三项内容，缺少任何一项，都会导致仲裁协议的不完整，直接影响到仲裁协议本身的效力。

2）仲裁协议的效力

仲裁协议独立存在，合同的变更、解除、终止或者无效，不影响仲裁协议效力。仲裁庭有权确认合同的效力。当事人对仲裁协议的效力有异议的，可以请求仲裁委员会或者请求人民法院作出裁定。一方请求仲裁委员会作出决定，另一方请求人民法院作出裁定的，由人民法院裁定。当事人对仲裁协议的效力有异议，应当在仲裁庭首次开庭前提出。

3）仲裁协议无效的法定情形

根据仲裁法的规定，有下列情形之一的，仲裁协议无效：①约定的仲裁事项超出法律规定的仲裁范围的；②无民事行为能力人或者限制民事行为能力人订立的仲裁协议；③一方采取胁迫手段，迫使对方订立仲裁协议的。另外，仲裁协议对仲裁事项或者仲裁委员会没有约定或者约定不明确的，当事人如果达不成补充协议，也会导致仲裁协议的无效。

课堂讨论14-1

甲、乙因买卖货物发生合同纠纷，甲向法院提起诉讼。开庭审理时，乙提出双方签有仲裁协议，应通过仲裁方式解决。对该案件的下列处理方式中，哪个符合法律规定？

A.仲裁协议有效，法院驳回甲的起诉

B.仲裁协议无效，法院继续审理

C.由甲、乙协商确定纠纷的解决方式

D.视为甲、乙已放弃仲裁协议，法院继续审理

14.3 仲裁程序

仲裁程序是根据仲裁法规定进行仲裁活动的操作规程。仲裁机关和仲裁当事人只有严格按照仲裁程序进行仲裁活动，才能使案件得到正确解决。根据《仲裁法》规定，仲裁程序一般分为以下几个阶段：

1）申请与受理

（1）申请。申请是指一方当事人，根据合同仲裁条款或者事后达成的仲裁协议，依

法向仲裁委员会请求对所发生的纠纷进行仲裁的行为。申请人应向仲裁机关递交仲裁申请书，并按被诉人的人数提交副本。申请书应写明下述内容：①申请人名称、地址；②法定代表人名称、职务；③申请的理由和要求；④提供的证据、证人姓名和地址，证据包括原合同副本及来往文件等。

（2）受理。受理是指仲裁委员会审查仲裁申请后，认为符合受理条件，应当受理并通知当事人；认为不符合受理条件的，书面通知当事人不予受理，并说明理由。仲裁委员会决定是否受理的时限是5日；仲裁委员会受理仲裁申请后，应当在仲裁规则规定的期限内将仲裁规则和仲裁员名册送达被申请人。被申请人收到仲裁申请书副本后，应当在仲裁委员会规定的期限内向仲裁委员会提交答辩书；可以承认或者反驳仲裁请求，也有权提出反请求。仲裁委员会收到答辩书后，应当在仲裁规则规定的期限内，将答辩书副本送达申请人。被申请人未交答辩书的，不影响仲裁程序的进行。

拓展阅读14-1　　　　　　　　　　**答辩书（样例）**

答辩人：××有限公司

被答辩人：×××

答辩人因×××诉答辩人解除劳动合同、劳动报酬一案，提出答辩如下：

×××于2004年5月26日进入我公司工作，工作岗位为财务部会计，月薪人民币贰仟玖佰壹拾元。2010年6月22日，×××称家中有事要求辞工并提交了辞工单，答辩人表示同意，但×××随后提出要答辩人给予一定的经济补偿，答辩人依据《劳动合同法》第46条的规定，拒绝了×××的补偿要求，于是×××以再考虑为由将辞工单拿回。然而他在拿回辞工单后，却连续6天不回我公司上班（2010年6月23日到2010年6月28日）且不接听公司的任何电话，为了严肃公司纪律，答辩人于2010年6月27日依据×××与答辩人签订的《劳动合同》第44条第1款"职工没有请假，无故连续旷工3天、一月中累计旷工5天或一年中累计旷工7天，予以除名"的规定，对×××作出了除名处理。

在答辩人作出除名处理通知后，2010年6月29日×××回到了我公司并进行了工作移交，但他却既不同意交回辞工单，也不同意签收除名处理通知和领取工资，无奈我公司只能将其拒收、拒领情况及见证人见证的情况进行列明后对除名通知予以了公告。

《劳动合同法》第39条和第46条的规定，劳动者严重违反用人单位的规章制度的，用人单位有权单方面解除劳动合同而无须支付经济补偿。×××无故连续旷工6天，严重违反了我公司的规章制度，故我公司依照规章制度的规定依法解除与他的劳动关系是完全合法的，且事后也履行了通知的义务，因此×××要求我公司进行经济补偿的请求是没有依据的。

我公司于2010年6月27日作出的除名通知中，曾明确要求×××尽快回公司结清工资，故我公司并没有拖欠其工资的故意，工资未能结算的原因是其本人拒领，故×××要求我公司支付拖欠工资的经济补偿金是没有事实依据的。鉴于2010年3月8日，×××曾以家中有事为由向我公司借了人民币肆仟元，故×××应领取的工资中应扣除这肆仟元。

《劳动争议调解仲裁法》第27条规定劳动争议申请仲裁的时效期间为1年，仲裁时效期间从当事人知道或者应当知道其权利被侵害之日起计算。故×××要求支付2004年5月到2009年5月的未休年假工资的请求是没有依据的。

有《劳动合同法》第40条规定所列情况的，用人单位须提前30日以书面形式通知劳动者本人或者额外支付劳动者1个月工资后，才可以解除劳动合同。本案中我公司解除与×××的劳动关系的原因是其严重违反了公司的规章制度，并不符合第40条规定的情况，因此×××要求我公司支付未提前30日通知的经济赔偿金是没有依据的。

综上所述，×××的申诉请求是没有任何法律和事实依据的，恳请仲裁委依法驳回×××的相关申诉请求。

此致

×××市劳动争议仲裁委员会

答辩人：×××有限公司

20××年××月××日

2）仲裁庭组成

仲裁委员会仲裁案件，通过一定形式实现的，开庭和裁决仲裁案件的组织形式即仲裁庭。我国《仲裁法》赋予仲裁庭的组成形式有两种：①由一个仲裁员组成的仲裁庭，习惯称独任仲裁庭；②由三个仲裁员组成的仲裁庭，又叫合议庭。其组成的特点是组织方式由当事人约定，仲裁员由当事人选定或委托仲裁委员会主任指定，有仲裁员回避制度，自主进行仲裁程序。仲裁庭组成后，仲裁委员会应将仲裁庭的组成情况书面通知当事人。仲裁员应在认真审阅申请书、答辩书和有关证据的基础上，对案件的事实进行调查。

仲裁员有下列情形之一的，应当回避，当事人也有权提出回避申请：①是本案当事人或者当事人、代理人的近亲属；②与本案有利害关系；③与本案当事人、代理人有其他关系，可能影响公正仲裁的；④私自会见当事人、代理人，或者接受当事人、代理人的请客送礼的。仲裁员是否回避，由仲裁委员会主任决定；仲裁委员会主任担任仲裁员时，由仲裁委员会集体决定。

3）开庭和裁决

开庭，是指仲裁庭在双方当事人的法定代表人或委托代理人、律师等参加下，对仲裁请求进行审理和裁决的活动。开庭前，按照法律规定，仲裁庭应将开庭的时间、地点用书面形式通知当事人。申请人经两次通知拒不到庭，视作撤销申请；被申请人经两次通知拒不到庭，可以按缺席仲裁。

案件办理过程中，为避免造成更大的财产损失或保障案件终结后仲裁决定书的执行，仲裁机关可根据当事人的申请，作出保全措施裁定。保全措施包括：中止合同履行；查封或扣押货物；变卖不易保存的货物保存价款；责令被申请人提供担保以及法律允许采取的其他方法。

仲裁庭开庭时，由首席仲裁员宣布仲裁员、书记员名单，并询问当事人是否申请仲裁组成人员回避。在仲裁庭主持下，由当事人按申诉人、被申诉人的顺序，各自陈述自己的事实和理由，并对有争议的事实进行当庭辩论，辩论结束后，由首席仲裁员询问双方当事人的最后意见，并再次对双方进行当庭调解。调解若能达成协议的，应制作调解书。达不成协议的，经仲裁庭评议后作出裁决。

裁决，是指仲裁庭依法满足或驳回申请人的仲裁请求，解决纠纷的实体事项作出的决定叫裁决。对因达不成调解协议的由仲裁庭评议后作出裁决。仲裁决定书应写明：申请人和被申请人的名称、地址及其代表人或代理人的姓名、职务；申请的理由、争议的事实和要求；裁决认定的事实、理由和适用的法律；裁决的结果和仲裁费用的负担；裁决书由仲裁员签名，加盖仲裁委员会印章。仲裁一般不公开进行，但当事人协议同意公开的，可以公开进行，但涉及国家秘密的除外。裁决书自作出之日起发生法律效力，双方当事人必须自觉执行，否则，可以向人民法院申请执行。

课堂讨论 14-2

下列关于仲裁裁决的表述中，哪些不符合仲裁法律制度规定？

A.除当事人协议外，仲裁公开进行，但涉及国家秘密除外

B.仲裁员应实行回避制度

C.当事人申请仲裁后，可以自行和解

D.仲裁庭在作出裁决前，可以进行调解

4）关于申请撤销裁决的规定

（1）申请撤销裁决的条件和期限。根据《仲裁法》的规定，当事人提出证据证明有以下情形之一者，可以向仲裁委员会所在地的中级人民法院申请撤销裁决：①没有仲裁协议的；②裁决的事项不属于仲裁协议范围或者仲裁委员会无权仲裁的；③仲裁庭的组成或者仲裁程序违反法定程序的；④裁决所根据的证据是伪造的；⑤对方当事人隐瞒了足以影响公正裁决的证据的；⑥仲裁员在仲裁该案时有索贿受贿、徇私舞弊、枉法裁决行为的。当事人申请撤销裁决的，应自收到裁决书之日起6个月内提出。

（2）人民法院对撤销裁决申请的处理。人民法院组成合议庭审查核实裁决有仲裁法规定情形之一的应当裁定撤销。人民法院认定裁决违背社会公共利益的，应当裁定撤销。人民法院应当在受理撤销裁决申请之日起2个月内作出撤销裁决或者驳回申请的裁定。人民法院在受理撤销裁决的申请后，认为可以由仲裁庭重新仲裁的，通知仲裁庭在一定期限内重新仲裁，并裁定中止撤销程序。仲裁庭拒绝重新仲裁的，人民法院应当裁定恢复撤销程序。

案件回放

张某是A公司职工。2014年6月16日至同月19日，张某等26人因工资待遇问题协商不成擅自停工，并阻碍单位安排其他劳动者恢复生产，造成A公司直接损失20余万元。2014年6月25日，A公司依据员工手册与张某解除劳动合同。2014年7月10日，张某提出仲裁申请，要求A公司支付违法解除劳动合同的赔偿金。2014年7月24日，A公司提起反申请，要求张某赔偿给单位造成的损失。

仲裁委查明：张某组织、参与停工系事实，该行为严重违反单位规章制度。A公司

规章制度制定程序合法、内容并未违反法律规定且经过张某签字确认知晓，A公司解除劳动合同的依据和程序合法，并不构成违法解除。张某在明知规章制度规定"组织、参与停工、怠工为严重违纪，可解除劳动合同"的情形下，仍然组织、参与停工并对单位造成损失。仲裁委对张某的主张违法解除劳动合同赔偿金的仲裁请求不予支持，裁决张某赔偿A公司部分实际损失。

资料来源　佚名. 2014年全市劳动人事争议仲裁十大典型案例（上）［N］. 无锡日报，2015-03-31（A7）.

点评：本案是一起典型的因劳动者严重违反用人单位规章制度而产生的解除劳动合同争议，本案的特殊性就在于劳动者严重违反用人单位的规章制度，主观上存在故意，并且给用人单位造成了重大直接损失。劳动者因故意行为给用人单位造成实际损失的，如果双方劳动合同或单位规章制度中明确规定了劳动者承担损失赔偿义务，用人单位有权要求劳动者承担相应的赔偿责任，具体可分为以下两种情形：（1）如果用人单位不要求解除劳动合同，仅要求劳动者赔偿损失的，因劳动者本人原因给用人单位造成经济损失的，用人单位可按照劳动合同的约定要求其赔偿经济损失。经济损失的赔偿，可从劳动者本人的工资中扣除，但每月扣除的部分不得超过劳动者当月工资的20%，且剩余工资部分不得低于当地月最低工资标准。（2）如果用人单位以严重违反规章制度为由解除劳动合同，同时向劳动者要求财产损害赔偿的，如果劳动者主观上存在故意，应由劳动者承担赔偿责任。

当然，从保护劳动者的角度来讲，应当对劳动者承担损害赔偿责任持谨慎态度，要严格依照法律法规规定和劳动合同等的约定，并且应当综合考虑劳动者的过错程度、实际损失、因果联系、本人工资收入情况等情形。

🔗 法规链接

为保证公正、及时地仲裁经济纠纷，保护当事人的合法权益，保障社会主义市场经济健康发展，《中华人民共和国仲裁法》经第八届全国人民代表大会常务委员会第九次会议通过，自2009年8月27日起施行。根据2009年8月27日第十一届全国人民代表大会常务委员会第十次会议《关于修改部分法律的决定》第一次修正，根据2017年9月1日第十二届全国人民代表大会常务委员会第二十九次会议《关于修改〈中华人民共和国法官法〉等八部法律的决定》第二次修正。

中华人民共和国仲裁法

了解法规具体内容，请直接扫描二维码或访问国家法律法规数据库（网址：https://flk.npc.gov.cn），检索"中华人民共和国仲裁法"。

■ 本章测试

◆ 选择题

1.根据《仲裁法》的规定，下列情形中，属于仲裁员审理案件时必须回避的有（　　　）。

A.是本案的当事人　　　　　　　　　B.与本案有利害关系

C.是本案当事人的近亲属　　　　　　　　D.接受当事人的礼物

2.根据仲裁法律制度的规定，当事人提出证据证明裁决有依法应撤销情形的，可以在收到裁决书之日起一定期间内，向仲裁委员会所在地的中级人民法院申请撤销裁决，该期间为（　　　）。

A.10日　　　　　　　　B.15日　　　　　　　　C.6个月　　　　　　　　D.2年

3.下列关于仲裁协议效力的表述中，符合仲裁法律制度规定的有（　　　）。

A.仲裁协议具有独立性，合同的变更、解除，不影响仲裁协议的效力

B.仲裁协议具有排除诉讼管辖权的效力

C.当事人对协议的效力有异议的，只能请求人民法院裁定

D.仲裁协议对仲裁事项没有约定且达不成补充协议的，仲裁协议无效

4.下列各项中，属于《仲裁法》适用范围的是（　　　）。

A.自然人之间因继承财产发生的纠纷

B.农户之间因土地承包经营发生的纠纷

C.纳税企业与税务机关因纳税发生的争议

D.公司之间因买卖合同发生的纠纷

5.对首席仲裁员的指定方式主要有（　　　）。

A.当事人指定　　　　　　　　　　　　　B.仲裁员指定

C.仲裁机构指定　　　　　　　　　　　　D.原则上仲裁机构指定，除当事人约定外

◆判断题

1.中国国际经济贸易仲裁委员会中国目前唯一的涉外专业性仲裁机构。　　　（　　　）

2.当事人申请仲裁，应当向仲裁委员会递交仲裁协议、仲裁申请书及副本。　（　　　）

3.仲裁协议具有请求仲裁的意思表示和仲裁事项即有效，无须写明选定的仲裁委员会。　　　　　　　　　　　　　　　　　　　　　　　　　　　　　　　　（　　　）

4.仲裁实行一裁终局的制度。裁决作出后，当事人就同一纠纷再申请仲裁或者向人民法院起诉的，仲裁委员会或者人民法院不予受理。　　　　　　　　　　　（　　　）

◆简答题

1.简述《仲裁法》的适用范围。

2.什么是独立仲裁原则？

拓展训练

◆实施准备

1.教师组织学生仔细阅读案例，提示案例要点。

2.学生每4~6人组成一个学习小组，以小组为单位进行讨论，提倡采用"头脑风暴法"，最终形成一篇案例分析报告。

3.每个小组派出1名代表上讲台阐述小组报告的观点。

4.教师讲评案例并点评各小组报告。

◆案例内容

2017年5月，裴女士在某超市购物满998元后，免费领取了一个电吹风机。在使用时，吹风机表面漏电将裴女士击伤。裴女士要求该超市赔偿医疗费3 500元，超市以是赠品为由不同意承担赔偿责任。裴女士遂申请仲裁。审理结果为，裁决超市赔偿裴女士损失3 500元。

请问：超市提出的拒赔理由是否正确，如何认定裴女士与超市之间的法律关系？为什么？

第15章

经济诉讼

学习目标

◆知识目标：了解经济诉讼的含义、任务、司法程序等内容；熟悉并掌握经济诉讼的受案范围、经济案件的管辖等项法律规定。

◆能力目标：能够利用经济诉讼方式解决在学习和生活中遇到的经济纠纷。

图文引例　　**退休后务工纠纷　无须仲裁可直接起诉**

　　吉林省吉林市某保洁公司11名员工因故被公司"开除"，且每人被扣发工资606元。11名员工中，6人是享受基本养老保险待遇的城镇退休职工，5人是年逾60岁的农民工。为要回被扣工资，他们先后找到市劳动仲裁、劳动监察部门，但被告知无法受理。吉林市总工会法律援助中心在调解无果后，准备派律师将保洁公司诉至法院。这时保洁公司返还了这11名员工的工资。

　　我国现行法律法规没有明确规定超过法定退休年龄后的务工人员是否属于劳动法和劳动合同法中的"劳动者"。根据《劳动合同法》第44条规定，劳动者开始依法享受基本养老保险待遇的，劳动合同终止。《劳动合同法实施条例》第21条规定：劳动者达到法定退休年龄的，劳动合同终止。因此，在现实中，用人单位常以超过法定退休年龄为由，不与务工者签订劳动合同。部分仲裁机构以超过法定退休年龄不能按照"劳动关系"处理为由不予仲裁……

其实，当该群体与务工单位发生纠纷时，可直接到法院起诉。《最高人民法院关于审理劳动争议案件适用法律若干问题的解释（三）》第7条规定：用人单位与其招用的已经依法享受养老保险待遇或领取退休金的人员发生用工争议，向人民法院提起诉讼的，人民法院应当按劳务关系处理。

资料来源　彭冰. 退休后务工纠纷　无须仲裁可直接起诉［N］. 工人日报，2015-01-16（2）.

退休后去打工，一定要与用人单位签合同，如不能签订"劳动合同"，也要签订"劳务合同"，作为日后维权的依据。如未与用人单位签订任何合同，老板不承认务工者为公司员工，案件处理起来就会很麻烦。若碰到这样的情况，当事人需收集工资条之类的证据向司法机关提起经济诉讼。本章将就经济诉讼的受理及审判程序问题进行探讨。

15.1　经济诉讼概述

15.1.1　诉讼和经济诉讼的概念

诉讼是指国家司法机关，在当事人及其他诉讼参与人的参加下，为解决案件并进行判决的活动。不同的法律关系应采取不同的诉讼形式，目前我国诉讼的形式有刑事诉讼、行政诉讼和民事诉讼。

经济诉讼是指人民法院在双方当事人和其他诉讼参与人的参与下，按照法定程序，审理、解决经济纠纷案件并作出判决的活动。由于我国还没有专门的经济诉讼法，因此，经济诉讼法所依据的程序法，主要是《民事诉讼法》的有关规定。

15.1.2　经济诉讼适用的基本原则

1）依法独立行使审判权的原则

司法实践表明，审判中发生的错误，主要是审判人员对事实的认定和对法律的理解有误或受外界各种非法干预和影响。因此，除提高审判人员的思想和业务水平外，必须坚持依法独立行使审判权的原则，严格按照法律规定对经济纠纷案件独立进行审判，保证办案质量。我国宪法和人民法院组织法明确规定，任何单位和组织或个人都无权干涉人民法院独立行使审判权。

2）以事实为根据，以法律为准绳的原则

这是我国司法工作的指导方针和根本原则。"以事实为根据"，就是以案件的全部真实情况，作为分清当事人谁是谁非、责任大小、适用法律进行裁决的前提和依据，而不是以审判员了解的局部情况或主观臆断为依据。"以法律为准绳"，就是以法律为尺度来衡量经济纠纷案件中涉及的活动与行为的是与非，合法与非法，违法还是犯罪，从而确定案件的性质并依法作出相应的裁判和处理。

3）对当事人在适用法律上一律平等的原则

在审理经济纠纷案件中，对当事人在适用法律上一律平等，不允许有超越法律之上的特殊公民和组织。《人民法院组织法》《民事诉讼法》对此都作出了明确的规定。

4）根据自愿进行调解的原则

在审理经济纠纷案件时，调解是经济审判的重要原则。

拓展阅读 15-1

2021年2月18日，最高人民法院印发《关于深入推进社会主义核心价值观融入裁判文书释法说理的指导意见》（以下简称《意见》）。这是人民法院贯彻落实党的十九届五中全会和"法治社会建设实施纲要"精神，以公正裁判树立行为规则、引领社会风尚的重要举措，也是人民法院进一步规范和加强裁判文书释法说理，有效回应人民群众司法需求，提升司法裁判公信力和透明度的有效途径。

近年来，最高人民法院积极践行和弘扬社会主义核心价值观，不断规范和加强裁判文书释法说理，先后印发了《关于在人民法院工作中培育和践行社会主义核心价值观的若干意见》《关于在司法解释中全面贯彻社会主义核心价值观的工作规划》等规范性文件，还先后发布三批"弘扬社会主义核心价值观典型案例"，公正审理"英烈保护公益诉讼""私自上树摘杨梅坠亡案""冰面遛狗溺亡索赔案"等系列案件，充分发挥人民法院在培育和践行社会主义核心价值观方面的引领、规范和保障作用，以司法公正引领社会公正，让遵法守纪者扬眉吐气，让违法失德者寸步难行。《意见》系统总结各级人民法院有益经验，进一步引导广大法官正确运用社会主义核心价值观释法说理，充分发挥司法裁判在国家治理、社会治理中的规则引领和价值导向作用。

《意见》全面规范了法官运用社会主义核心价值观释法说理的基本原则、基本要求、主要方法、重点案件、范围情形、配套机制等，突出"法官在法律框架内运用社会主义核心价值观释法说理"这一基本定位，有利于指引、规范法官运用社会主义核心价值观正确理解立法精神和立法目的，规范行使自由裁量权，充分发挥司法裁判在国家治理、社会治理中的规范、评价、教育、引领等功能，为人民群众在实施见义勇为、正当防卫以及维护公共利益和公共秩序时，在遇到"扶不扶""劝不劝""管不管"等法律和道德难题时，亮明立场，辨明方向。

15.2 经济诉讼的受理

15.2.1 我国的经济审判机构

根据《人民法院组织法》规定，在我国各级人民法院和专门法院内逐步设立了专门审理各种经济纠纷案件的经济审判机构。根据法律规定，我国的经济审判机关或机构由两部门组成：一是最高人民法院和地方各级人民法院所普遍设立的民事审判庭；二是国家设立的各专门经济法院，其主要审理管辖范围内的专门经济纠纷案件。

15.2.2 经济审判管辖

管辖是指人民法院系统内、上下级人民法院之间及同级人民法院之间受理第一审经济纠纷案件的分工和权限。其主要包括：

1）级别管辖

级别管辖是指上下级法院之间在受理第一审经济纠纷案件上的分工和权限。根据我国《民事诉讼法》的规定，基层人民法院管辖除法律规定由上级人民法院管辖以外的所有第一审经济纠纷案件；中级人民法院管辖重大涉外案件、本辖区有重大影响的案件以及最高人民法院确定由中级人民法院管辖的第一审经济纠纷案件；高级人民法院管辖在本辖区有重大影响的案件；最高人民法院管辖在全国有重大影响的案件和认为应当由其审理的案件。

2）地域管辖

地域管辖是指同级人民法院之间受理第一审经济纠纷案件的分工和权限。当一个案件根据级别管辖的规定，确定了由哪一级法院管辖之后，还必须进一步根据地域管辖的原则和规定，确定应由该级法院的哪一个法院管辖。地域管辖一般分为：

第一，一般地域管辖，是指案件应由被告人住所地的人民法院管辖。这种管辖通常实行原告就被告的原则。

第二，特殊地域管辖，是指因合同提起的诉讼，由被告所在地或者合同履行地人民法院管辖。买卖合同的双方当事人在合同中对交货地点有约定的，以约定的交货地点为合同履行地，没有约定的，依交货方式确定合同履行地；实际履行地点同合同中约定的交货地点不一致的，以实际履行地点为合同履行地。其他情况如：承揽合同，以行为地为合同履行地，合同另有约定的除外；因保险合同纠纷提起的诉讼，由被告住所地或者被保险标的物所在地人民法院管辖；因票据纠纷提起的诉讼，由票据支付地或者被告居住地人民法院管辖；等等。

第三，专属管辖，是指法律强制规定某些案件专门由特定的人民法院管辖，其他人民法院无管辖权，当事人也不得协议变更人民法院管辖，如因不动产纠纷提起的诉讼由不动产所在地人民法院管辖。

第四，协议管辖，是指双方当事人在纠纷发生之前或之后，以书面方式约定特定案件的管辖法院。协议管辖应符合以下条件：仅适用合同纠纷中的第一审案件，必须采用书面形式，只能在原告住所地、被告住所地、合同签约地、合同履行地、标的物所在地的法院中选择一个法院，不得违反有关级别管辖和专属管辖的规定。

3）移送管辖

移送管辖是指法院受理某一案件后，发现自己对此案并无管辖权，便移送给有管辖权的法院受理，或者在特定情况下，下级法院将自己有管辖权的案件，报请上级法院审理，或者上级法院将自己有管辖权的案件，交给下级法院审理。

4）指定管辖

指定管辖是指两个不同的法院之间对管辖权发生争议，或者某个有管辖权的法院由于特殊原因不能行使审判权的，由上级法院指定某一个法院或另一个法院管辖。

15.2.3　经济审判机构的受案范围

1）人民法院的受案范围

当前，经济审判受理的案件有以下九类：①合同纠纷案件。②涉外经济纠纷案件。当事人订有书面仲裁协议或者已由我国仲裁机构裁决的案件，人民法院不予受理。③农村承包合同纠纷案件。④经济损害赔偿纠纷案件。⑤工业产权纠纷案件。⑥企业破产案件。⑦专利纠纷案件。⑧企业承包、租赁经营和联营合同纠纷案件。⑨其他经济纠纷案件。

课堂讨论 15-1

在信息社会中，大数据正在改变我们的生活。对于各类数据信息以及Q币、网游装备等网络虚拟财产，应当如何确定其权属，以及如何保护，显得重要而迫切。《民法典》第123条规定了民事主体依法享有知识产权，同时列举了作品、专利、商标等。

请结合第10章的章后"拓展训练"栏目中的案例，谈谈孙某该如何通过诉讼的形式维护自己的合法权益？

2）海事法院的受案范围

根据2016年3月1日起施行的《最高人民法院关于海事法院受理案件范围的规定》，海事法院受理下列六个方面的案件：①海事侵权纠纷案件；②海商合同纠纷案件；③海洋及通海可航水域开发利用与环境保护相关纠纷案件；④其他海事海商纠纷案件；⑤海事行政案件；⑥海事特别程序案件。

3）铁路运输法院的受案范围

2012年7月2日，最高法院根据铁路法院管理体制改革变化，出台了《最高人民法院关于铁路运输法院案件管辖范围的若干规定》，对铁路法院案件管辖范围进行了规定，其中第3条明确了涉及铁路运输、铁路安全、铁路财产的民事诉讼，由铁路运输法院管辖，具体包括铁路旅客和行李、包裹运输合同纠纷等11项。

15.2.4　经济纠纷案件的诉讼时效

诉讼时效是指权利人在时效期间内不行使其权利，即丧失由人民法院依照诉讼程序保护其权利的权利。《民法典》规定向人民法院请求保护民事权利的诉讼时效期间为3年。诉讼时效期间自权利人知道或者应当知道权利受到损害以及义务人之日起计算；法律另有规定的，依照其规定。但是自权利受到损害之日起超过20年的，人民法院不予保护；有特殊情况的，人民法院可以根据权利人的申请决定延长。经济纠纷的当事人向人民法院提起经济诉讼，应当遵守诉讼时效之规定。

课堂讨论 15-2

2015年1月1日，张某被汽车撞伤，但不知具体加害人为谁；2015年1月7日，张某伤势确诊为脑震荡；2015年3月1日，张某病愈出院；2020年3月1日，张某得知当年撞伤自己的是赵某。

根据规定，请问张某提起诉讼的诉讼时效时间如何确定？

15.3　经济诉讼的审判程序

经济诉讼的审判程序，也叫经济纠纷案件的审判程序。它是人民法院在处理经济纠纷案件过程中所必须遵循的规则和制度。经济审判程序分第一审程序和第二审程序。

15.3.1　第一审普通程序

经济审判的第一审程序主要分为以下几个步骤：

1）起诉与受理

原告提起经济诉讼应符合的条件：①原告必须是与本案有直接利害关系的公民、法人和其他经济组织；②有明确的被告；③有具体的诉讼请求和事实、理由；④属于人民法院受理的经济诉讼的范围和受诉人民法院管辖。只要符合上述条件，人民法院必须受理。根据法律规定，双方当事人对经济合同纠纷自愿达成书面协议向仲裁机关申请仲裁的，人民法院不予受理。原告向人民法院起诉应首先向人民法院递交起诉状，并按被告人数多少提出与其相同的副本。

起诉书应写明以下事项：①当事人的姓名、性别、年龄、民族、职业、工作单位和住所，法人或者其他的名称、住所和法定代表人或者主要责任人姓名、职务；②诉讼请求和所根据的事实与理由；③证据和证据来源，证人姓名和住所。

拓展阅读 15-2　　　　　　　　　　**民事起诉状（样例）**

原告：杨××，男，1963年6月12日出生，汉族，农民，现住××市××区××街道12组97号。

被告人：李××，男，1964年3月12日出生，汉族，农民，现住××市××区××街道18组12号。

诉讼请求：

（1）李某返还杨某欠款18 000元人民币；

（2）诉讼费××元由李某承担。

事实与理由：

2017年4月1日，李某因经营资金紧张向杨某借款18 000元用于周转，写下借条并约定6个月后一次还清欠款，利息按照银行利息支付。

到期后，李某以没钱为由拒绝归还。

证据和证据来源，证人姓名和住址：

（1）李某所写借条一张。

（2）见证人王某，××市××区××街道司法所长。

此致

××市××区人民法院

附：本诉状副本1

起诉人 杨××

2018年3月5日

受理，是指人民法院接受审理原告提出诉讼请求的案件。人民法院收到起诉书后，经审查，认为符合条件的，应在7日内立案，并通知原告在7日内预交案件受理费；认为不符合条件的，应当在7日内裁定不予受理；原告对裁定不服的，可以提出上诉。在起诉受理过程中，人民法院对可能因当事人一方的行为或者其他原因，使判决不能执行或难以执行的案件，可根据当事人的申请作出财产保全的裁决，当事人没有提出申请的，法院在必要时也可裁定采取财产保全措施。财产保全可采取查封、冻结、扣押或者法律规定的其他办法。如果被申请提供担保的，人民法院应当解除财产保全。

2）审理前的准备

人民法院当在立案之日起5日内将起诉状副本送达被告。被告自收到诉状副本之日起15日内提供答辩状，答辩状应对原告的指控和请求作出回答，陈述自己的观点理由，并提出必要的证据，也可提出反诉。

拓展阅读15-3 答辩状（样例）

答辩人：××人民医院

住址：××市××路七号

因×××要求××人民医院人身损害赔偿一案，现提出答辩意见如下：

1.答辩人与×××之间不存在直接的合同关系。答辩人20××年6月10日与××第二建筑安装工程公司订立了一份口头合同，由××第二建筑安装工程公司负责把答辩人的一个高压电表柜拆除，×××是受××第二建筑安装工程公司的委托来拆除高压电表柜的，与答辩人之间不存在直接合同关系。

2.××的伤害赔偿应由××第二建筑安装工程公司负责。其一，根据我国法律和有关司法解释规定，××第二建筑安装工程公司对其职工在履行合同的范围内所受到伤害应负责任，×××的伤害并不是由于合同客体以外的事物造成的。其二，受××第二建筑安装工程公司委托的×××在拆除高压电表柜的过程中，存在着严重违反操作程序的行为，未尽一个电工应尽的注意。

3.答辩人对×××伤害赔偿不应承担责任。本案中答辩人与××第二建筑安装工程公司订有合同，高度危险来源已通过合同合法地转移给××第二建筑安装工程公司。××第二建筑安装工程公司成为该危险作业物的主体，×××在操作过程中受到伤害，这是××第二建筑安装工程公司在履行合同过程中，合同客体造成自己员工的伤害行为，与答辩人无关。

综上所述，××人民医院为不适合被告，请贵院依法驳回原告起诉。

此致

××市中级人民法院

答辩人：××人民医院

20××年××月××日

被告提出答辩状的人民法院应当在收到之日起5日内将答辩状副本发送原告；被告不提出答辩的不影响人民法院对案件的审理，诉讼程序照常进行。立案受理后，审判人员要认真审核诉讼材料，调查此案必要的证据，人民法院可派出人员进行调查，在必要时也可委托外地人民法院协助调查。审核诉讼材料，是对案件调查研究的重要步骤，也是发现问题、线索并进一步调查的重要手段。原告或被告对自己的诉讼请求或主张都负有举证责任。调查取证是弄清事实和查明案情的主要手段，也是正确运用法律，分清是非和责任的必要条件。人民法院有权向有关单位和个人调查取证，有关单位或个人有义务协助人民法院进行调查。在证明案件的主要情节和主要事实时，应尽可能地搜索、使用原始证据和直接证据，以保证案件合理、正确、及时解决。

3）进行调解

调解，是在查明事实、分清是非和责任的基础上，根据当事人的自愿和合法原则进行的。因经济案件纠纷的当事人大都是法人之间和其他经济组织，在经济协作或往来中发生的，虽然一时发生纠纷和争议，但一般都希望继续保持协作关系，因此通过对当事人宣传教育，做好其思想工作，多数经济案件纠纷的当事人是能够互谅互让、自愿协商达成和解协议。对那些事实清楚、责任明确、当事人申请调解或自愿接受人民法院的调解案件，可以在开庭前调解，实行快调快结，提高办案效率。对有的案件，也可以在开庭审理时当庭进行调解。经调解结案的，人民法院应当制作调解书，调解书与判决书具有同等的法律效力。调解书应写明诉讼请求、案件事实和调解结果，并由审判人员、书记员署名，加盖人民法院印章，送达双方当事人。未达成协议或调解无效的，人民法院应及时进行判决。

4）审理与判决

法庭审理是诉讼程序中的一个主要阶段。除涉及国家机密或者法律另有规定的以外，一律公开进行。人民法院决定开庭审理的案件，应在开庭3日前通知当事人和其他诉讼参与人。公开审判的，应当公告当事人姓名、案由和开庭的时间、地点。开庭前，书记员应查明当事人和其他诉讼参与人是否到庭，宣布法庭纪律。审理时由审判长核对当事人，宣布审判人员、书记员名单，告知当事人有关的诉讼权利和义务，询问当事人是否提出回避申请。提出回避申请的经审查，如有正当理由可按照有关规定程序更换被申请回避的人员。审判开始，由审判长报告案情，简要说明原告起诉的要求和理由，被告答辩的内容和根据，双方当事人争执的焦点，接着由双方当事人陈述，他们可以补充审判人员的说明，也可以提出证据，证明自己的请求或者答辩。审判人员认为不明确的，还可以询问当事人，接着再分别询问证人、鉴定人，审查书证、物证。这个阶段也叫法庭调查阶段。接着是法庭辩论阶段，即双方当事人对法庭调查过的事实和证据，提出自己的意见，并且相互辩驳。在辩论中当事人可以对如何认定案情提出意见，也可以对怎样适用法律和适用什么法律提出意见。当事人在提出自己意见的同时，还可以反驳对方的意见，辩论中应当引用法庭调查过的事实和证据。法庭辩论是为阐明各自的主张和理由，但在当事人阐述意见时，必须遵守诉讼秩序和纪律，不能无理狡辩或哄闹法庭，反之可视情节追究其责任。

辩论结束后，应最后进行调解，仍达不成协议时，作出公证、合理的判决。在开庭审理时，原告经传唤无正当理由拒不到庭的或未经法庭许可中途退庭的，可以按撤诉处理；被告反诉的，可以缺席判决。被告经传唤无正当理由拒不到庭的或未经许可中途退庭的，按缺席判决。经过开庭审理，应在查清案情的基础上作出判决。判决书应当写明：①案由、诉讼请求，争议事实、理由；②判决认定的事实、理由和运用的法律依据；③判决结果和诉讼费用承担；④上诉期限和上诉法院。最后由审判人员、书记员署名并加盖人民法院印章。当庭宣判的 10 日内发送判决；定期宣判的，宣判后立即发给判决书。宣告判决时，必须告知当事人上诉的权利。

15.3.2　第二审程序

当事人不服第一审判决的，有权在判决书送达之日起 15 日内向上一级人民法院提起上诉；当事人不服一审法院裁定的，有权在裁定书送达之日起 10 日内向上一级人民法院提起上诉。上诉应递交上诉状，上诉状应写明原审人民法院名称、案件编号和案由，以及上诉的请求和理由。

拓展阅读15-4　　　　　　　　　　　　　**上诉状（样例）**

上诉人：××有限公司，住所地××市××县××镇。

法定代表人：林××，公司董事长。

被上诉人：××××有限公司，住所地××省××县××路888号。

法定代表人：杨××。

上诉人因与被上诉人××××有限公司招标投标买卖合同一案，不服××市××人民法院（2011）法民初字第××号民事裁定书，现提出上诉。

请求事项：

1.请求依法撤销××市××区人民法院（2011）法民初字第××号民事裁定书。

2.请求将本案移送××市××县人民法院管辖。

事实与理由：

被上诉人诉上诉人招标投标买卖合同纠纷一案，××市××区人民法院予以受理。上诉人在法定期限内向××市××区人民法院提出了管辖权异议，要求将该案移送××市××县人民法院管辖。××市××区人民法院于2011年××月××日（裁定书××月××日送达上诉人）作出的（2011）法民初字第××号民事裁定书，驳回了上诉人的管辖权异议。上诉人认为，裁定书认定事实错误，应予撤销，理由如下：

（1）根据我国相关法律规定，本案应由××市××县法院管辖。本案作为招标投标买卖合同纠纷，招标投标行为都在××市场进行，××市场应为合同履行地，该市场地址属于××市××县××，因此本案应为××市××县法院管辖。另上诉人住所地为××市××县××，综上，本案的管辖权在××市××县人民法院，而不应在××区人民法院。

（2）考虑本案的实际情况，将该案移送××市××县人民法院管辖更为合理。本案招标投标行为都在××市场进行，考虑到本案的实际情况，为了更好地查明案件事实，应将该案移送××市××县法院管辖。

综上，上诉人为维护合法权益，向贵院提出上诉，恳请贵院依法裁决！

此致

××市中级人民法院

上诉人：××有限公司

2011年××月××日

上诉状应通过原审法院提出，当事人直接向二审法院上诉的，二审法院应当在5日内将上诉状移交原审法院，原审法院收到上诉状，应在5日内将上诉状副本送达对方当事人，对方当事人在收到之日起15日内提出答辩状，人民法院应在收到答辩状之日起5日内将副本送达上诉人。当事人不提出答辩的不影响人民法院审理。原审人民法院收到上诉状、答辩状，应在5日内连同全部案卷和证据，报送二审法院。

二审法院对收到的上诉案件，应当组织合议庭开庭审理。经过阅卷和调查，询问当事人。在事实核对清楚后，认为不需要开庭审理的，可径行判决或裁定。

二审法院对上诉案件经过审理可作出如下判决：①原判决认定事实清楚，适用法律正确，驳回上诉，维持原判；②原判决适用法律错误的，依法改判；③原判决认定事实错误，或原判决认定事实不清，证据不足，撤销原判发回重审或查清事实后改判；④原判决违反法定程序，可能影响案件正确判决的，裁定撤销原判决，发回原审法院重审。当事人对重审案件的判决、裁定，可以上诉。第二审人民法院对不服第一审人民法院裁定的上诉案件的处理，一律使用裁定。二审法院审理上诉案件，可以进行调解。调解达成协议的应制作调解书，调解书送达后，原审法院的判决视为撤销。二审法院的判决、裁定，是终审判决、裁定。

人民法院对判决的上诉案件，应在二审立案后3个月内审结；对裁定的上诉案件，应在立案后30日内作出终审裁定。

课堂讨论 15-3

关于我国人民法院对经济纠纷案件的审理，下列说法中哪些正确？

A.我国人民法院审理经济纠纷案件实行两审终审制

B.不经过一审，不能进入二审程序

C.当事人不服一审判决、裁定而上诉，则进入二审程序

D.二审法院的判决、裁定是终审的判决、裁定

15.3.3　审判监督程序

审判监督程序是对已经发生法律效力的判决或裁定，发现确有错误而进行再审的程序。根据《人民法院组织法》规定，各级人民法院院长对本院已经发生法律效力的判决或裁定，发现确有错误，认为需要再审的，提交审判委员会讨论决定；最高人民法院对地方各级人民法院已经发生法律效力的判决或裁定发现确有错误的，有权提审或者指定下级人民法院再审；当事人已经发生法律效力的判决或裁定，认为有错误的，可向原审人民法院上一级人民法院申请再审，但当事人不得停止判决、裁定的执行。

当事人对已经发生法律效力的调解书，提出证据证明调解违反自愿原则或调解协议的内容违反法律的，可以申请再审，经人民法院审查属实的，应当再审。当事人申请再审，应当在判决、裁定发生法律效力后 2 年内提出。按照审判监督程序决定再审的案件，裁定中止原判的执行。

按照监督程序的执行，对于提高审判办案质量，保护当事人的合法权益，维护法律的尊严，维护和提高人民法院的威信，加强社会主义法治，维护良好的社会经济秩序，促进安定团结，都具有十分重要的意义。

15.3.4　经济诉讼的执行程序

经济诉讼的执行程序是指人民法院的执行机构依法对已经生效的判决，裁定和调解协议中的财产部分按其内容和要求一一付诸实现的活动。执行程序是经济诉讼的一个最后阶段。

判决、裁定或调解书生效后，当事人应认真自觉地履行，一方不履行的，对方当事人可以向人民法院申请执行，也可由审判员移送执行员执行。

申请执行的期限，双方当事人或者一方当事人是公民的为 1 年；双方是法人或者其他组织的为 6 个月。从法律文书规定履行期限的最后一日起计算；规定是分期履行的，应从规定的每次履行期限的最后一日起计算。

执行员接到申请执行书或者移交的执行书时，应当向被执行人发出执行通知，责令其在指定期间履行，逾期不履行的，则实行强制执行，如冻结、划拨债务人的存款，扣留、提取债务人的收入，查封、扣押、拍卖、变卖债务人的财产等。

📽 案件回放

卜某于 2003 年 1 月起先后五次共计向冯某借款 30 500 元，但仅有第一笔约定了还款期限。后经冯某催要，卜某未能还款，双方诉诸法院。法院认为，2003 年 1 月的借款，双方约定使用期限至 2003 年 12 月 1 日，但冯某于 2013 年 8 月起诉，已是 10 年之后，早已超过诉讼时效。而其他四笔未约定还款期限的借款，冯某出借后一直向卜某索要，未超过诉讼时效。据此，法院判决卜某偿还冯某借款本金 35 500 元及相应利息。

资料来源　戴丽娟，翟敏. 民间借贷，你被忽悠了吗——江苏法院发布民间借贷典型案例［N］. 江苏法治报，2015-08-13（3）.

点评：欠债还钱，一旦进入法律程序，法律即对它的定义作出了严格的限制。对于约定还款期限的债权，到期后债务人不偿还的，债权人需及时催讨。若超过诉讼时效后起诉至法院，且不存在诉讼时效中止、中断情形的，债务人以诉讼已超过诉讼时效为由抗辩，法院予以支持。对于未约定还款期限的债权，诉讼时效期间从债权人要求债务人履行义务的宽限期届满之日起计算，但债务人在债权人第一次向其主张权利之时明确表示不履行义务的，诉讼时效期间从债务人明确不履行义务之日起计算。

🔗 法规链接

《中华人民共和国民事诉讼法》以宪法为根据，结合我国民事审判工作的经验和实际情况制定，1991年4月9日经第七届全国人民代表大会第四次会议通过施行。根据2017年6月27日第十二届全国人民代表大会常务委员会第二十八次会议《关于修改〈中华人民共和国民事诉讼法〉和〈中华人民共和国行政诉讼法〉的决定》第三次修正。

中华人民共和国民事诉讼法

了解法规具体内容，请直接扫描二维码或访问国家法律法规数据库（网址：https://flk.npc.gov.cn），检索"中华人民共和国民事诉讼法"。

📘 本章测试

◆ 选择题

1.根据《民事诉讼法》的规定，提起民事诉讼必须符合的法定条件有（　　）。

A.有书面诉状　　　　　　　　　　B.有明确的被告

C.有具体的诉讼请求和事实、理由　　D.原告与本案有直接利害关系

2.诉讼时效的延长是指（　　）对已经完成的诉讼时效，根据特殊情况而予以延长。

A.人民政府　　　　B.人民检察院　　　　C.人民法院　　　　D.公安部门

3.下列关于地域管辖的表述中，符合民事诉讼法律制度规定的是（　　）。

A.对被监禁的人提起的诉讼，可由监狱所在地人民法院管辖

B.因公路事故请求损害赔偿提起的诉讼，可由事故发生地人民法院管辖

C.因保险合同纠纷提起的诉讼，当事人对管辖法院未约定的，可由合同履行地人民法院管辖

D.因票据纠纷提起的诉讼，当事人对管辖法院未约定的，可由出票地人民法院管辖

4.根据民事诉讼法律制度的规定，在一定期间内，债权人因不可抗力不能行使请求权的，诉讼时效中止，该期间为（　　）。

A.诉讼时效期间的最后6个月　　　　B.诉讼时效期间的最后9个月

C.诉讼时效期间届满后6个月　　　　D.诉讼时效期间届满后9个月

◆ 判断题

1.审判人员是当事人的诉讼代理人的近亲属也应当回避。 （ ）

2.委托代理人的代理权限来源于委托代理合同。 （ ）

3.申请财产保全，必须提供担保。 （ ）

4.原告向两个以上有管辖的人民法院起诉的，其中一个人民法院立案后发现其他有管辖权的人民法院已先立案的，应当裁定将案件移送给先立案的人民法院。 （ ）

◆ 简答题

1.哪些情形下，审判人员应当自行回避，当事人有权用口头或者书面方式申请他们回避？

2.哪些民事诉讼，由原告住所地人民法院管辖，原告住所地与经常居住地不一致的，由原告经常居住地人民法院管辖？

拓展训练

◆ 实施准备

1.教师组织学生仔细阅读案例，提示案例要点。

2.学生每4~6人组成一个学习小组，以小组为单位进行讨论，提倡采用"头脑风暴法"，最终形成一篇案例分析报告。

3.每个小组派出1名代表上讲台阐述小组报告的观点。

4.教师讲评案例并点评各小组报告。

◆ 案例内容

2014年2月底，魏某以资金周转困难为由向詹某借款15万元。詹某分别于2014年3月4日和3月5日支付现金5万元和10万元给魏某。2014年3月16日，魏某补出具借条一份，上书内容为："今向詹某借人民币壹拾伍元整。利率2%（每月叁仟元整）借期壹年，借款人魏某，2014年3月16日"。

魏某借款后未支付利息，詹某于2016年9月10日起诉至台州市人民法院，要求魏某偿还借款本金15万元及利息，并向法院提供了有关证据证明借款的款项来源。魏某辩称：该借条不真实，2014年3月16日，其到詹某办公室泡茶闲聊时曾向詹某请教如何书写借据，自己按照詹某的口述内容随手练习书写了几张借条后，随意丢弃到垃圾桶，未曾想到詹某将借条从垃圾桶捡起作为起诉依据。此外，即便借条是真实的，借条上书写的金额是人民币"壹拾伍元"，也只能证明其向詹某借款"15元"，而非"15万元"。

法院审理后认为，从本案借条行文的借款金额、借款利率、借款的具体月支付利息金额、借款期限等内容、原告提供的相应借款来源证据以及对借款发生的具体陈述进行分析判断，该份借条可认定系魏某书写时存在笔误，对本案15万元的借款事实予以确认。而被告魏某的辩解证据不足，理由不能成立，法院不予采纳。据此判决被告魏某应偿还原告詹某借款本息。

请问：对于此案的判决，你怎么看？请说明理由。

主要参考资料

图书类：

[1] 马瑄. 经济法 [M]. 4版. 大连：东北财经大学出版社，2021.

[2] 殷洁. 经济法 [M]. 6版. 北京：法律出版社，2021.

[3] 范亚东，李玉. 经济法概论 [M]. 3版. 北京：中国人民大学出版社，2020.

[4] 姚瑶. 经济法概论 [M]. 5版. 北京：中国人民大学出版社，2020.

[5] 财政部会计资格评价中心. 经济法基础 [M]. 北京：经济科学出版社，2019.

[6] 华鹰，杨和义. 经济法概论 [M]. 2版. 北京：科学出版社，2018.

[7] 冯志平. 经济法概论 [M]. 2版. 北京：化学工业出版社，2018.

[8] 李仁玉. 经济法概论 [M]. 北京：中国人民大学出版社，2017.

[9] 东奥会计在线. 经济法基础 [M]. 北京：北京大学出版社，2017.

[10] 林红珍. 经济法 [M]. 2版. 上海：立信会计出版社，2017.

[11] 杨紫烜. 经济法 [M]. 5版. 北京：北京大学出版社，2015.

[12] 马洪. 经济法概论 [M]. 6版. 上海：上海财经大学出版社，2014.

[13] 宋彪. 经济法概论 [M]. 4版. 北京：中国人民大学出版社，2014.

[14] 贵立义. 经济法概论 [M]. 7版. 大连：东北财经大学出版社，2013.

[15] 赵威. 经济法 [M]. 5版. 北京：中国人民大学出版社，2014.

[16] 曲振涛，王福友. 经济法 [M]. 5版. 北京：高等教育出版社，2014.

[17] 刘泽海. 经济法 [M]. 3版. 北京：清华大学出版社，2014.

[18] 何辛，梁敏. 新编经济法实用教程 [M]. 7版. 大连：大连理工大学出版社，2014.

[19] 张守文. 经济法学 [M]. 6版. 北京：北京大学出版社，2014.

[20] 李正华. 经济法 [M]. 5版. 北京：中国人民大学出版社，2014.

[21] 张振和. 新编经济法 [M]. 北京：电子工业出版社，2013.

[22] 田立军. 市场经济法律教程 [M]. 5版. 上海：复旦大学出版社，2014.

[23] 中国注册会计师协会. 经济法 [M]. 北京：中国财政经济出版社，2015.

网站类：

[1] 法制网，http://www.legaldaily.com.cn.

[2] 中国人大网，http://www.npc.gov.cn.

[3] 正义网，http://www.jcrb.com.

[4] 中国普法网，http://www.legalinfo.gov.cn.

[5] 光明网，http://www.gmw.cn.

[6] 中国裁判文书网，http://wenshu.court.gov.cn.

[7] 中国政府法制信息网，http://www.chinalaw.gov.cn.

[8] 国家法律法规数据库，https://flk.npc.gov.cn.